MARE
le origini, la vita, le risorse, il futuro

MARE
le origini, la vita, le risorse, il futuro

a cura di Eugenio De Rosa

Arnoldo Mondadori Editore

© 1978 Arnoldo Mondadori Editore S.p.A., Milano
Testi Laura Conti, Eugenio De Rosa, Enrico Franzil,
Ferruccio Mosetti, Viviana Mosetti, Daniele Pellegrini, Teresa Piccioli,
Claudio Sabelli Fioretti, Mario Specchi
Redazione e ricerca iconografica Renata Bini, Olga Bonato
Grafica Maurizio Turazzi
Impaginazione Raffaele Curiel
Prima edizione marzo 1978
Undicesima ristampa aprile 1990
ISBN 88-04-33494-0
D.L.TO:394-1990

SOMMARIO

NASCITA E STORIA DEGLI OCEANI

Il pianeta dell'acqua

Che la faccia della Terra sia diversa da quella di tutti gli altri corpi del Sistema solare, ormai nessuno può piú negarlo. Basta dare un'occhiata alla serie di fotografie qui accanto. Esse rappresentano vari corpi del Sistema solare, tutti fotografati piú o meno dalla stessa distanza (qualche decina di migliaia di chilometri) da diverse sonde spaziali. Mercurio, Luna, Marte e i suoi due satelliti Phobos e Deimos non hanno pudori: mostrano con chiarezza, anche a migliaia di chilometri di distanza, una superficie butterata da milioni di crateri grandi e piccoli; Giove e Venere, invece, sembrerebbero conservare il mistero su quanto è nascosto dal soffice manto che mostrano all'obiettivo. In realtà, gli astronomi sanno che Giove non ha nulla da nascondere perché nella sua quasi totalità è costituito dalla impalpabile materia visibile sulla sua superficie esterna: è un gigantesco pianeta su cui nessuna astronave potrebbe mai atterrare perché non contiene alcuna superficie solida su cui un oggetto potrebbe posarsi; è una gigantesca palla in parte liquida e in parte gassosa. Il discorso è assai diverso per Venere che, in effetti, sotto le nubi nasconde una solidissima superficie rocciosa. Ma chi pensava di ritrovare, sotto quella cortina, un panorama analogo a quello della Terra è stato disilluso dalle sonde sovietiche *Venera 9* e *Venera 10* che nell'ottobre 1975 si sono posate al suolo. Il 31 maggio 1977 poi, un breve comunicato della NASA dichiarava di aver chiuso i collegamenti con la sonda *Viking 2* operante su Marte. Le esplorazioni con sonde robot riprenderanno nei prossimi anni con un programma congiunto USA-URSS: un'interessante conseguenza della nuova politica internazionale.

Ed ecco, invece, la Terra. Anche a migliaia di chilometri di distanza il colore dominante,

Confronto tra la Terra (sotto), Giove (a fronte, sopra) e Venere (a fronte, sotto). I tre pianeti sono coperti da un manto di nuvole. Nella foto di Giove (presa con l'obiettivo di un telescopio e perciò capovolta rispetto a quelle date dalle telecamere delle sonde) è evidente anche la Grande Macchia Rossa, un uragano in posizione semistazionaria; il punto nero è l'ombra di Ganimede, uno dei 13 satelliti del pianeta. Nella foto della Terra (in cui si distinguono i contorni dell'America meridionale e dell'Africa), la caratteristica principale è costituita dalla grande massa d'acqua degli oceani.

sotto il bianco delle nubi, non è il marrone dei continenti ma l'azzurro, il colore dell'acqua. La foto, da sola, è sufficiente a giustificare per la Terra l'appellativo di "pianeta dell'acqua". In piú ci sono le misure dei geografi: su una superficie totale della Terra di 510 milioni di chilometri quadrati, ben 361 milioni sono coperti d'acqua, il che significa che gli oceani coprono piú del settanta per cento (70,8 per la precisione) della superficie del nostro pianeta. Paradossalmente potremmo dire che la superficie della Terra è costituita dagli oceani, interrotti qua e là da masserelle di terra emersa, i continenti.

Questa immensa parte del nostro pianeta, ancora oggi largamente inaccessibile all'uomo e nella quale solo da pochi anni abbiamo imparato a guardare, è il mondo straordinario dell'oceano nel quale cercheremo di penetrare con questo libro.

Le montagne in fondo al mare

Possiamo oggi dire che gli oceani sono la testimonianza piú concreta che la Terra è un pianeta vivo; nei suoi oceani infatti, è piú precisamente nelle sue "catene montuose" sottomarine, si nasconde il meccanismo che modifica continuamente l'aspetto geografico del nostro pianeta.

Lo studio della prima "catena montuosa" sottomarina, successivamente nota come Dorsale Medio-Atlantica, iniziò nel secolo scorso con la prima vera spedizione oceanografica, quella della nave inglese *Challenger*. È questa la prima nave dotata di un vero laboratorio scientifico di bordo, un laboratorio adatto a compiere analisi chimiche, biologiche, paleontologiche, e completamente attrezzata per tutta una serie di misure da compiere in mare. Parte da Portsmouth nel dicembre 1872 per una crociera che durerà quattro anni e la porterà in ogni angolo del globo. Fino a quel momento si pensava agli oceani sostanzialmente come ad enormi catini pieni d'acqua, i quali, in linea di massima, dovevano essere via via piú profondi mentre ci si allontanava da riva. La *Challenger* doveva cancellare definitivamente questa immagine. Pochi giorni dopo la partenza, infatti, come previsto dal programma, il lungo scandaglio di bordo (una fune tenuta tesa il piú possibile da un peso) viene calato in pieno Atlantico. Ci si aspetta di misurare profondità eccezionali: non è questa la prima misura; già

piú di una volta – da quando la nave è uscita dalla Manica per avventurarsi in Atlantico – la fune è scesa fin sul fondo: ed ogni volta la profondità misurata, secondo le previsioni, è andata aumentando; si è arrivati a superare i 4000 metri di profondità. Ma ora, in pieno Atlantico, la tensione del cavo che si era andato srotolando per quasi due chilometri si è improvvisamente allentata: il peso ha già toccato il fondo. La misura viene ripetuta: ma il risultato è identico. Non c'è dubbio: in pieno Atlantico la profondità dell'oceano è minore che non presso le sue rive, proprio come se nel fondo si innalzasse una montagna.

L'isola di Santorini (sopra), nell'Egeo a Nord di Creta, è quanto resta di un grande vulcano esploso e sprofondato nel 1450 a.C. circa. Si ritiene che la catastrofica eruzione, che provocò la scomparsa di una fiorente civiltà legata a quella cretese, sia all'origine della tradizione sulla mitica Atlantide (a fronte, una ricostruzione ispirata alla descrizione data da Platone nel *Timeo*).

Un continente scomparso?

Tutta una parte della crociera della *Challenger* viene dunque dedicata a misure di profondità al centro dell'Atlantico. Piano piano ci si rende conto che le prime misure non erano casi isolati; che sul fondo dell'Atlantico non vi era soltanto un picco montuoso sommerso, una specie di isola mal riuscita. No, si trattava di ben altro: un grandioso sollevamento si allunga sul fondo dell'oceano quasi esattamente a metà strada tra Europa e Nord America, tra Africa e Sud America.

Al momento nessuno comprese l'importanza della scoperta; la spiegazione scientifica di questa particolarissima struttura della crosta terrestre doveva arrivare quasi un secolo dopo. Durante questo intervallo di tempo, anzi, il riconoscimento di un grande massiccio montuoso al centro dell'Atlantico ha dato luogo a un mucchio di favole parascientifiche. La prima è quella di Atlantide, il continente scomparso: una favola, quella di Atlantide, in cui realtà storiche e scientifiche si mescolano alla fantasia e alla istintiva ri-

luttanza dell'uomo a comprendere intervalli di tempo molto piú lunghi della sua vita e della sua storia. Non dimentichiamo che in quello scorcio del secolo scorso Heinrich Schliemann, lo scienziato archeologo tedesco, leggendo molto attentamente l'*Iliade* era riuscito a localizzare la favolosa Troia che la cultura ufficiale dell'epoca riteneva una città immaginaria. Chi aveva letto Platone sapeva che il filosofo greco aveva dato una descrizione di Atlantide ancora piú accurata di quella fatta per Troia da Omero, a proposito di un'isola popolosa e improvvisamente scomparsa nel passato. E ora gli oceanografi ritornavano con dati oggettivi che indicavano la presenza di un

grande sollevamento, scientificamente inspiegabile, al centro dell'Atlantico. Per molti quella dorsale sottomarina rappresentò ciò che restava di un continente scomparso; e probabilmente di quello stesso cui alludeva Platone, la favolosa Atlantide.

Un ponte tra i continenti

Ma quella di un continente tra Europa, Africa e Americhe, era anche una vera esigenza scientifica sul finire del secolo scorso. Gli zoologi e i paleontologi dell'Ottocento, infatti, si erano trovati di fronte ad alcune situazioni abbastanza inspiegabili per quanto riguardava la distribuzione di animali attuali e del passato. Per esempio, come giustificare la presenza della fauna a marsupiali in Australia? Dalla paleontologia, infatti, si sapeva che i marsupiali erano nati nel Nord America, si erano trasferiti in Sud America e là si erano sviluppati e diffusi in gran numero. Ma come potevano essere arrivati in Australia, distante dall'America meridionale decine di migliaia di chilometri? I paleontologi, inoltre, sapevano che alcuni rettili fossili avevano una distribuzione molto strana. Il mesosauro, per esempio, era un "lucertolone" che viveva negli stagni d'acqua dolce nell'Africa occidentale: aveva tutt'altro che la struttura del grande nuotatore. Eppure resti certi di questo animale si trovavano anche presso le coste dell'America meridionale. Come aveva potuto il mesosauro compiere questo viaggio attraverso piú di 6000 chilometri di acque oceaniche? Poi c'erano anche i botanici e i paleobotanici che avevano i loro problemi: vi erano alcune piante del passato che si erano diffuse quasi ovunque, per esempio in Africa, India, Australia e America meridionale. Bastava il vento a giustificare la distribuzione di spore e semi su cosí grandi distanze? E se cosí era, perché gli oceani appaiono oggi come barriere insormontabili per la distribuzione delle piante attuali?

Insomma, ce n'era abbastanza, per chi si occupava di piante e animali del presente e del passato, per desiderare la presenza di fasce di terre emerse che avessero collegato in certi momenti del passato i continenti attuali e tali da consentire migrazioni di specie animali e vegetali. Per tutti costoro la scoperta del corrugamento simile a un massiccio montuoso sul fondo dell'Atlantico era un'insperata conferma di questa ipotesi.

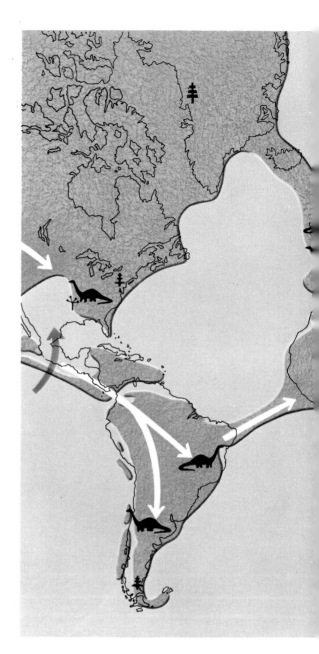

Il crollo di un'ipotesi

L'ipotesi dei continenti scomparsi, tuttavia, non resse a lungo. Verso la metà dell'800, infatti, i progressi della fisica avevano permesso ad alcuni scienziati di comprendere certi principi fondamentali che condizionano il sollevarsi o lo sprofondare di grandi masse della crosta terrestre. Senza entrare nel dettaglio, basta dire che si era ormai capito che rilievi, come le catene montuose, e cavità, come gli oceani, non erano mai frutto del caso ma una conseguenza diretta del peso esercitato dalle rocce che li costituivano. In particolare si era potuto osservare che le

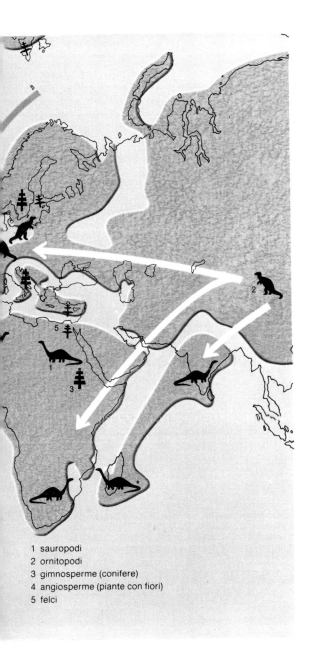

A sinistra: l'aspetto che avrebbe dovuto avere la Terra poco piú di un centinaio di milioni di anni fa secondo l'ipotesi, ormai superata, dei ponti continentali. L'ipotesi era stata costruita dai paleontologi del secolo scorso per giustificare la presenza di uguali resti fossili su continenti oggi distanti: si era pensato che, a diverse riprese, dal fondo dei mari fossero sorte e poi scomparse lingue di terra lungo cui gli animali potessero migrare e i vegetali diffondersi. Ma c'era un'altra spiegazione: che le terre oggi lontane su cui si trovano questi resti fossili fossero un tempo accostate l'una all'altra a formare un unico continente. È questa l'ipotesi della deriva dei continenti.
Sotto: una conferma della deriva dei continenti. I colori indicano l'età delle rocce, le linee l'andamento di catene montuose, antiche e recenti, di America meridionale e Africa; sia queste caratteristiche sia le forme delle coste indicano che questi due continenti un tempo erano uniti.

1 sauropodi
2 ornitopodi
3 gimnosperme (conifere)
4 angiosperme (piante con fiori)
5 felci

scudi con età
superiore
ai 2000 milioni di anni

andamento delle
catene montuose

**COLLEGAMENTI TRA PROVINCE GEOLOGICHE
DELLA STESSA ETÀ
(SUD AMERICA E AFRICA)**

catene montuose sono in linea di massima costituite da rocce piú leggere e le cavità da rocce piú pesanti. Una conseguenza diretta di tutto questo era che se una massa di rocce è abbastanza leggera da innalzarsi al di sopra della superficie del mare per costituire un continente e delle catene montuose, proprio per la sua natura non avrebbe mai potuto sprofondare tanto a fondo nell'oceano. Dunque, con buona pace dei cercatori di Atlantide, la dorsale sottomarina trovata dalla *Challenger* non era un resto di un continente scomparso. Cosa fosse, però, nessuno era in grado di dirlo.

La deriva dei continenti

Nemmeno Wegener, che era riuscito a trovare una soluzione alternativa a quella dei continenti scomparsi, era riuscito a spiegare la Dorsale Medio-Atlantica. Wegener era rimasto molto colpito dalla somiglianza tra le coste occidentali dell'Africa e quelle contrapposte dell'America meridionale. Alfred Wegener era un meteorologo con vasti interessi scientifici. Figlio di un pastore protestante, insieme al fratello Kurt di due anni piú vecchio, aveva deciso di abbandonare la tradizione di famiglia che portava verso gli studi biblici, e di dedicarsi invece alla scien-

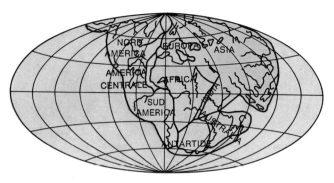

300 milioni di anni fa

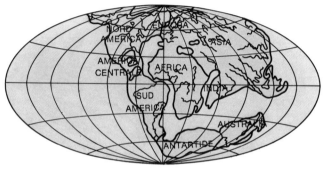

50 milioni di anni fa

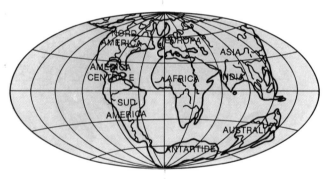

1 milione di anni fa

Sopra: l'evoluzione della geografia della Terra negli ultimi 300 milioni di anni cosí come l'aveva ipotizzata Wegener nel 1912.
A fronte: l'aspetto che doveva avere la Terra tra 230 e 200 milioni di anni fa, secondo l'ipotesi della deriva dei continenti formulata da Alfred Wegener nel 1912-15 ed oggi confortata da numerosissime osservazioni. In quell'epoca tutti i continenti dovevano essere riuniti in una massa unica che Wegener chiamò Pangea. Tale supercontinente si era venuto aggregando in seguito alla deriva di masse continentali in precedenza separate. Nel corso degli ultimi 200 milioni di anni nella Pangea si sono andate delineando molte fratture che hanno separato diversi frammenti secondo confini che all'incirca corrispondono a quelli delle masse continentali d'oggi. Ciascuno di questi si è allontanato da quelli adiacenti fino a raggiungere le posizioni ora occupate dalle varie masse continentali.

za. La componente avventurosa del suo carattere lo condusse alla meteorologia, che in quei tempi richiedeva anche pericolose ascensioni in pallone. Ancora l'interesse meteorologico e il desiderio di avventura lo avevano spinto ad associarsi alla spedizione Mylius-Erichsen in Groenlandia (1906-1908). Siamo nel 1910 e Wegener guarda con curiosità l'atlante che gli mostra le forme dei continenti i quali costituiscono le rive opposte dell'Atlantico. Improvvisamente, egli intravvede la possibilità di suggerire una soluzione alternativa ai problemi di zoologi e botanici. Se animali e piante si erano diffusi su continenti ora tanto lontani e se scientificamente non vi era la possibilità di sostenere l'esistenza nel passato di terre emerse tra i continenti, quale poteva essere un'alternativa possibile? Quella che continenti ora lontani fossero un tempo uniti e che si fossero poi piano piano andati allontanando gli uni dagli altri. Stava nascendo l'ipotesi della deriva dei continenti, un'ipotesi intorno alla quale gli scienziati si sono azzuffati per piú di mezzo secolo.

Un grande continente unico

In sostanza Wegener sosteneva che alla fine del Paleozoico (che oggi sappiamo risalire a piú di 200 milioni di anni fa) tutti i continenti attuali erano riuniti in un grande continente unico. Il nome attribuito da Wegener a questo supercontinente è Pangea, tutta la terra. Attorno a questa immensa massa di terra si stendeva la Panthalassa, l'oceano unico mondiale. Poi la Pangea avrebbe cominciato a spezzarsi e i singoli frammenti ad andare alla deriva. Ciascuno di essi doveva diventare uno dei protagonisti dell'attuale geografia del nostro pianeta.

Con la deriva dei continenti non c'era piú bisogno di pensare a continenti misteriosi o a lunghe lingue di terra che prima emergono dal mare e poi scompaiono sul suo fondo: animali e piante sul continente unico potevano raggiungere ogni angolo delle terre emerse. Lo spezzarsi o il separarsi in tempi successivi dei singoli frammenti giustificava la complessa distribuzione della fauna su un gruppo di continenti e non sull'altro.

La possibilità che i continenti fossero stati un tempo uniti era già stata avanzata a piú riprese anche prima di Wegener e anche, contemporaneamente a quest'ultimo, dal geo-

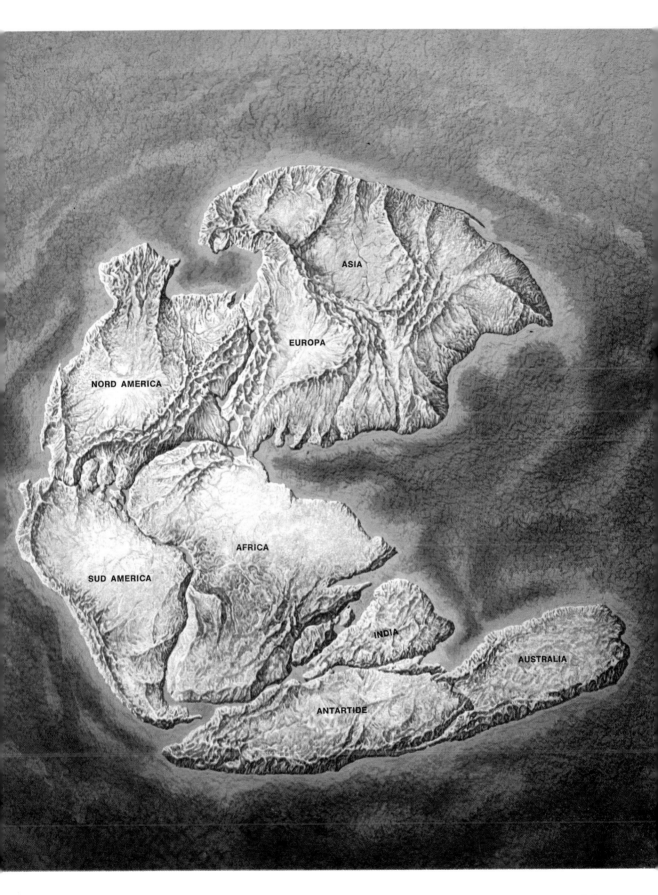

logo americano Taylor. Ma nessuno come Wegener si era accanito a trovare tutti gli indizi possibili per dare a un'intuizione la concretezza di una teoria scientifica. Proprio di fronte alla massa di indizi portata da Wegener parecchi scienziati si persuasero che il grande viaggio dei continenti, per quanto improbabile potesse sembrare, doveva essere una realtà. La maggioranza però restava scettica: Wegener riusciva a dimostrare convincentemente che il viaggio dei continenti era avvenuto. Ma come? Egli diceva che i continenti galleggiavano come zattere sul mantello pressoché liquido della Terra. Il fatto è che i sismologi, gli studiosi dei terremoti, avevano allora cominciato a raccogliere i primi dati consistenti sull'interno della Terra. Avevano ormai imparato che ogni terremoto diffonde tutto attorno diversi tipi di onde sismiche e che uno di questi, le onde S, non poteva propagarsi nei liquidi. Il guaio per Wegener era che le onde S si propagavano facilmente anche nel mantello terrestre. Perciò questo non poteva essere liquido. I geofisici concludevano che i continenti non potevano né galleggiare né andare alla deriva su di esso. Con questa obiezione la deriva dei continenti sembrava definitivamente condannata. A darle il colpo di grazia contribuí lo scienziato stesso con alcuni errori di calcolo. Wegener, infatti, era convinto – e non a torto, come dimostreranno gli studi successivi – che il viaggio dei continenti non fosse ancora finito, che continuasse ancora. All'epoca della sua prima spedizione in Groenlandia egli aveva avuto modo di analizzare alcuni dati che pensava avrebbero potuto aiutarlo. Si trattava della determinazione della posizione geografica di un'isola, l'isola Sabine, presso le coste orientali della Groenlandia. La posizione geografica di quest'isola era stata determinata una prima volta nel 1823 dall'esploratore americano Edward Sabine e una seconda volta nel 1870 dalla spedizione tedesca Börgen e Copeland. Egli disponeva inoltre dei calcoli effettuati durante la spedizione del 1906-1908 che gli permettevano, sulla base di misure molto precise effettuate più a Nord, di dedurre la posizione dell'isola Sabine a quell'epoca. Le tre misure avrebbero dovuto dare risultati perfettamente identici. E invece no: le determinazioni di Sabine la ponevano quasi un chilometro e mezzo più a Est; quelle successive di Börgen

e Copeland circa un chilometro più a Est. Come mai? I casi erano due: o le misure compiute dalle due spedizioni precedenti erano sbagliate, oppure negli ultimi 70 anni l'isola si era spostata di oltre un chilometro verso Ovest. Wegener puntò, naturalmente, su questa seconda soluzione che lo portava a dover ammettere movimenti dei continenti a velocità dell'ordine di metri o di decine di metri all'anno. Fu facile per gli oppositori dimostrare l'impossibilità meccanica di questi movimenti e l'imprecisione delle misure di Sabine e di Börgen e Copeland. Cosí, mentre Wegener periva in una tempesta di neve durante la sua quarta spedizione in Groenlandia (nel dicembre del 1930), anche la sua deriva dei continenti sembrava ormai definitivamente sepolta.

Un cumulo di detriti?

Fra le cose cui Wegener non riusciva a dare una spiegazione convincente c'era anche quell'enorme sollevamento che la *Challenger* aveva scoperto in pieno Atlantico. In effetti, secondo la sua visione, l'America meridionale doveva essersi staccata dall'Africa e essere scivolata sul fondo oceanico verso Ovest fino a raggiungere la posizione attuale. E quella dorsale a metà strada? Come si poteva giustificare? Wegener dedica ad essa poca attenzione: la considera un cumulo di detriti lasciati da quei giganteschi movimenti. E invece mezzo secolo piú tardi si rivelerà la struttura chiave per dimostrare la realtà della deriva dei continenti.

Occhi per vedere nel buio

Come vedremo in un'altra parte di questo libro, la prima guerra mondiale vede il debutto massiccio di un nuovo tipo di unità da guerra: i sottomarini. L'impiego di questi nuovi mezzi da combattimento era però fortemente limitato dal fatto che a una profondità appena superiore alla "quota periscopica", quella cioè alla quale l'occhio del periscopio poteva emergere dall'acqua, erano praticamente ciechi. L'occhio dell'uomo non è lo strumento piú adatto per vedere sott'acqua: l'occhio ha bisogno della luce e, come vedremo piú avanti, la luce nell'acqua si propaga poco e male. Occorreva, dunque, inventare un altro modo per "vedere" sott'acqua: l'ecoscandaglio – descritto a pagina 199 – è lo strumento che ha dato tali "occhi".

Geologi sott'acqua

Nel periodo tra le due guerre l'ecoscandaglio finí col diventare uno strumento di uso comune: esso permetteva di stabilire la profondità anche con la nave in movimento. I dati di profondità, dunque, si accumularono in quantità enormi e le mappe dei fondali diventarono via via piú precise. Nel frattempo, oltre agli oceanografi, anche alcuni geologi e geofisici cominciarono a considerare l'oceano come un luogo che doveva essere studiato a fondo. In particolare un geofisico olandese, Veining Meinesz, fu il primo a suggerire l'uso del sottomarino per compiere alcune misure che l'agitazione del moto ondoso superficiale rendeva impossibili. Egli si interessava particolarmente di un altro tipo di strutture sottomarine: le fosse oceaniche, cioè quelle sot-

tili fasce allungate, generalmente parallele alle coste, nelle quali il fondo oceanico si inabissa verso le maggiori profondità. Diversamente da quanto si pensava nell'Ottocento, era ormai chiaro che i punti piú profondi degli oceani non erano collocati al centro bensí alla periferia a non molta distanza da continenti o da ghirlande di isole, appunto nelle fosse oceaniche. Anche queste, come la dorsale al centro dell'Atlantico, erano strutture misteriose. Veining Meinesz, all'inizio degli anni Venti, chiese e ottenne dalla Marina americana un sottomarino per studiarle. Ad accompagnarlo c'era un giovane geologo dell'Università di Princeton che ha un ruolo chiave in questa storia, Harry Hess.

Hess era entrato in contatto con il mare per ragioni scientifiche. Poi ci si era appassionato tanto che negli anni Trenta si arruolò nella marina con lo scopo di arrivare a comandare lui stesso un'unità. Diventa cosí ufficiale di complemento. Appena gli Stati Uniti entrano in guerra, Harry Hess viene richiamato e posto al comando di una unità il cui compito principale è proprio quello di rilevare le forme di vaste zone di fondale per facilitare la navigazione dei sommergibili: la

La piú lunga "catena montuosa" del mondo è il sistema delle dorsali sottomarine, qui indicate con il colore piú scuro, che si snoda per 64 000 chilometri circa dal bacino Artico, all'Atlantico, all'Oceano Indiano e al Pacifico. La linea rossa indica la zona di cresta: qui affiorano i magmi, provenienti dal mantello della Terra, che fanno espandere i fondali oceanici nelle direzioni indicate dalle frecce nere.

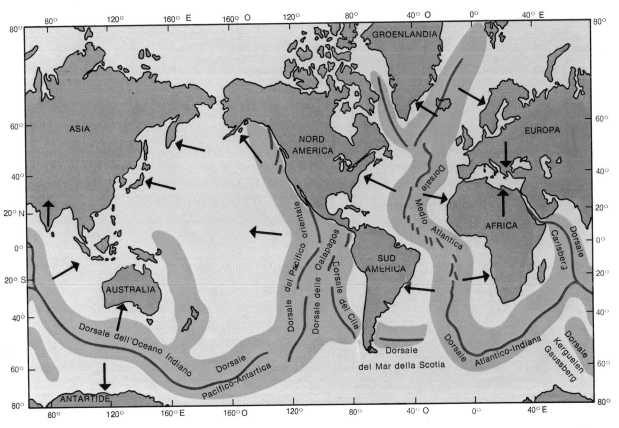

conoscenza dei fondali oceanici, pressoché nulla fino a pochi anni prima, è ormai diventato un obiettivo militare.

La lunga dorsale

Come Hess, anche molti altri ricercatori si ritrovano a prendere contatto diretto con le forme del fondale oceanico. A guerra finita la maggior parte di essi entra in centri di ricerca per continuare questo lavoro. Uno fra i piú attivi è il Lamont Geological Observatory della Columbia University di New York:

a questo gruppo appartiene Bruce Heezen. Egli si accinge, insieme con Mary Tharp, a sintetizzare la quantità enorme di dati raccolti su tutti gli oceani del mondo. È un lavoro che inizia alla fine degli anni Quaranta e che darà i suoi risultati nel 1956. Heezen osserva che la Dorsale Medio-Atlantica non è l'unico corrugamento sottomarino: quasi ogni oceano ne ha una. Per lo piú queste dorsali hanno una posizione centrale rispetto agli oceani e si assomigliano notevolmente tra loro. Nel frattempo una nave inglese da

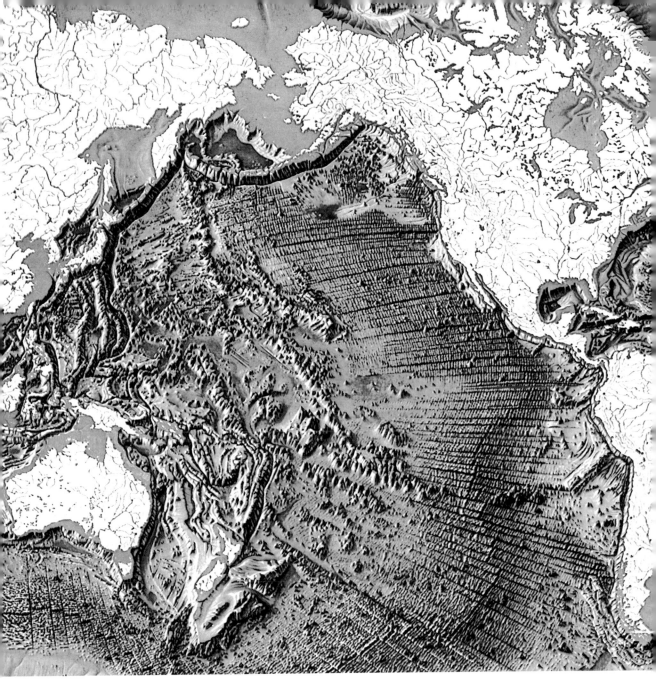

ricerca, la *Discovery*, ha compiuto un'osservazione molto interessante: al centro della Dorsale Medio-Atlantica, là dove in una catena normale dovrebbero esservi le vette più alte, c'è invece una valle. È una valle profonda da 600 a 2000 metri, con pareti ripide, e larga una cinquantina di chilometri. Cosa più curiosa, la valle si stende parallelamente all'asse della dorsale in tutta la sua lunghezza. Heezen cerca fra i suoi dati e si rende conto che la stessa valle è riconoscibile anche negli altri analoghi corrugamenti

Mappa complessiva dei fondali oceanici ottenuta rielaborando un'enorme massa di dati. Il numero di dati disponibili è aumentato in modo notevolissimo dopo l'invenzione dell'ecoscandaglio, che risale agli Anni Venti, e la sua adozione su un gran numero di navi negli Anni Quaranta. I primi importanti tentativi di sintesi su una carta di questo tipo risalgono alla fine degli Anni Cinquanta, e si devono soprattutto all'oceanografo americano Bruce Heezen. Nella carta sono ben visibili il grande sistema di dorsali sommerse, la valle profonda che si distende lungo la loro linea di cresta, le fosse oceaniche al bordo dei continenti e una quantità di picchi sottomarini, presenti soprattutto nel Pacifico, di natura vulcanica.

sottomarini. Lo scienziato è alle soglie di una scoperta decisiva. Egli vuole stendere la mappa complessiva delle strutture oceaniche fino ad allora riconosciute. Dove finisce la Dorsale Medio-Atlantica? Dove cominciano quelle dell'Oceano Indiano? Per stabilirlo, oltre ai dati di profondità, egli usa uno speciale filo d'Arianna. Si è osservato, infatti, che la parte centrale delle dorsali è un luogo in cui avvengono frequentemente terremoti. Egli considera una mappa dei terremoti avvenuti negli ultimi anni. Ed ecco la scoperta: la Dorsale Medio-Atlantica non finisce nell'Atlantico; essa si piega attorno alla punta meridionale dell'Africa e si collega con le dorsali dell'Oceano Indiano. E queste? Queste, dopo diverse diramazioni, si riuniscono in una che passa a metà tra Australia e Antartide e entra nel Pacifico collegandosi con le dorsali di questo oceano.

Bruce Heezen ha scoperto la piú lunga "catena montuosa" del mondo: la dorsale che partendo dal Mare Glaciale Artico si snoda nell'Atlantico, nell'Indiano e nel Pacifico per circa 64 mila chilometri, una volta e mezza il giro dell'equatore, 8 volte le Ande, 16 volte le Alpi.

Il 21 giugno 1977 il grande oceanografo statunitense si trova a bordo del sottomarino nucleare da ricerca NR-1 della marina americana in navigazione nell'Atlantico settentrionale. Improvvisamente la voce metallica del comandante risuona attraverso gli altoparlanti: il medico è richiesto con urgenza nel laboratorio scientifico. « Bruce sta male » è la voce che circola subito tra l'equipaggio. "Bruce" è lo scienziato Bruce Heezen. « È un attacco di cuore » dicono, mentre l'ecografo, lo strumento che – come vedremo a pagina 214 – permette di misurare la profondità e di descrivere le forme del fondo sottomarino, continua a segnalare la presenza di una lunga dorsale sommersa, la Dorsale di Reykjanes. Per Bruce Heezen quella grande dorsale non è piú un mistero e grazie a lui non lo è piú nemmeno per gli altri uomini: è anzi la testimonianza piú concreta che la Terra è un pianeta vivo; è là che si nasconde il meccanismo che modifica continuamente l'aspetto geografico del nostro pianeta, che scatena i terremoti, che fa crescere i vulcani, innalzare le catene montuose.

« Non c'è piú nulla da fare: il cuore di Bruce si è fermato ». Bruce Heezen era tornato

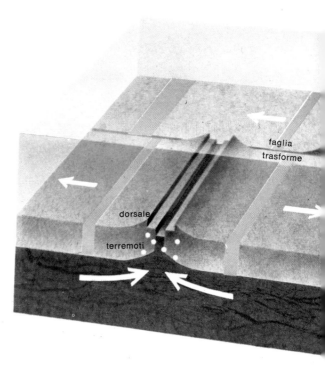

faglia trasforme

dorsale

terremoti

sulla Dorsale di Reykjanes per spingere piú avanti le conseguenze della rivoluzione scientifica che da essa era partita.

Un saggio di geopoesia

Ma che significato poteva avere per il pianeta e per l'oceano quella gigantesca "catena montuosa"? Nel 1956, all'epoca della scoperta, nessuno riusciva a comprenderlo. Per averne una spiegazione bisogna aspettare il 1960, anno nel quale ritroviamo Harry Hess e la sua ormai trentennale esperienza di navigazione. Siamo al congresso della Società Geologica americana. Mentre sul palco degli oratori si susseguono ricercatori e scienziati che, come d'uso, illustrano i risultati delle loro ricerche, fra i partecipanti circola un dattiloscritto dal titolo *History of Ocean Basins*, Storia dei bacini oceanici. L'autore è Harry Hess, il quale sollecita i commenti e le critiche dei colleghi. « È un saggio di geopoesia » dice Harry Hess. Egli intende dire che la ricostruzione che egli offre è affascinante ma assolutamente priva di prove concrete. *History of Ocean Basins* sarà pubblicato due anni piú tardi e per quell'epoca le prove saranno quasi pronte.

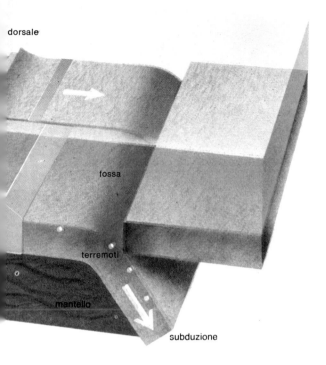

dorsale

fossa

terremoti

mantello

subduzione

Schema del meccanismo dell'espansione dei fondali oceanici. Il magma proveniente dal mantello affiora in corrispondenza della valle che si allunga lungo l'asse delle dorsali oceaniche (al centro): i suoi movimenti provocano una serie di terremoti superficiali (punti chiari). Raffreddando, questo materiale assume la magnetizzazione derivante dal campo magnetico terrestre attivo in quel momento, che può essere come quello attuale o con polarità invertite. Da questo derivano fasce di rocce parallele alla cresta della dorsale magnetizzate nella direzione del campo attuale (fasce scure) o in senso opposto (fasce chiare) L'affioramento di nuova crosta oceanica al centro della dorsale corrisponde allo slittamento di quella adiacente verso i bordi dell'oceano (frecce verso l'alto) e al suo sprofondamento nelle fosse (freccia verso il basso) con sviluppo di terremoti profondi.

Una cicatrice nella Terra

In sostanza Hess spiega in questo modo le principali strutture dell'oceano. All'interno della Terra il calore non è distribuito uniformemente. Ci sono zone piú calde e zone che lo sono meno; in particolare, vi sono grosse differenze tra l'interno e la superficie del pianeta. Come capita in una pentola d'acqua messa a scaldare sul fuoco all'interno della Terra il materiale piú caldo tende a salire in superficie e quello piú freddo a scendere. Si genera cosí una circolazione di materiale se-

condo anelli che la fisica ha già descritto da molto tempo attribuendogli il nome di celle di convezione. L'ipotesi che all'interno della Terra si verificassero delle correnti di convezione, non è nuova: è stata avanzata già nell'Ottocento e riproposta a diverse riprese in questo secolo. Ma Hess collega il modello delle correnti di convezione con le nuove osservazioni compiute negli oceani. Egli sostiene che le grandi dorsali sottomarine sono il punto nel quale i rami ascendenti di due celle di convezione vengono a contatto: in quella zona il materiale caldo dell'interno terrestre risale verso la superficie, la spezza e trabocca all'esterno. La valle centrale delle dorsali sarebbe la cicatrice, mai definitivamente chiusa, della crosta terrestre. Infatti, solo una parte del materiale ascendente giunge in superficie; il resto si raffredda prima e quindi smette di salire, dirigendosi, parallelamente alla crosta superficiale, verso l'esterno della dorsale. Il risultato di questo movimento è che la valle al centro della dorsale tende ad aprirsi continuamente e, continuamente, viene richiusa da nuovo materiale proveniente dall'interno della Terra. Una conseguenza straordinaria di questo modello è che la crosta oceanica si rinnova perennemente: mentre al centro della dorsale si forma nuova crosta oceanica, quella vecchia si sposta dal centro verso i margini dell'oceano. Dove finisce la crosta vecchia? Hess ha una risposta anche per questo. Sotto le fosse oceaniche, infatti, i sismologi avevano da tempo rilevato il verificarsi di terremoti a profondità variabili e talvolta anche estremamente elevate. Un sismologo americano, Hugo Benioff, aveva provato a disporre questi terremoti su un diagramma che mostrasse contemporaneamente la profondità e la distanza del terremoto dalla fossa. Il risultato era stato stupefacente: i terremoti apparivano disposti regolarmente su un piano che, a partire dalla fossa, penetrava inclinato di circa 45° nel corpo della Terra. Ciò avveniva nel 1955. Nel 1960 Hess forniva la sua spiegazione: quei terremoti delineavano un lembo di crosta oceanica vecchia e fredda che stava sprofondando nell'interno della Terra.

Il campo magnetico della Terra

Ma le prove di tutto questo? La ricostruzione di Hess era straordinaria perché giustificava una gran quantità di fenomeni che lasciavano

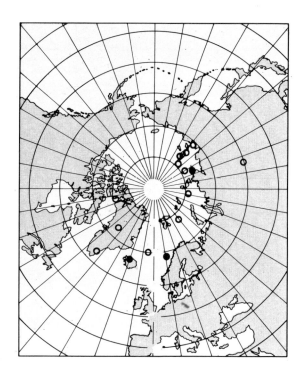

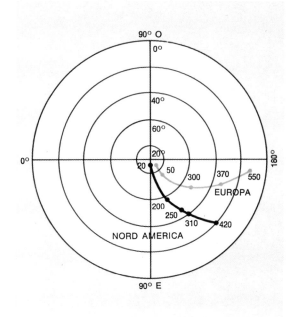

ancora molto perplessi i geologi, ma rischiava di restare solo un'ipotesi per la quale, come per quella di Wegener, era impossibile trovare prove decisive. E invece questa volta i tempi erano maturi: nell'arco di pochi anni l'ipotesi di Hess ha trovato piú di una conferma. La prima fra tutte lega la crosta dell'oceano a un'altra grande proprietà della Terra, il suo campo magnetico. Il campo magnetico della Terra è stato usato dagli uomini ancor prima di essere conosciuto. Circa un migliaio di anni fa, infatti, i cinesi si erano accorti che un ago magnetizzato si orientava sempre a Nord: usarono cosí questa proprietà come prezioso strumento per la navigazione. La bussola arrivò poi in Europa e anche qui fu usata senza che se ne comprendesse il funzionamento. Bisogna arrivare al 1600 e al fisico inglese William Gilbert per avere la spiegazione. Nella sua opera *De magnete, magneticisque corporibus et de magno magnete tellure* egli descrive il campo magnetico terrestre: è come se all'interno della Terra fosse racchiusa una enorme sbarra magnetizzata disposta quasi parallelamente all'asse di rotazione della Terra. Il risultato è che tutto il nostro pianeta è avvolto da un campo magnetico le cui linee di forza escono dal polo Nord magnetico e rientrano nel polo Sud magnetico. Gli studi successivi sul magnetismo individuarono speciali corpi, i ferromagnetici, che perdono ogni

proprietà magnetica quando vengono riscaldati. Viceversa, da caldi, lasciati raffreddare in presenza di un campo magnetico, acquisiscono ad un certo punto una magnetizzazione permanente che rispecchia fedelmente le caratteristiche del campo magnetico in cui sono immersi. Le rocce vulcaniche sono esattamente in queste condizioni: traboccano fuse alla superficie terrestre e si raffreddano immerse nel grande campo magnetico della Terra. E molte rocce vulcaniche contengono minerali di ferro facilmente magnetizzabili. Dunque, queste rocce vulcaniche potevano essere usate come nastri registratori che rispecchiavano fedelmente le caratteristiche del campo magnetico terrestre al momento in cui si erano raffreddate.

Il polo Sud al posto del polo Nord
Idee di questo tipo circolavano già alla fine dell'Ottocento. Cosí, diversi ricercatori avevano provato a stabilire quali fossero le caratteristiche del campo magnetico terrestre del passato, analizzando le rocce che lo avevano registrato. Ci si accorse allora che le rocce indicavano per il passato della Terra campi magnetici ben diversamente orientati. Normalmente il polo Nord magnetico era indicato in posizioni assai diverse da quella attuale. In alcuni casi addirittura il polo Nord magnetico veniva indicato dove ora si trova il polo

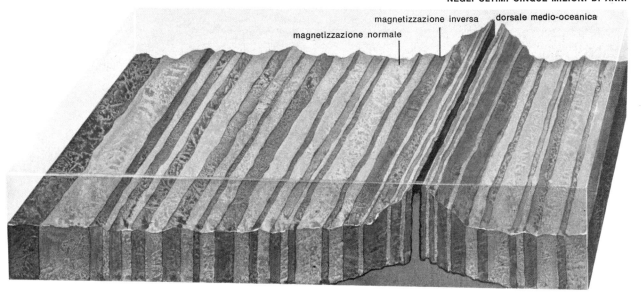

magnetizzazione inversa   dorsale medio-oceanica

magnetizzazione normale

A fronte: a sinistra, posizione del Polo Nord magnetico negli ultimi 5 milioni di anni; a destra, negli ultimi 500 milioni di anni, secondo dati ricavati nell'America settentrionale e in Europa; si osservi come la curva americana e quella europea non coincidano: possono essere portate a coincidere soltanto supponendo che Europa e America si siano spostate l'una rispetto all'altra, esattamente come previsto dalla deriva dei continenti.
Sopra: le fasce di rocce magnetizzate formatesi dalle dorsali sommerse negli ultimi 5 milioni di anni. Le strisce blu e gialle, parallele alla dorsale, indicano la magnetizzazione alternativamente normale (uguale a quella attuale) e inversa. Infatti, quando è molto calda, la lava non assume alcun tipo di magnetizzazione; allorché però, raffreddando, essa solidifica, assume una magnetizzazione permanente. Così, quando affiora in superficie, la lava assume la magnetizzazione del campo magnetico attivo in quel momento e lo conserva in permanenza.

Sud. Le ricerche compiute dopo la seconda guerra mondiale indicarono senza possibilità di dubbio che il campo magnetico terrestre nel passato aveva piú volte invertito le sue polarità: il polo Nord era andato al posto del polo Sud e viceversa.

Hess aveva ragione

Leggendo il dattiloscritto di Hess, due geofisici inglesi, Vine e Matthews, si resero conto che se c'era una possibilità di provare se Hess avesse ragione o torto, questa era fornita proprio dal campo magnetico. Hess diceva infatti che al centro della dorsale oceanica risalivano continuamente materiali caldi dall'interno della Terra: si trattava di lave basaltiche assai ricche di materiali ferromagnetici. Queste lave raffreddavano e poi venivano spostate lateralmente dai movimenti successivi da un lato e dall'altro della dorsale. Queste lave dovevano conservare tracce del magnetismo del passato.

Nel 1963 Vine e Matthews compiono un rilievo sulle caratteristiche magnetiche della Dorsale di Reykjanes, l'estremità settentrionale della Dorsale Medio-Atlantica. Essi scoprono così che le lave del fondale hanno una magnetizzazione particolarissima: in prossimità del centro le lave rispecchiano esattamente il campo magnetico terrestre attuale; andando verso l'esterno della dorsale, si incontra invece una fascia, parallela alla dorsale, in cui le lave sono magnetizzate come se il campo magnetico terrestre fosse invertito rispetto a quello attuale; poi, ancora, torna una fascia a magnetizzazione normale, poi un'altra rovesciata e così via. La stessa situazione si verifica, identica, sull'altro versante della dorsale: come in uno specchio, si osserva la stessa successione di fasce a magnetizzazione normale e rovesciata.

Come interpretare questa stranissima struttura che non aveva corrispondente in alcuna altra conosciuta sui continenti? Per Vine e

23

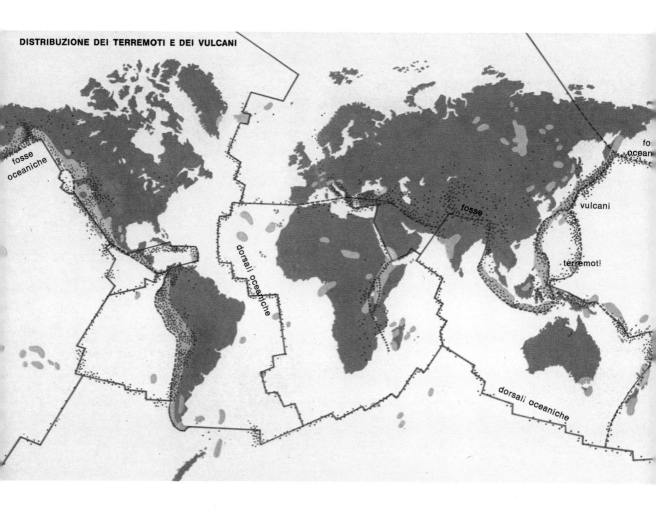

fosse oceaniche

dorsali oceaniche

fosse

fo ocean

vulcani

terremoti

dorsali oceaniche

Matthews tutto era ormai chiaro: Hess aveva ragione. La dorsale oceanica era il luogo in cui i materiali caldi giungevano dall'interno della Terra in superficie e là si raffreddavano per formare la crosta oceanica. Il continuo afflusso di materiale spingeva queste lave ormai fredde lateralmente da una parte e dall'altra della dorsale. Questo fenomeno continuava ormai da molti milioni di anni: perciò sul fondo dell'oceano erano registrate tutte le variazioni che il campo magnetico terrestre aveva subito nel passato.

L'età dei fondali

Negli anni successivi un'altra prova decisiva doveva aggiungersi a questa. Esistevano ormai tecniche adatte a fornire con precisione l'età, in anni, di una roccia. Navi da ricerca e fra queste soprattutto la *Glomar Challenger*, descritta piú avanti in questo libro, rac-

coglievano campioni di fondale cercando di attribuirgli un'età. In breve fu chiaro che le rocce del centro della dorsale avevano un'età molto recente, fino a somigliare a quelle appena emesse dai vulcani. L'età delle rocce però aumentava progressivamente mentre ci si allontanava dalla dorsale per avvicinarsi ai bordi dell'oceano. Per quanto riguarda l'Atlantico, le rocce piú antiche non superano i 150 milioni di anni di età: il che significava che l'Atlantico, largo oltre 6000 chilometri, si era generato tutto negli ultimi 150 milioni di anni, aprendosi quindi a una velocità di circa 5-10 centimetri all'anno. Questo coincideva perfettamente con le previsioni fatte da Wegener: 150-200 milioni di anni fa America meridionale e settentrionale erano accostate ad Africa ed Europa a costituire il grande supercontinente di Pangea. Solo successivamente questo si era spezzato in di-

A fronte: una cartina che indica come terremoti
e vulcani, che sono la manifestazione piú immediata
e vistosa dei movimenti che interessano la crosta
del nostro pianeta, siano distribuiti lungo fasce ben
definite (sono indicate anche aree di antica origine
vulcanica localizzate un po' dovunque). In base
a questa situazione la superficie della crosta terrestre
è stata divisa in circa una dozzina di zolle in perenne
movimento l'una rispetto all'altra.
Sotto: come doveva apparire un oceano primordiale.
A destra: la nascita di un'isola dal mare: si tratta
di Surtsey, nata al largo dell'Islanda nel 1963.

versi frammenti tra i quali la dorsale medio-
oceanica aveva cominciato a costruire il fondo dell'oceano.

Quando il primo oceano?

150 milioni di anni possono sembrare molti
ma ormai si sa che l'età della Terra è di 4600
milioni di anni: ciò significa che nel passato
c'è stato tempo sufficiente perché l'Oceano
Atlantico si aprisse e richiudesse piú di 20
volte. La deriva dei continenti di Wegener,
dunque, è stato un fenomeno particolare, verificatosi una volta soltanto in questi ultimi
200 milioni di anni oppure l'aprirsi e chiudersi degli oceani è stato un fenomeno costante, attivo sul nostro pianeta dal momento
della sua formazione? La risposta degli scienziati non è ancora unanime, ma tutto fa pensare che grandi oceani si siano aperti e ri-
chiusi molte volte nel passato e che quindi

la geografia della Terra sia mutata radical-
mente molte volte.

Quando è comparso sulla Terra il primo
oceano? La risposta a questa domanda ci viene dalla Groenlandia. Sappiamo, infatti, che
tutte le rocce si possono dividere in tre grandi categorie: le rocce eruttive derivate dal
raffreddamento di grandi masse calde; le rocce metamorfiche derivate dalla trasformazione
ad opera di calore e pressione di rocce preesistenti; e infine le rocce sedimentarie derivate
dallo smantellamento, ad opera delle acque
correnti e del vento, di rocce preesistenti e
dall'accumulo dei detriti che ne derivano. La
gran maggioranza delle rocce sedimentarie deriva dall'accumulo di questi detriti in mare.
Vic McGregor, un geologo del servizio geologico groenlandese, era stato incaricato agli
inizi degli Anni Settanta di costruire la mappa delle rocce che affiorano nella regione di

Godthaab, la capitale della Groenlandia. Si trattava di rocce eruttive e metamorfiche molto antiche. Ma quanto antiche? Vic McGregor inviò numerosi campioni al laboratorio inglese diretto da Stephen Moorbath che, dopo indagini e misure accuratissime, arrivò alla straordinaria conclusione che quelle erano le rocce piú antiche conosciute: avevano un'età di 3750 milioni di anni.

Proseguendo le indagini anche in una zona piú a Nord, proprio ai bordi della grande calotta glaciale che copre la maggior parte dell'isola, McGregor e Moorbath trovarono anche altre rocce. Non si trattava di rocce eruttive né metamorfiche, questa volta. Erano rocce sedimentarie chiaramente formatesi in un bacino marino. La loro età era identica a quella delle rocce già analizzate. La Terra possedeva, dunque, un oceano già 3750 milioni di anni fa.

Oceani e vulcani

Se i bacini oceanici attuali non hanno piú di 150 milioni di anni e se il piú antico ne ha 3750, che fine hanno fatto i bacini oceanici che devono avere ornato il nostro pianeta in questo immenso intervallo di tempo? Prima di dare una risposta a questa domanda è necessario dare un'occhiata al nuovo modello del nostro pianeta uscito dallo sviluppo dell'ipotesi di Hess.

Dopo che l'ipotesi di Hess ha cominciato ad assumere consistenza, un nugolo di scienziati ha preso ad osservare le caratteristiche globali del nostro pianeta. Essi hanno cominciato col notare che due dei fenomeni nei quali piú evidente si dimostra l'attività della Terra, i terremoti e i vulcani, non sono distribuiti uniformemente sulla superficie del nostro pianeta. Anzi, appaiono distribuiti lungo fasce ristrette che bordano zone in cui non ci sono vulcani e i terremoti sono rarissimi. Da questa considerazione è nato il modello della "tettonica a zolle". Secondo questo modello la crosta terrestre è divisa in una dozzina di grandi zattere in perenne movimento l'una rispetto all'altra: possono avvicinarsi tra loro, allontanarsi o scivolare l'una accanto all'altra. Si allontanano tra loro quando sono separate da una dorsale ocea-

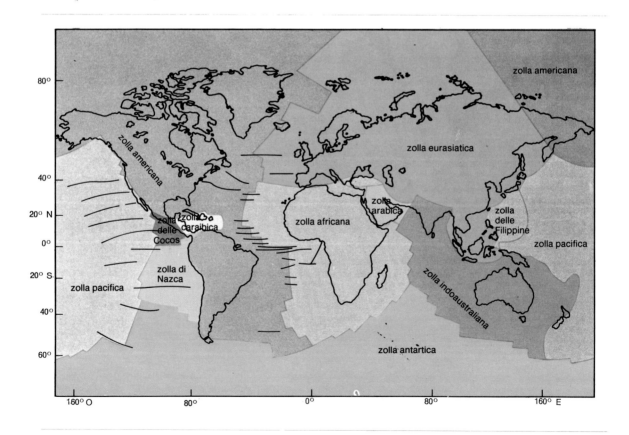

nica; si avvicinano quando sono separate da una fossa. Il primo e piú ovvio risultato di questi movimenti è lo scatenarsi dei terremoti. I vulcani accompagnano, ovviamente, le dorsali oceaniche, dove il materiale caldo dell'interno della Terra si avvicina alla superficie. Ma sono presenti anche presso le fosse. In quelle regioni, infatti, abbiamo visto che la crosta oceanica fredda sprofonda verso l'interno della Terra. Sprofondando si riscalda fino a che i minerali a piú basso punto di fusione si sciolgono. I minerali a piú basso punto di fusione sono anche i piú leggeri. Essi danno dunque luogo a masse liquide e calde che tendono a risalire verso la superficie: quando trovano la via per traboccare si formano i vulcani caratteristici degli archi insulari che bordano le fosse oceaniche.

A fronte: le zolle che formano la superficie terrestre. Sotto: nasce una catena montuosa dalla collisione di due masse continentali dovuta allo sprofondamento della crosta oceanica sul fondo di una fossa oceanica (zona di subduzione). In questo modo, per collisione di India e Asia, si è innalzato l'Himalaya. A destra, il cratere Haleakala nelle Hawaii.

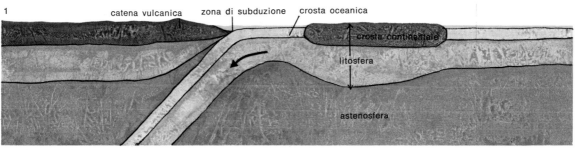

1 — catena vulcanica — zona di subduzione — crosta oceanica — crosta continentale — litosfera — astenosfera

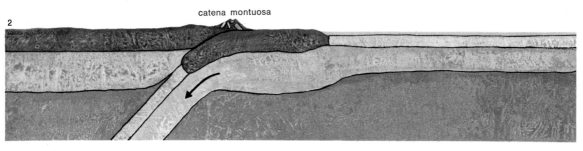

2 — catena montuosa

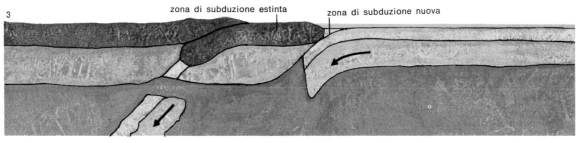

3 — zona di subduzione estinta — zona di subduzione nuova

Le zolle in movimento continuo sono strutture assai piú grandi dei continenti che Wegener vedeva andare alla deriva: sono lastre dello spessore di un centinaio di chilometri. Come mai i geofisici che avevano bocciato la deriva dei continenti non si oppongono anche alla tettonica a zolle? L'obiezione di allora era che il substrato su cui i continenti dovevano scivolare era troppo rigido (non era liquido come avrebbe voluto Wegener) per permettere questi movimenti. La sismologia da allora ha confermato che i continenti riposano su rocce ben solide e assolutamente inadatte a questi spostamenti. Ma la sismologia ha anche dimostrato che scendendo piú a fondo nell'interno della Terra c'è uno strato in cui le onde sismiche si propagano piú lentamente che non sopra o sotto: è il cosiddetto "strato a bassa velocità", o *low velocity layer* (*LVL*) come lo chiamano gli inglesi, che si estende appunto sotto i 100 chilometri di profondità. Perché le onde sismiche improvvisamente rallentano in quello strato? L'interpretazione attuale è che questo corrisponda a uno strato parzialmente fuso: è il piano su cui le zolle possono scivolare portando sul dorso oceani e continenti.

Oceani e montagne, zolle e punti caldi

Ora proviamo a immaginare due zolle, ciascuna delle quali rechi sul dorso un continente. Le separa un oceano che si sta consumando sul fondo di una fossa. Mentre la crosta oceanica sprofonda via via nell'interno della Terra, i due continenti si avvicinano l'uno all'altro. Alla fine anche il continente si trova sui bordi della fossa. Ma la crosta continentale è leggera, assai piú leggera di quella oceanica: e dunque non sprofonda. Le due masse continentali si trovano allora di fronte, spinte l'una contro l'altra. La collisione è inevitabile. Le due masse continentali, lentamente ma inesorabilmente, entrano in contatto e spingono l'una contro l'altra frammenti di crosta oceanica. La collisione genera cosí una catena montuosa.

L'isola di Hawaii è il monte piú alto della Terra: con la cima del monte Mauna Kea supera i 4200 metri d'altezza sul livello del mare, assai meno dell'Everest che raggiunge gli 8882 metri. Ma l'isola di Hawaii non nasce al livello del mare: è un monte che si erge da un fondo oceanico profondo oltre 5800 metri.

In totale, l'isola di Hawaii svetta sul fondo marino circostante di 10 056 metri. L'isola di Hawaii è la piú orientale di una serie di isole e rilievi sottomarini che hanno in comune tra loro il fatto di essere di natura vulcanica. A guardarli sulla carta hanno un aspetto veramente curioso: rilievi sottomarini e isole sono allineati come se qualcuno li avesse posti in fila, uno dopo l'altro in direzione Est-Ovest. La cosa piú curiosa è però il fatto che l'età di questi rilievi vulcanici diminuisce ordinatamente da Ovest verso Est, dai 5 milioni di anni della piú occidentale fino alle lave emesse ancora oggi dal Kilauea nell'isola di Hawaii.

La spiegazione che di questo fenomeno forniscono attualmente gli scienziati è la seguente. In alcuni punti del globo, per ragioni connesse con la distribuzione del calore interno della Terra, ci sono colonne di materiale caldo che risalgono dal mantello terrestre fino in superficie a generare dei vulcani. Sono i cosiddetti "punti caldi" della superficie terrestre: uno di questi sarebbe l'isola di Hawaii. Queste colonne di materiale caldo sono collegate a profondità del mantello terrestre superiori al livello sul quale slittano le zolle. Esse rimangono dunque in posizione pressoché fissa, mentre al di sopra le zolle si spostano. I punti caldi lavorano quindi come punzoni che bucano un nastro trasportatore mentre si sposta. Dunque la catena di rilievi e di isole vulcaniche che costituiscono la Dorsale delle Hawaii segna lo spostamento della zolla del Pacifico: uno spostamento avvenuto, negli ultimi 5 milioni di anni, da Est verso Ovest.

Un batiscafo sul fondo

Ma come è fatta realmente la crosta dell'oceano? Ci sono due modi per stabilirlo: osservarla in quei rari luoghi della Terra in cui essa affiora in superficie o andarsela a vedere sul fondale. Un gruppo di geofisici inglesi e islandesi ha scelto la prima soluzione considerando che l'Islanda cresce proprio a cavallo della Dorsale Medio-Atlantica, tra il ramo di questa che prende nome di Dorsale di Reykjanes e la prima delle dorsali del Mare Glaciale Artico che si chiama Dorsale di Jan Majen. L'Islanda è un'isola interamente vulcanica. Non solo: essa è attraversata da Sud a Nord da una profonda valle che assomiglia molto alla valle sottomarina che accompagna la dorsale medio-oceanica in tutta la sua lunghezza. Gli studi piú recenti hanno dimostrato che questa valle, come previsto dalle ipotesi di Hess, si allarga progressivamente alla velocità di uno-due centimetri all'anno e cosí ha fatto a piú riprese nel corso degli ultimi 20 milioni di anni di storia di quest'isola.

L'altra via l'ha seguita un gruppo di studiosi franco-americani: con tre batiscafi ed altrettante navi appoggio, a cominciare dal 1973, ogni anno, essi si sono immersi fino sul fondo della valle al centro della Dorsale Medio-Atlantica. Se l'origine di questa valle era quella ipotizzata da Hess, si sarebbero dovute trovare tracce di imponenti colate laviche sottomarine. Nel corso di questo programma di ricerca, il FAMOUS (*French American Mid Ocean Undersea Study*, "studio sottomarino medioceanico franco-americano"), sono stati fotografati i segni di grandi colate laviche e la presenza di lave a cuscini, strutture che si formano soltanto quando una lava raffredda sott'acqua.

Ecco come è apparso il fondale oceanico della valle al centro della Dorsale Medio-Atlantica agli scienziati imbarcati sul batiscafo *Alvin* durante lo svolgimento del progetto franco-americano di esplorazione dei fondali oceanici (FAMOUS). Le forme osservate derivano dal rapido raffreddamento delle lave emesse al centro della dorsale oceanica.

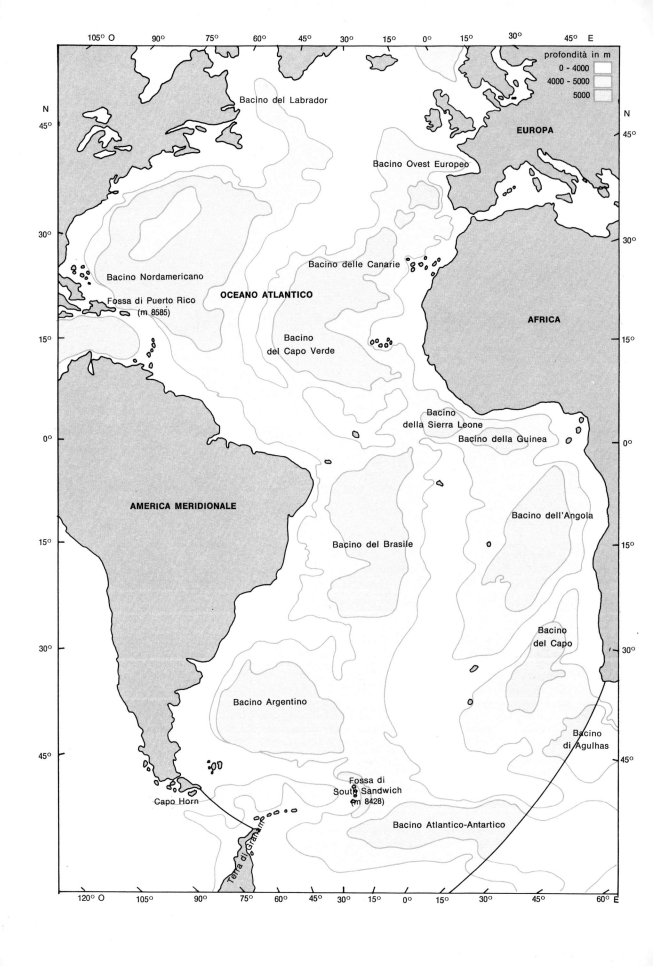

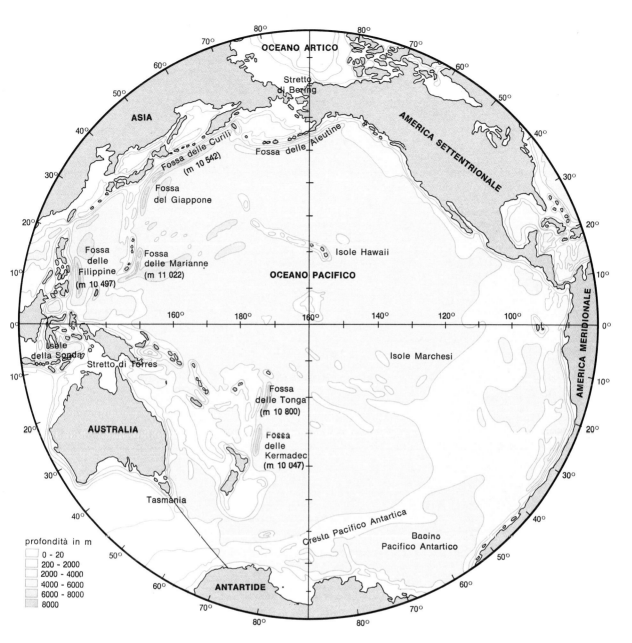

Il regno dell'oceano

Nelle pagine precedenti abbiamo visto quale origine e quale straordinaria storia raccontano i bacini oceanici. Ora entriamo nel regno dell'oceano come è ora: quanto è grande? Come è fatto? In quali "province" si divide?

Nel suo insieme l'oceano copre una superficie di 361,059 milioni di chilometri quadrati, cioè il 70,8 % della superficie terrestre; ha una profondità media di 3795 metri, un volume totale di 1370,323 milioni di chilometri cubi ed è costituito per il 96,5 % d'acqua e per il 3,5 % di sali vari, materia organica, gas disciolti.

Gli oceani comunicano tutti fra loro e costituiscono così un corpo relativamente omo-

Carte batimetriche dell'Oceano Atlantico (a fronte) e dell'Oceano Pacifico (sopra). L'Oceano Pacifico è il più vasto ed anche quello con la profondità media più elevata (4282 metri). Si osservi come in quest'ultimo le fosse più profonde siano localizzate ai margini orientale e occidentale.

geneo in cui è difficile e talvolta arbitrario stabilire delle suddivisioni.

La prima suddivisione, ormai classica, stabilita nel 1845 dalla Royal Geographical Society di Londra, prevedeva la divisione di questa enorme massa d'acqua in cinque unità geografiche diverse: l'Oceano Atlantico, Pacifico, Indiano, Artico e Antartico.

Mentre per i primi tre, in linea generale,

esistono strutture geografiche adatte a definirne con sufficiente chiarezza i limiti, per gli ultimi due la questione non è cosí facile: l'Oceano Artico comunica con l'Atlantico su un fronte assai lungo tra Europa e Groenlandia. Dove finisce l'Atlantico e dove comincia l'Artico? La Royal Geographical Society fu costretta a stabilire un limite arbitrario coincidente con il Circolo Polare Artico. Ancora peggio stavano le cose nei confronti dell'Oceano Antartico, una strana massa d'acqua che, come caratteristica geografica, ha solo quella di fungere da corona al continente antartico. Per il resto non vi è alcun limite geografico obiettivo che permetta di stabilire dove comincia l'Antartico e dove finiscono Pacifico, Atlantico e Indiano. Ancora una volta si dovette ricorrere a una indicazione arbitraria che stabiliva la fine dell'Antartico in corrispondenza del Circolo Polare Antartico (67° 30' Sud). L'arbitrarietà di questo limite è testimoniata anche dal fatto che, storicamente, il limite dell'Oceano Antartico comunemente accettato è cambiato piú volte: 67° 30' Sud, 60° Sud, oppure ancora 55° Sud. Verso la fine del secolo scorso la tendenza fu quella di considerare Artico e Antartico come pure e semplici appendici degli altri oceani che si riducevano quindi a tre, l'Oceano Atlantico, l'Oceano Pacifico e l'Oceano Indiano. Attualmente la tendenza generale è invece quella di riconoscere la dignità di unità geografica indipendente almeno all'Oceano Artico proprio per le caratteristiche speciali che sono state riconosciute a questa massa d'acqua. Secondo le tendenze attuali, dunque, dobbiamo riconoscere quattro oceani principali, Pacifico, Atlantico, Indiano e Artico.

I limiti che li separano l'uno dall'altro sono i seguenti.

Oceano PACIFICO. A Ovest è delimitato dalle coste dell'Asia, dalle isole della Sonda, dallo Stretto di Torres, dalle coste orientali dell'Australia, dalla Tasmania, dal meridiano 147° Est giú fino al continente antartico.

A Sud è delimitato dalle coste dell'Antartide tra 147° Est e il meridiano che scende da Capo Horn fino in Antartide.

A Est è delimitato da questo stesso meridiano e dalle coste occidentali delle due Americhe. A Nord confina con l'Oceano Artico lungo un limite che attraversa lo Stretto di Bering tra Capo Dežnev e Capo Principe di Galles.

Oceano ATLANTICO. A Ovest è delimitato dalle coste orientali delle Americhe e dal meridiano che da Capo Horn scende fino alle coste antartiche.

A Sud è delimitato dalle coste antartiche tra questo meridiano e quello che passa per Capo di Buona Speranza in Africa (20° Est).

A Est è delimitato da questo meridiano, dalle coste dell'Africa e dell'Europa. A Nord è separato dal bacino Artico da un confine arbitrario che parte dal punto piú settentrionale della Norvegia e passa da quello piú meridionale delle isole Spitzbergen occidentali, per lo Stretto di Danimarca e giunge in Groenlandia.

Oceano INDIANO. A Nord è delimitato dalle coste dell'Asia.

A Ovest da quelle dell'Africa e dal meridiano 20° Est.

A Sud dalle coste dell'Antartide, dal meridiano 20° Est fino al meridiano 147° Est.

A Ovest da questo meridiano e dalle coste occidentali della Tasmania, dell'Australia e dalle isole della Sonda.

Oceano ARTICO. È definito dai limiti settentrionali dell'Oceano Pacifico e Atlantico e dalle coste di Europa, Asia e Nord America.

Con questi limiti, il piú vasto di tutti gli oceani è l'Oceano Pacifico che raggiunge una estensione di 165,246 milioni di chilometri quadrati, una profondità media di 4282 metri e quindi un volume di 707,555 milioni di chilometri cubi. Segue l'Oceano Atlantico con 82,441 milioni di chilometri quadrati (piú 4,319 milioni di chilometri quadrati del Golfo del Messico), una profondità media di 3926 metri e un volume di 323,613 milioni di chilometri cubi.

Segue ancora l'Oceano Indiano con 73,443 milioni di chilometri quadrati (piú 8,143 milioni di chilometri quadrati della zona dell'arcipelago dell'Indonesia), una profondità media di 3963 metri e un volume di 291,030 milioni di chilometri cubi.

Infine l'Oceano Artico con una superficie di 14,090 milioni di chilometri quadrati, una profondità media di 1205 metri e un volume di 16,980 milioni di chilometri cubi.

A questi numeri, per completare l'intera massa oceanica, sono da aggiungere quelli relativi ai mari marginali come il Mediterraneo che, insieme al Mar Nero, occupa una superficie di 2,966 milioni di chilometri quadrati, ha una profondità media di 1429 metri e quindi

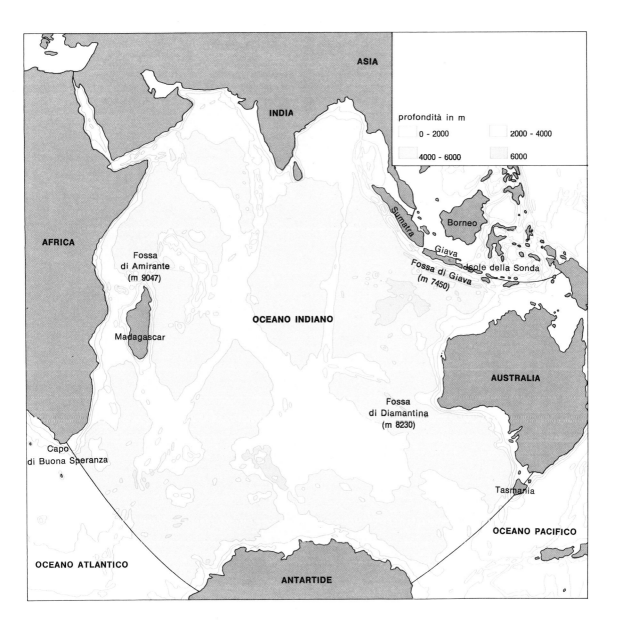

Carta batimetrica dell'Oceano Indiano. Si tratta del più piccolo (ha una superficie di meno della metà del Pacifico) dei tre oceani principali, ma ha una profondità media superiore a quella dell'Atlantico. In totale contiene meno della metà del volume d'acqua contenuto nel Pacifico. Numerose fosse superano la profondità di 7000 metri anche se nessuna raggiunge i record registrati nel Pacifico.

un volume di 4,238 milioni di chilometri cubi; come il Mar Baltico, il Mar Rosso, il Golfo Persico, la Baia di Hudson, il Mare di Okhotsk, del Giappone, della Cina e del Golfo di California che, nell'insieme, raggiungono una superficie di circa 11 milioni di chilometri quadrati.

Il record delle massime profondità spetta all'Oceano Pacifico ove si trovano ben cinque fosse di profondità superiore ai 10 000 metri: la Fossa delle Marianne che con i suoi 11 022 metri è anche la più profonda del mondo; la Fossa delle Tonga (10 800 metri); la Fossa delle Curili (10 542 metri); la Fossa delle Filippine (10 497 metri); la Fossa delle Kermadec (10 047 metri).

Negli altri oceani le massime profondità spettano: per l'Oceano Atlantico alle fosse South Sandwich (8428 metri) e di Puerto Rico (8585 metri); per l'Oceano Indiano alle fosse di Amirante (9047 metri), di Diamantina (8230 metri) e di Giava (7450 metri).

L'ACQUA DEL MARE

Origine dell'acqua di mare

Di fronte all'immensità dell'oceano le prime domande che sorgono spontanee sono: da dove viene tutta quest'acqua? Perché esiste sulla Terra e non sugli altri pianeti del Sistema solare?

Sono domande che ci riportano ai primordi, a tempi che si distendono tra 4600 e 5000 milioni di anni fa, quando al posto della Terra e del Sistema solare si stendeva nello spazio una gigantesca nube di polvere e gas. Con il passare del tempo, ruotando su se stessa, questa nube aveva assunto la forma di un disco piú denso al centro e meno denso alla periferia. Essa conteneva, oltre a gas e polveri, anche materiali solidi: rocciosi (come le attuali meteoriti) o composti di ghiaccio come sembra sia la testa delle attuali comete. La rotazione del disco ha fatto sí che nel Sistema solare polveri e materiali solidi non si distribuissero in modo uniforme: la parte piú leggera si è concentrata alla periferia; quella piú pesante e consistente nelle zone piú interne. Da questa diversa distribuzione nella nube primordiale è derivata una caratteristica fondamentale del nostro Sistema solare: il fatto cioè che i quattro pianeti piú vicini al Sole e cioè, in ordine, Mercurio, Venere, la Terra e Marte fossero costituiti da materiali rocciosi e pesanti mentre i pianeti piú esterni e lontani, Giove, Saturno, Urano e Nettuno (non invece Plutone che è poco conosciuto e sembra essere un caso particolare), fossero invece costituiti da materia leggera e impalpabile.

Se, dunque, la Terra ha un supporto solido sul quale ospitare gli oceani lo deve a questa prima distribuzione di materiali all'interno del Sistema solare. Quattromila e seicento milioni di anni fa da questa nube primordiale si sono formati i pianeti: tra i materiali che hanno contribuito a formare

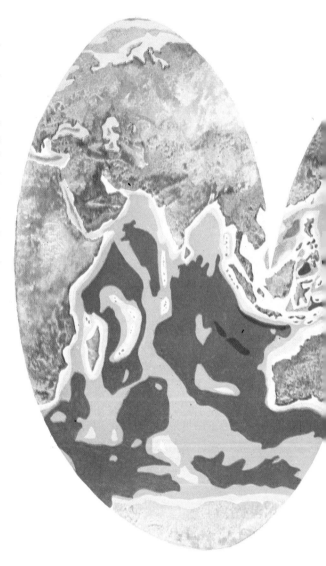

Gli oceani coprono circa il 70% della superficie
terrestre, ma in maniera assai poco uniforme.
Talvolta l'acqua si insinua tra i continenti, talaltra
tra il continente e l'oceano vero e proprio vi sono
mari secondari separati dall'oceano da archi di isole.
Anche la profondità non è uniformemente
distribuita, come si può vedere nel planisfero qui
sotto. I continenti si prolungano qua e là nell'oceano
con una piattaforma piú o meno estesa; in altri casi
il bordo continentale è nettissimo. In mezzo agli
oceani si ergono le dorsali e altri sollevamenti.

ESTENSIONE E PROFONDITÀ DEGLI OCEANI

m	m	m	m	m	m
0 - 200	200 - 2000	2000 - 4000	4000 - 6000	6000 - 8000	8000

la Terra c'era certamente anche l'acqua; una certa quantità di questa si è mescolata insieme a tutto il resto per formare il corpo solido della Terra; un'altra parte invece è stata attirata a costituire, insieme ad altri gas, la prima atmosfera del nostro pianeta. Di quest'ultima però, probabilmente, non resta piú la minima traccia. I fenomeni che hanno accompagnato la formazione del pianeta Terra, infatti, l'hanno rapidamente trasformato in una massa infuocata, una sfera incandescente di rocce fuse: i gas della prima atmosfera della Terra, riscaldati a temperature elevate, sono certamente sfuggiti nello spazio cosmico e il nostro pianeta ha dovuto rifarsi un'atmosfera tutta nuova.

A questo punto è necessario rendersi conto delle dimensioni della Terra. È vero che l'acqua è estremamente importante se si guarda alla superficie del nostro pianeta. Ma è anche vero che essa, nel punto piú profondo dell'oceano, raggiunge uno spessore di circa 11 chilometri (in media non supera i 4 chilometri): è uno strato esilissimo se lo si confronta con il raggio della Terra che è di oltre 6300 chilometri.

La tabella dà un'idea della quantità d'acqua dolce e salata presente sulla superficie della Terra. È una quantità enorme perché si tratta di quasi un miliardo e mezzo di chilometri cubi; ma il volume complessivo del nostro pianeta è di 1083 miliardi di chilometri cubi. Cioè tutta l'acqua messa

PROPORZIONE TRA ACQUA DOLCE E ACQUA SALATA

L'acqua del pianeta è in massima parte salata e quasi totalmente contenuta negli oceani. L'acqua dolce si trova per lo piú come ghiaccio allo stato solido. L'acqua dolce allo stato liquido e gassoso rappresenta una piccola percentuale sul totale, ma è essenziale per la sopravvivenza degli esseri viventi.

Volume d'acqua contenuto nei vari ambienti (in km³)	
acque salate:	
degli oceani	1 370 000 000
del sottosuolo	4 200 000
dei laghi	104 000
totale	1 374 304 000
acque dolci:	
dei ghiacci	34 000 000
del sottosuolo	4 266 500
dei laghi	126 000
dell'atmosfera	13 000
dei fiumi	1 200
totale	38 406 700
totale generale	1 412 710 700

insieme rappresenta meno dell'ottocentesima parte del volume della Terra.

Se l'acqua di cui disponeva la Terra all'atto della sua formazione se ne è scappata nello spazio, da dove viene l'acqua che rende azzurro oggi il nostro pianeta? Bene: pensate che un frammento di roccia solidissima come è una meteorite è costituito di acqua per almeno lo 0,5 per cento. Lo stesso capita alle rocce che costituiscono la parte superficiale e profonda della Terra. Come si può spremere l'acqua da una roccia? Basta riscaldarla e l'acqua se ne va sotto forma di vapore, per poi diventare liquida non appena raffreddata al punto giusto. Dunque, una prima parte dell'acqua terrestre è stata spremuta fuori dalle rocce della superficie terrestre non appena queste, dopo essersi fuse, si sono consolidate. Il resto è

Gli iceberg galleggiano con facilità, dato che il peso specifico del ghiaccio è minore di quello dell'acqua: nonostante questo, le gigantesche montagne di ghiaccio che siamo abituati a vedere fotografate sono solo la quarta parte della reale dimensione dell'iceberg, che si estende soprattutto sott'acqua.

venuto, giorno per giorno, dalle profondità caldissime del nostro pianeta, dal mantello terrestre che, attraverso i vulcani e le dorsali oceaniche (come abbiamo visto nella parte dedicata alla formazione dei bacini oceanici), continua a rimanere in contatto diretto con la superficie.

Perché l'acqua oceanica è salata? Le rocce fuse da cui ha avuto origine l'acqua hanno, insieme a questa, ceduto anche altre sostanze (cloro, anidride carbonica) che sono rimaste disciolte nell'oceano primitivo. L'acqua marina originaria dunque era molto piú acida e aggressiva di quella attuale: essa ha cosí potuto aggredire e sciogliere parte delle rocce togliendo loro parecchi elementi chimici: calcio, magnesio, sodio, potassio che oggi ritroviamo nel mare.

L'acqua dolce invece si forma per azioni fisiche sull'acqua oceanica: queste sono l'evaporazione ed il congelamento. Per cause climatiche l'acqua dolce meteorica può restare accumulata sotto forma di ghiacci, come avviene nelle cappe glaciali dell'Antartide e della Groenlandia, nonché di altre residue riserve glaciali. L'acqua dolce è in continuo scambio con l'oceano, benché con velocità diverse: l'acqua evaporata può tornare all'oceano per precipitazione dopo poche ore o giorni; oppure entro tempo di mesi, o di anni, portata dai fiumi. Può defluire lentamente nel sottosuolo e tornare all'oceano dopo millenni o restare per milioni di anni nelle grandi cappe glaciali.

Parte dell'acqua oceanica resta addirittura inglobata nei sedimenti del fondo e partecipa alle trasformazioni di questi. Oggi si sa che i fondi oceanici sono in movimento, che si incuneano sotto i continenti in qualche parte, mentre nuovo fondo si forma in corrispondenza delle dorsali oceaniche. Cosí l'acqua inglobata nei sedimenti penetra nelle profondità del pianeta, nel mantello terrestre, e ne esce nuovamente, dopo tempi lunghissimi, dalle eruzioni sottomarine delle

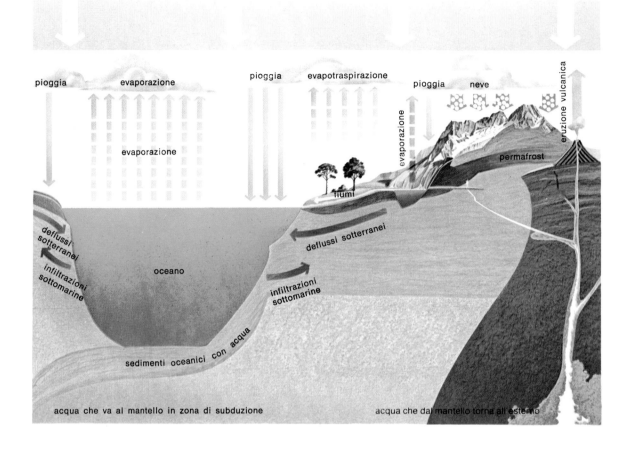

dorsali. È un meraviglioso ciclo che pare finalizzato in un continuo movimento, in una continua trasformazione ed evoluzione.

Caratteristiche dell'acqua di mare

La caratteristica fondamentale dell'acqua di mare è, ovviamente, quella di essere salata. In media l'oceano contiene 35 parti di sale su mille d'acqua, cioè circa 35 grammi di sale per ogni chilo d'acqua. Che questa non sia, malgrado le apparenze, una quantità irrilevante, lo dice già il sapore dell'acqua di mare: la presenza del sale si sente eccome. Ma un paio di semplici calcoli possono confermare l'impressione. Abbiamo visto, infatti, che nel suo insieme l'acqua di mare presente sul nostro pianeta ha un volume di 1370 milioni di chilometri cubi; circa 48 milioni di chilometri cubi di questi sono costituiti da sali vari; sono circa 100 milioni di miliardi di tonnellate tra sale da cucina e altri composti, se si considera il peso specifico di questi sali, che è in media 2.

La salinità esprime il contenuto di so-

L'acqua passa incessantemente dall'oceano all'atmosfera e ai continenti, cui dà la vita. Causa prima di questo ciclo è il Sole che fornisce l'energia. Anche il calore dei magmi del mantello contribuisce però al complesso fenomeno.

stanza disciolta nell'acqua, dopo aver bruciato la sostanza organica, trasformato i carbonati in ossidi e considerato il bromo come cloro. La salinità si misura in per mille (‰), ossia in grammi di sali disciolti per chilogrammo di acqua.

Per approfondire il discorso della salinità è necessario capire bene cosa significa l'espressione "sali disciolti". Prendiamo un cucchiaino di sale da cucina: sappiamo che, dal punto di vista chimico, il sale da cucina è costituito da sodio (Na) e cloro (Cl) secondo la formula NaCl. Quando immergiamo il cucchiaino di sale nell'acqua questo ultimo "si scioglie". Che cosa accade? Semplicemente che sodio e cloro si separano l'uno dall'altro: essi restano nell'acqua sotto forma di "ioni", cioè di atomi dotati di una

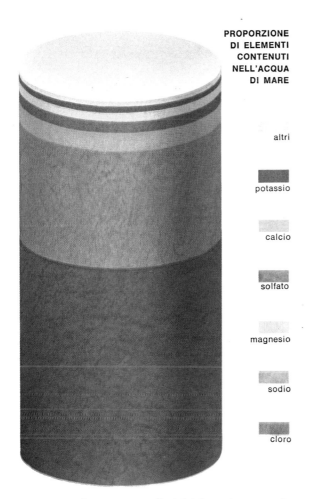

altri

potassio

calcio

solfato

magnesio

sodio

cloro

Nell'acqua del mare sono disciolti (in vari composti) tutti gli elementi chimici. Lo schema qui proposto indica le percentuali: come si vede, sono nettamente preponderanti il cloro e il sodio (legati nel cloruro di sodio, o sale da cucina).

certa carica elettrica che può essere positiva o negativa; in particolare per il sodio è positiva (e si scriverà Na^+) e per il cloro è negativa (Cl^-). Certi ioni hanno piú di una carica elettrica o sono costituiti invece che da un solo elemento chimico da un gruppo di elementi. Il solfato di calcio, $CaSO_4$, per esempio, sciogliendosi dà luogo allo ione calcio Ca^{++} e allo ione solfato SO_4^{--}. Tutti questi ioni sono pronti a ricombinarsi tra di loro nel momento stesso in cui viene fatta evaporare l'acqua in cui sono disciolti: cosí sodio e cloro si riuniranno a formare il sale da cucina; calcio e ione solfato per dare luogo a solfato di calcio.

Nell'acqua di mare sono contenuti molti ioni; ma i piú abbondanti, quelli cioè che determinano la salinità, sono, in ordine di abbondanza: cloro, sodio, solfato, magnesio, calcio, potassio (si aggiunge anche qualche altro ione molto meno abbondante). Una particolare caratteristica è che il rapporto tra le quantità di questi ioni è praticamente costante, qualunque sia il valore assoluto della salinità: ciò dipende dal perfetto mescolamento delle acque dell'oceano e da una sua sorta di potere autoconservante, per cui soluzioni estranee, come l'acqua portata dai fiumi, tendono a venir selezionate con precipitazione degli ioni estranei.

La salinità è in genere piú bassa in superficie e cresce piú o meno gradualmente con la profondità. La salinità superficiale negli oceani non varia molto da zona a zona, tranne nei mari marginali: 2-12 ‰ nel Mar Baltico; attorno a 2 ‰, con punte fino a zero nel Mar d'Azov; oltre 40 ‰ nel Mar Rosso! L'acqua del Mediterraneo è piú salata, in superficie, di quella degli oceani, a causa della forte evaporazione cui il mare è sottoposto; essa raggiunge valori attorno a 37‰ nella parte occidentale dove è piú diluita dalle acque dell'Atlantico, ma sfiora il 40‰ nella parte orientale. Anche in profondità la salinità del Mediterraneo è maggiore di quella degli oceani.

La salinità dell'acqua oceanica influisce su varie caratteristiche fisiche dell'acqua stessa: la densità aumenta, ad esempio, all'aumentare della salinità; aumenta pure la conducibilità elettrica (e su questo fatto si fonda un moderno metodo di misura della salinità); anche la velocità del suono dipende dalla salinità e cosí varie altre caratteristiche su cui non insisteremo, ma che interessano gli specialisti. In tutti questi comportamenti interviene però anche la temperatura, che rende meno semplici talune relazioni. Infine la salinità fa sí che il congelamento non avvenga a 0 °C, come nell'acqua pura, ma a temperature inferiori, che diminuiscono all'aumentare della salinità: per la salinità media del 35 ‰ il congelamento avviene a circa 1,9 gradi sotto lo zero.

La temperatura è un'altra caratteristica fondamentale dell'acqua di mare. In superficie, negli oceani, essa si mantiene attorno a 26 °C nella fascia equatoriale e scende progressivamente, all'aumentare della latitudine, fino alla temperatura di congelamento. In qualche mare marginale le temperature al massimo estivo possono superare i 30 °C.

In profondità invece la temperatura decresce, dapprima lentamente, poi con un brusco salto (termoclino) ed infine piú lentamente fino a raggiungere valori praticamente costanti, proseguendo in profondità. I valori abissali sono diversi da luogo a luogo in relazione col movimento delle correnti abissali polari e con l'esistenza di soglie che separano piú o meno nettamente i bacini abissali. Nelle zone direttamente investite dalle correnti polari la temperatura al fondo può essere inferiore allo zero; in media essa è di 1-3 °C. Si stima che la temperatura media di tutta la massa oceanica sia di 4 °C o appena inferiore a questo valore: si vede che la parte superficiale, piú calda (nelle zone temperate ed equatoriali), è una specie di buccia assai sottile che sovrasta una massa d'acqua molto piú fredda.

Molto importanti sono le variazioni che la temperatura subisce nel tempo, sia nello studio del bilancio energetico sia per i riflessi ecologici. Di queste parleremo piú avanti.

Un'altra proprietà molto importante dell'acqua di mare, che però dipende largamente, come vedremo, da temperatura, salinità e pressione, è la densità. Temperatura e salinità determinano la densità dell'acqua di mare alla superficie; in profondità interviene anche la pressione (che è proporzionale alla profondità) dato che l'acqua, anche se di poco, è comprimibile. Per il solo effetto della temperatura e della salinità, entro i normali valori di variabilità di queste grandezze, la densità dell'acqua di mare varia tra circa 1,000 e 1,030 g/cm³. Per l'effetto della pressione, alle maggiori profondità si arriva a valori di 1,070 g/cm³ circa.

Un'altra caratteristica fondamentale, che viene però trascurata nello studio fisico degli oceani, è la presenza di organismi viventi e quindi di processi biologici. Dal punto di vista della composizione chimica dell'acqua, oltre alle poche sostanze citate che costituiscono la salinità, si deve tener conto di innumerevoli altre sostanze, in piccolissima concentrazione, ma in masse enormi se si considerano le dimensioni degli oceani. Di queste sostanze alcune sono in diretto rapporto con i processi biologici e variano quindi nello spazio e nel tempo a seconda di questi. Tali sostanze sono glucidi, lipidi, proteine e amminoacidi che si possono trovar disciolti; inoltre vitamine, ormoni e sostanze batteriostatiche (con le quali i vegetali del plancton – l'ammasso di microorganismi sospeso nelle parti superficiali degli oceani – tendono a bloccare l'azione antagonista svolta dai batteri marini).

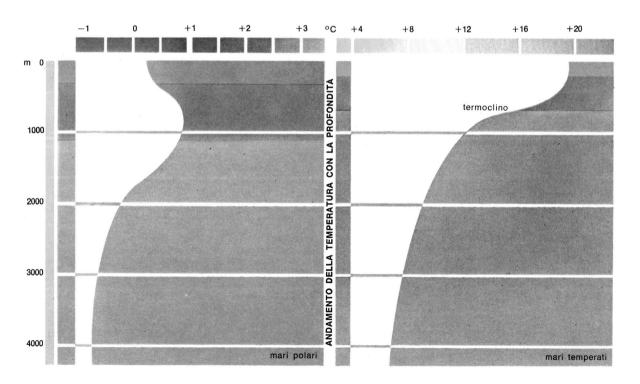

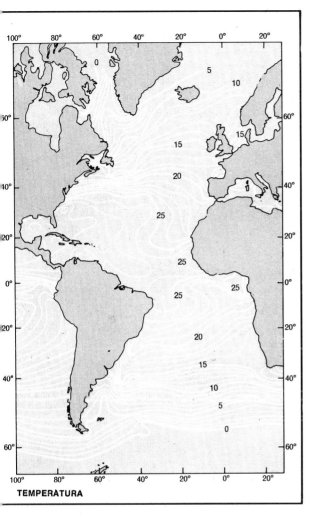

TEMPERATURA

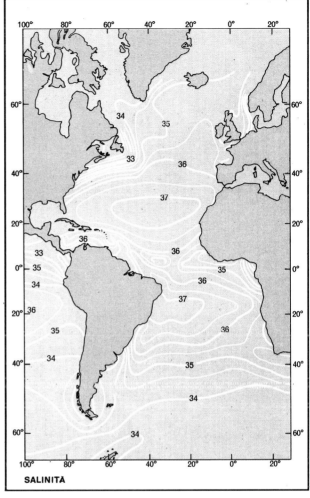

SALINITA

A fronte: la temperatura varia con la profondità, in media, in modo diverso secondo che si tratti di mari polari o di regioni piú calde.
Sopra: la distribuzione superficiale estiva della temperatura (in °C) e della salinità (in %) rilevate nell'Oceano Atlantico. Si noti che aumentano man mano che si passa dai poli alla regione equatoriale.

Oltre alla sostanza organica si trovano nel mare tutti gli elementi naturali e, come inquinanti, molte sostanze chimiche e gli elementi artificiali prodotti nelle reazioni nucleari. Questi elementi si trovano però in concentrazioni assai piccole tanto da render talvolta molto difficile la loro individuazione: si tratta di concentrazioni che possono andare al di sotto del milligrammo di elemento per metro cubo di acqua! Questi elementi (detti elementi in traccia, per la loro minima concentrazione) non sottostanno, riguardo alla loro abbondanza, a regole

particolari come gli elementi che danno la salinità. Essi possono esser piú abbondanti in certe acque, piú scarsi in altre; alcuni di essi si uniscono alla sostanza organica o entrano addirittura in processi biologici, come ad esempio il ferro dell'emoglobina del sangue degli animali superiori viventi nell'oceano, che proviene dal ferro disciolto in tracce nell'acqua.

L'acqua degli oceani, intesa nel suo insieme, è insomma un miscuglio di sostanze svariatissime, che ha caratteristiche fisiche, chimiche e biologiche tali da renderla una sostanza eccezionale ed unica.

Acque diverse nello stesso oceano
A guardarlo, il mare sembra tutto uguale. La colpa però è dei nostri occhi: se essi potessero vederlo come è veramente, ci accorgeremmo di quanto falsa sia quest'impressione di uniformità. Abbiamo visto già

41

che l'acqua polare è molto diversa e per temperatura e per salinità dall'acqua, per esempio, del Mar Rosso. Ecco: se potessimo dipingere con un colore diverso queste acque diverse ci accorgeremmo che l'oceano mondiale è un vero mosaico di colori, l'uno accanto o sopra all'altro, in perenne movimento l'uno rispetto all'altro. L'acqua dell'oceano è infatti diversa da zona a zona; e nello stesso luogo spesso quella di superficie è diversa da quella a profondità intermedia o di fondo. Le correnti fanno sí che gigantesche masse di un certo tipo di acqua si spostino dal loro luogo di origine e scorrano accanto, sopra o sotto quelle tipiche di una certa regione geografica. Cosí può capitare a un inglese di fare, lungo le coste dell'Inghilterra, un bagno nell'acqua che circolò presso le Antille e a un cileno di pescare in acqua di origine antartica.

Nel corso dell'anno le caratteristiche dell'acqua in un certo punto cambiano ugualmente: oltre che nello spazio, le caratteristiche dell'acqua variano anche nel tempo.

Ci sono variazioni occasionali e variazioni periodiche. Queste ultime sono le piú interessanti e le piú facili da studiare. La salinità e la temperatura variano nel tempo in superficie; la salinità, in pratica, entro uno spessore di pochi metri o di poche decine di metri; la temperatura fino a due-trecento metri (per le onde interne però, di cui diremo piú avanti, possono esservi variazioni di temperatura e di salinità anche a profondità maggiori).

Le variazioni di salinità appaiono di rado periodiche. In aperto oceano esse sono legate alla piovosità, all'evaporazione, al congelamento; ma l'escursione è compresa entro limiti alquanto ristretti; nelle zone costiere, presso le foci fluviali, le escursioni sono molto piú pronunciate: si pensi che in talune aree, a seconda delle condizioni di piena o di magra fluviali, si può passare da salinità zero a salinità normali di 35-37‰. Le piene però non si susseguono regolarmente nel tempo anche se, pur con differenze da regione a regione, vi è una tendenza stagionale (maggiori portate fluviali all'epoca del disgelo alle medie e alte latitudini, maggiori portate nella stagione delle piogge nelle regioni tropicali).

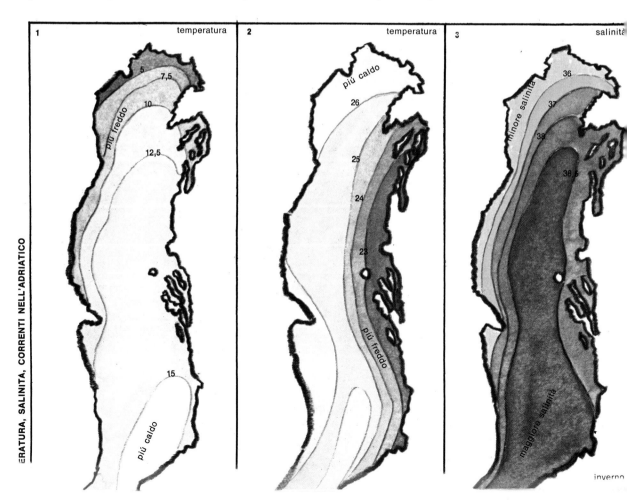

TEMPERATURA, SALINITA, CORRENTI NELL'ADRIATICO

Nel caso delle variazioni della temperatura invece, oltre a fluttuazioni temporali irregolari, legate per esempio al vento, alla piovosità, a differenze di irraggiamento dovute alla nuvolosità, vi sono variazioni periodiche. Queste sono: la variazione diurna, dovuta all'alternarsi del giorno con la notte e la variazione annua, dovuta all'alternarsi delle stagioni.

La variazione diurna non è in genere molto importante, essa è nulla nella fascia equatoriale, dove non vi sono differenze apprezzabili di temperatura tra giorno e notte, ed è nulla pure nelle regioni polari e subpolari, dove il giorno e la notte diventano evanescenti confondendosi con l'anno. Dove la oscillazione diurna è percettibile essa assomma in genere a frazioni di grado e si smorza entro profondità di qualche metro. L'oscillazione annua invece, pur contenuta entro uno o due gradi di escursione nella fascia equatoriale e nelle regioni polari, può superare, in aperto oceano, i 6 gradi alle medie latitudini. Può giungere addirittura ad escursioni di 20 25 °C in taluni mari in terni sottoposti a condizioni di estati molto calde ed inverni assai rigidi. A seconda delle condizioni idrologiche (correnti, moti turbolenti dovuti al vento) questa oscillazione a periodo annuo, pur smorzandosi gradualmente, può essere percettibile anche alla profondità di qualche centinaio di metri (100-300): essa interessa cioè lo strato di maggior penetrazione luminosa, lo strato dove avvengono i piú importanti processi biologici. I fenomeni vitali sono legati alla temperatura e perciò presentano variazioni temporali legate alla variazione termica. Si determinano per questo "stagioni subacquee" che incidono sui cicli vegetativi dei vegetali e determinano di conseguenza fluttuazioni nelle popolazioni animali e, da ultimo, le migrazioni dei pesci.

Temperatura, salinità e correnti superficiali d'inverno e d'estate in Adriatico; poiché è un mare semichiuso, il suo clima è influenzato dalle aree continentali che vi si affacciano: così all'estremo Nord si hanno in superficie acque molto fredde d'inverno (1) e calde d'estate (2). La bassa salinità (3, 4) è determinata dai forti apporti fluviali. Le correnti superficiali calde (frecce rosa) e fredde (trecce blu) presentano differenze tra l'inverno (5) e l'estate (6).

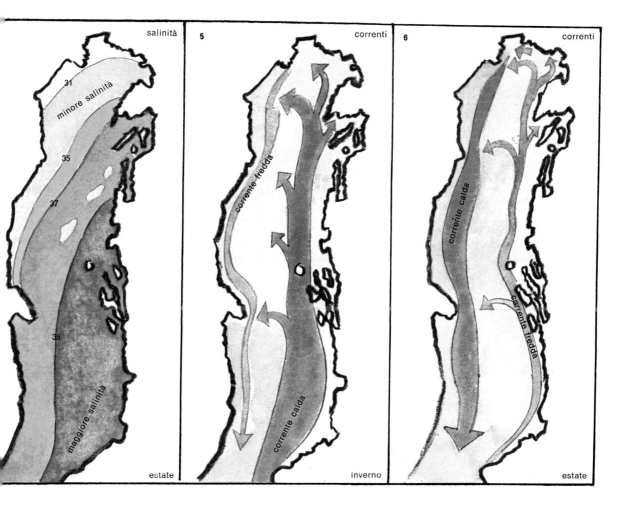

I ghiacci polari e gli icebergs

Quasi il novanta per cento dell'acqua dolce del mondo è immobilizzato sotto forma di ghiaccio nelle zone polari settentrionale e meridionale. Ogni anno l'evaporazione sottrae grandi quantità d'acqua a oceani e continenti; seguendo i grandi percorsi della circolazione dell'atmosfera una notevole quantità di quest'acqua raggiunge le zone polari dove precipita al suolo sotto forma di neve e là resta a costituire il grande e perenne manto ghiacciato di queste regioni. Se le cose andassero soltanto cosí, nello spazio di pochi anni gran parte dell'acqua oceanica si trasferirebbe nelle regioni polari trasformandosi in ghiaccio, l'oceano diminuirebbe di livello, le cappe glaciali si estenderebbero a dismisura. Per fortuna esiste un meccanismo attraverso il quale le regioni ghiacciate della Terra restituiscono una parte cospicua dell'acqua che ricevono. Il meccanismo in questione è quello degli icebergs e dei ghiacci marini (pack).

Ogni anno dai bordi delle cappe polari si staccano miriadi di blocchi di ghiaccio grandi e piccoli i quali, dopo un viaggio verso l'equatore che può durare da qualche settimana a oltre un anno, si sciolgono e rientrano a far parte dell'acqua oceanica. Cosa sono questi icebergs? Sono frammenti di lingue glaciali che giungono fino al mare.

L'azione della marea e il moto ondoso sollecitano la lingua che si spinge nel mare, finché il ghiaccio si rompe in frammenti piú o meno grandi. Questi frammenti, spinti dalle correnti e dal vento, vanno alla deriva. Le principali sorgenti di icebergs sono la Groenlandia e l'Antartide. I ghiacciai della Groenlandia forniscono frammenti sia dalla costa orientale che da quella occidentale; gli icebergs migrano verso Sud, arrivando anche a latitudini di 40° Nord; in gran parte si sciolgono prima, parecchi si arenano sul Banco di Terranova. La zona attorno al Banco è una delle piú pericolose per la navigazione (anche se oggi, col radar che permette l'avvistamento anche di notte, il pericolo è alquanto diminuito; non annullato però perché ci sono gli icebergs che emergono poco dall'acqua e quindi non sono rilevabili col radar specie col mare in tempesta; si tenta allora l'avvistamento con ultrasuoni), basti ricordare il disastro del *Titanic* (14 aprile 1912, oltre 1500 vittime). Ai tempi della navigazione a vela gli icebergs erano meno pericolosi. L'urto era piú difficile date le basse velocità delle navi a vela; inoltre, gli icebergs piú grandi offrivano spesso riparo durante le tempeste e fornivano acqua dolce. Oggi si ripensa allo sfruttamento degli icebergs come fonte d'acqua. Si progetta di trascinare icebergs antartici verso le aride coste dell'Australia meridionale e addirittura fino alle coste della penisola araba, per irrigare i territori vicini.

L'abbondanza degli icebergs è maggiore nella tarda primavera e cioè in maggio per quelli provenienti dalla Groenlandia, e in novembre per quelli antartici. Dalla Groenlandia vengono emessi icebergs per migliaia di unità all'anno, analogamente dall'Antartide. Quelli groenlandesi hanno forme irregolari, appaiono come scogli o piccole montagne galleggianti. Gli icebergs antartici invece hanno sovente la forma tabulare, derivando non tanto da ghiacciai quanto piuttosto da quella caratteristica formazione antartica che è la barriera di ghiaccio. Questa barriera è costituita da ghiaccio terrestre e in parte da ghiaccio marino mescolato; essa è il risultato della discesa verso mare, e in mare, di estesi lembi della cappa glaciale antartica: si erge per un'ottantina di metri sul livello del mare ed è profonda centinaia di metri tanto da poggiare, in qualche zona, sul fondo stesso del mare. Anche la barriera è sollecitata dalle variazioni del livello del mare e può rompersi dando icebergs che talvolta hanno dimensioni addirittura di isole: ne sono stati notati alcuni della lunghezza di oltre cento chilometri e della larghezza di qualche decina.

I lastroni di ghiaccio portati dai fiumi hanno rilevante importanza attorno alle coste della Siberia, dove possono costituire un ingente tributo di acqua dolce. Grandi fiumi come l'Ob, il Lena, lo Yenisey, nella tarda primavera scaricano grandi quantità di tali lastroni che, finiti in mare, possono mescolarsi coi lastroni del pack.

Il pack è il ghiaccio che si forma per congelamento della superficie dell'oceano. Esso è tanto piú spesso quanto piú prolungato e quanto piú intenso è il raffreddamento (sull'Artico e attorno alle coste dell'Antartide nei rispettivi inverni non sono infrequenti temperature di 30 °C sotto zero), ma

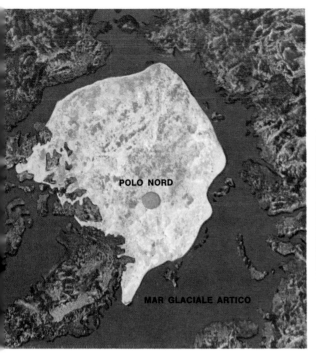

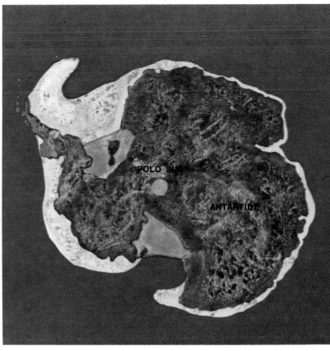

Sopra: a sinistra, la minima estensione (estiva) dei ghiacci marini (pack) nel Mar Glaciale Artico; a destra, l'estensione media dei ghiacci marini attorno al continente antartico.

Sotto: d'estate le coste dell'Antartide (si tratta ben inteso dell'estate australe, che corrisponde al nostro inverno) sono in qualche punto sgombre di ghiacci, come si vede in questa fotografia.

in genere non supera i tre metri di spessore; in media lo spessore è di circa due metri nell'Artico e di circa un metro nella zona antartica. Solo presso le coste settentrionali della Groenlandia lo spessore del pack può esser di sei o sètte metri. Spessori maggiori si possono avere dove i lastroni di ghiaccio, a causa del movimento, si sovrappongono e si cementano. Allora il pack forma le isole di ghiaccio, che possono ergersi anche per qualche decina di metri sul mare.

È molto interessante notare, per i risvolti che si ripercuotono sulle modalità di formazione del pack, la differente situazione che si ha tra emisfero Sud ed emisfero Nord. A Sud la regione polare è continentale ed è circondata dall'oceano. A Nord succede l'opposto: la regione polare è marina ed è circondata da continenti.

A Sud il congelamento procede dalla costa verso il largo man mano che l'inverno australe avanza, all'opposto il disgelo attacca i ghiacci dal largo verso le coste; in piena estate varie parti delle coste antartiche possono essere addirittura prive di pack.

Al Nord d'inverno il congelamento procede dalle coste verso il largo e dal pack centrale artico, che esiste perennemente nella regione centrale di questo mare (e verso le coste della Groenlandia e dell'arcipelago canadese), verso le coste. In pieno inverno si verifica la saldatura di queste formazioni e la copertura completa del mare. D'estate il ghiaccio si ritira dalle coste, abbondantemente sul lato siberiano, tanto che il mare a Nord della Siberia è navigabile (passaggio a Nord Est). La situazione attuale al riguardo, per il progressivo riscaldamento cui va incontro il pianeta, è piú favorevole che non decenni fa.

Il pack, anche se esteso su tutto il mare – tranne il lembo presso Capo Nord per effetto della calda corrente nord-atlantica –,

In alto: un iceberg della Groenlandia si scioglie formando numerose cascate d'acqua, talora usata dai naviganti come fonte d'acqua dolce.
Sotto: gli iceberg si staccano dai ghiacciai che giungono al mare per le variazioni di livello dovute alla marea. L'alternarsi dell'oscillazione tra un livello piú alto e uno piú basso origina queste masse di ghiaccio che andando alla deriva si sciolgono.

COME SI FORMA UN ICEBERG

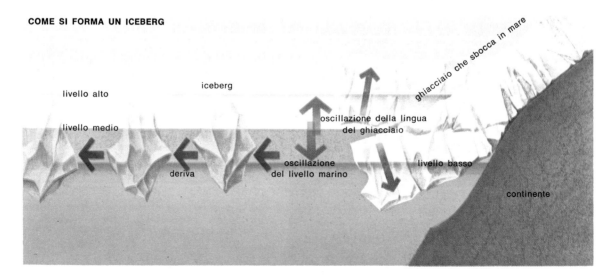

non è un tutt'uno, ma è tagliato da fratture e da canali in progressiva evoluzione: tutti blocchi in continuo movimento che ruotano in senso orario dalla Siberia orientale verso la Groenlandia, per uscire infine in Atlantico lungo le coste groenlandesi, ove si sciolgono progressivamente. La durata media del cammino è di 2-4 anni. Vari esploratori polari, tra cui il norvegese Nansen ed il russo Papanin, hanno sfruttato questi movimenti, rimanendo molti mesi alla deriva, per compiere studi e rilevamenti oceanografici e meteorologici.

In mari marginali che gelano (Golfo di San Lorenzo, Baltico, Mare di Okhotsk e altri) il congelamento invernale blocca per vari mesi all'anno i porti che vi si affacciano. Dal punto di vista dell'equilibrio energetico dell'oceano e dal punto di vista biologico il congelamento è importante perché impedisce che le basse temperature esterne si trasmettano all'interno dell'oceano.

Sotto: il ghiacciaio di Jacobswann, in Groenlandia, raggiunge in alcuni punti il Mar Glaciale Artico.
A destra: un imponente iceberg alto come una torre si è staccato dalla costa della Groenlandia.

Scambi tra oceano e atmosfera

Oceano e atmosfera sono collegati: dell'influenza dell'oceano sul clima parleremo più avanti. Prima è necessario rendersi conto che la superficie del mare sulla quale vengono a contatto le due masse, quella d'acqua e quella d'aria, è un confine molto meno netto di quanto non sembri: enormi quantità di energia e di materia lo attraversano continuamente; e da questo scambio continuo deriva la vitalità di ciascuno dei due regni. Parliamo prima di tutto dell'energia. Tutta l'energia di cui dispone il nostro pianeta proviene essenzialmente dal Sole sotto forma di radiazioni a diversa lunghezza d'onda. Una parte di questa viene immediatamente riflessa nello spazio senza quasi penetrare nella nostra atmosfera; un'altra piccola parte viene assorbita dall'alta atmosfera. Alla bassa atmosfera, cioè a quella che interessa più direttamente noi, giungono soltanto quelle radiazioni nei confronti delle quali l'aria è trasparente (radiazione visibile, parte dell'infrarossa e una piccola parte di quella ultravioletta). Nei confronti di queste radiazioni l'aria è trasparente, si lascia cioè attraversare facilmente senza trarne però gran vantaggio: l'energia del Sole attraversa l'aria ma non la riscalda che poco. La massima parte del calore che l'aria riceve (e che sostiene tutti i fenomeni meteorologici), lo riceve dalla superficie terrestre (e cioè in massima parte dall'oceano) dopo che questa ha trasformato l'energia solare in modo che l'atmosfera possa ricevere il calore.

L'oceano è relativamente trasparente alla radiazione visibile: negli strati superiori, dove la luce è abbondante, è possibile infatti la vita dei vegetali; esso è però straordinariamente opaco per la radiazione infrarossa e ultravioletta che si estinguono nella pellicola superficiale. La radiazione infrarossa riscalda la superficie oceanica favorendo l'evaporazione, fenomeno nel quale viene consumata, e in un certo senso fissata, un'ingente quantità di calore, dato l'elevatissimo calore latente di evaporazione dell'acqua – caratteristica peculiare di questa sostanza – che è di circa 600 calorie per grammo.

L'acqua evaporata (più abbondante nelle regioni attorno all'equatore dove la radiazione ricevuta, e di conseguenza la temperatura, è maggiore) viene portata dalle correnti d'aria sia verso l'alto che a latitudini più elevate. In queste situazioni, per le temperature più fredde, l'acqua non può restare allo stato di vapore (cioè di gas) e si condensa in minutissime goccioline: in questo processo viene ceduto calore, nella stessa quantità di quello di evaporazione (a parità di temperatura) e quindi l'aria si riscalda Il riscaldamento è quindi sempre prodotto, indirettamente, dalla radiazione solare, ma attraverso l'evaporazione dell'acqua oceanica. Ovviamente l'evaporazione avviene anche sui continenti, ma la superficie dell'oceano è più estesa di quella continentale e inoltre "è tutta di acqua", mentre sulle aree continentali vi sono varie zone aride.

Le minutissime goccioline generate per la condensazione del vapore in particolari condizioni si possono riunire in gocce più grandi che, per il maggior peso, non possono più stare sospese e quindi precipitano dando origine alla pioggia. Si tratta del più importante contributo di sostanza che i continenti ricevono dall'oceano; questo a sua volta riceve dai continenti i fiumi, e il materiale che

essi trasportano; inoltre riceve il pulviscolo portato dal vento o iniettato nell'atmosfera dai vulcani. Torbidità e pulviscoli danno luogo a una parte dei sedimenti che ricoprono il fondo degli oceani.

Dall'atmosfera infine l'oceano riceve gas: azoto, ossigeno, argo, anidride carbonica (nonché i costituenti minori dell'atmosfera che non hanno interesse pratico). L'azoto interessa poco, l'argo punto. Ossigeno e anidride carbonica sono invece di eccezionale importanza per i processi biologici e chimici che si svolgono nell'oceano. A parità di pressione, i gas si sciolgono nell'acqua quanto minore è la salinità e la temperatura e quanto maggiore è la superficie di contatto. In un mare agitato da onde, o addirittura con spuma, la superficie di contatto effettiva tra aria e acqua è maggiore che in un mare calmo. Per questo i mari situati alle latitudini

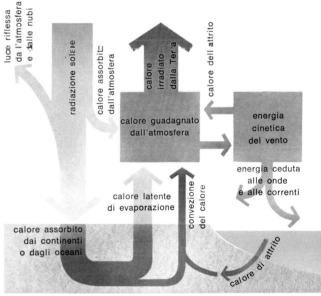

L'ENERGIA SOLARE MOTORE DELLA CIRCOLAZIONE ATMOSFERICA

L'energia solare (sopra) è la causa della circolazione atmosferica, delle correnti marine e del moto ondoso. La superficie dell'oceano si riscalda per la radiazione ricevuta, e l'acqua evapora. In questo processo viene sottratto calore all'oceano: il calore è trasferito all'atmosfera, che è relativamente trasparente alla radiazione, e non si riscalda molto per assorbimento diretto. Questo calore genera i venti. I venti a loro volta agiscono sulla superficie del mare provocando correnti e onde. Se il vento è assai forte e le onde battono contro la costa, si possono avere altezze eccezionali, come presso il Capo di Buona Speranza (a fronte).

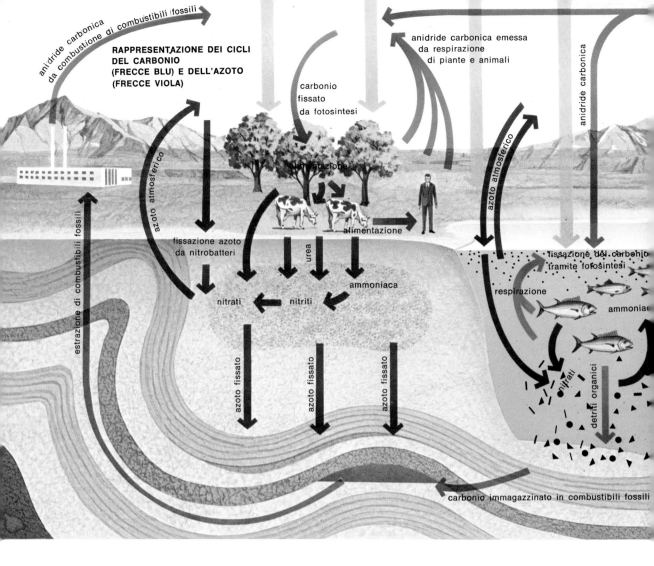

piú elevate, con acqua fredda, relativamente poco salata e quasi perennemente in tempesta, sono "le sorgenti" principali dell'ossigeno e dell'anidride carbonica nell'oceano. Da queste zone le correnti, sia superficiali che profonde e addirittura abissali, distribuiscono questi gas a tutta la massa oceanica. Il fondo oceanico è irrorato di ossigeno e ospita quindi forme di vita, non è cioè azoico, come si riteneva in passato.

L'ossigeno serve per la respirazione delle piante e degli animali; in mari caldi e salati i fenomeni vitali consumano presto il poco ossigeno naturalmente contenuto: se non ci fosse il contributo delle correnti si raggiungerebbero presto condizioni incompatibili con la vita. In genere però, appunto per il consumo che se ne fa, l'ossigeno è piú scarso negli strati superficiali che non a profondità intermedie. Per la fotosintesi peraltro que-

Sopra: ciclo del carbonio e dell'azoto. Il carbonio è tra i costituenti essenziali dei tessuti viventi animali e vegetali. La riserva principale di carbonio è nell'anidride carbonica dell'atmosfera. Gli animali però non possono prelevare questo carbonio direttamente; operazione che viene invece compiuta dalle piante per mezzo della fotosintesi, che trasforma l'anidride carbonica in composti organici. Gli animali ricevono questo carbonio per mezzo dell'alimentazione e lo restituiscono in parte all'atmosfera con la respirazione e in parte al terreno con gli escrementi e gli stessi corpi che dopo la morte si decompongono. Grandi depositi di corpi di animali e di vegetali hanno costituito giacimenti di petrolio e di carbon fossile. Quando questi combustibili vengono bruciati, il carbonio viene di nuovo restituito all'atmosfera come anidride carbonica. L'azoto atmosferico viene fissato da particolari batteri del suolo o da alcune alghe, passa agli animali attraverso l'alimentazione, ritorna al suolo come urea e composti ammoniacali e qui viene trasformato in nitrati che alimentano le piante o si versano nelle acque marine. L'anidride carbonica può anche fissarsi nelle rocce come carbonato ed essere riemessa dai vulcani.

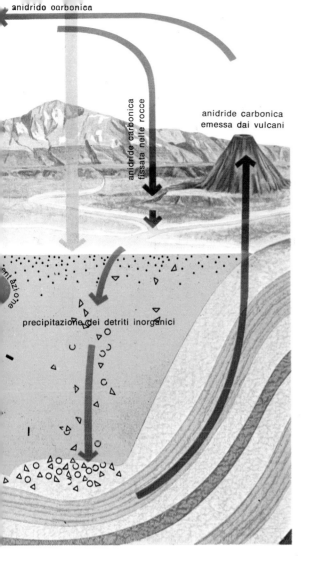

anidride carbonica

anidride carbonica fissata nelle rocce

anidride carbonica emessa dai vulcani

precipitazione dei detriti inorganici

Sotto: un esempio di rilevamento all'infrarosso delle radiazioni elettromagnetiche riflesse dalla superficie terrestre, effettuato dal satellite *Nimbus*.

sto tendenziale impoverimento vien compensato, in parte, con la produzione di ossigeno. L'anidride carbonica è indispensabile per la vita perché rifornisce la fotosintesi clorofilliana. L'anidride non si scioglie semplicemente nell'acqua ma reagisce con questa dando acido carbonico: nell'oceano questo è importante per molti fenomeni chimici – provocati da reazioni con l'acido carbonico – che vi avvengono continuamente.

Oceani e clima

Il riscaldamento che l'acqua occanica provoca nell'atmosfera non è l'effetto solo dei processi di evaporazione e condensazione ma anche del semplice contatto. L'acqua ha una "capacità termica", cioè una capacità di assorbire e conservare calore, assai maggiore (oltre mille volte) di quella dell'aria; di conseguenza bastano relativamente piccole quantità di acqua a riscaldare grandi masse di aria. Anche nell'opposto fenomeno del raffreddamento piccole masse di acqua possono raffreddare enormi masse di aria, come è ben noto, dalle condizioni climatiche di talune regioni

Correnti superficiali oceaniche, quindi, provenienti da zone calde o da zone fredde, riscaldano, o raffreddano, l'atmosfera che incontrano nel loro cammino: cammino alquanto rapido tanto che lo scambio con l'atmosfera non è completo; quando la corrente batte invece contro un continente, sovente vi si dissipa mescolandosi, evaporando o anche, se la corrente è fredda, immergendosi; lo scambio di calore è allora piú completo e le conseguenze piú vistose: l'atmo-

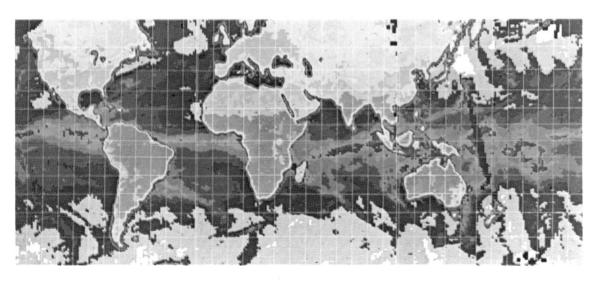

sfera presso i continenti viene riscaldata o raffreddata e di conseguenza cambiano le condizioni climatiche nelle zone adiacenti. Nella media la temperatura superficiale delle acque è superiore a quella delle terre emerse: per questo le regioni costiere, a clima "marittimo", si trovano di solito in condizioni di maggior mitezza di quelle interne "continentali", specie se in queste l'accesso di "aria oceanica" è impedito da catene di montagne. La marittimità è tanto maggiore quanto più calda è la corrente che interessa quella data regione. Così per esempio le regioni nord-occidentali dei continenti europeo e americano, investite dalle correnti calde nord-atlantica e nord-pacifica rispettivamen-

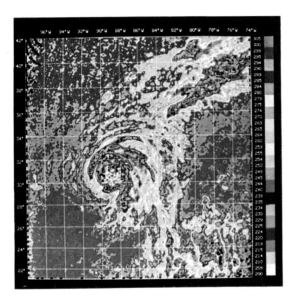

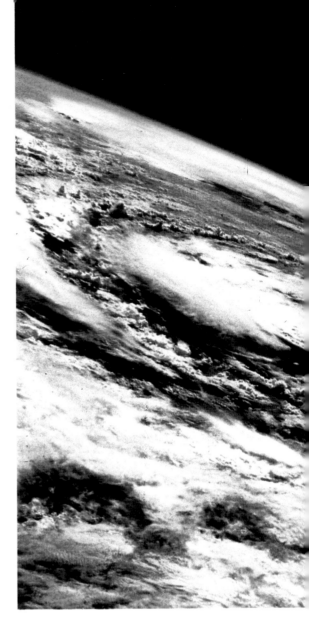

te, hanno condizioni climatiche piú miti e sono interessate da piogge abbondanti. Al contrario le opposte coste orientali dell'America settentrionale e dell'Asia, lambite dalle fredde correnti del Labrador e Oyashio rispettivamente, hanno clima notevolmente piú rigido. Analoghe condizioni di maggior rigidità si hanno lungo le coste occidentali dell'Africa meridionale, investite dalla fredda corrente di Benguela e in entrambe le coste della parte meridionale del Sud America, interessate dalle fredde correnti di Humboldt a Ovest e delle Falkland a Est.

La differente posizione di correnti calde e fredde su uno o sull'altro lato degli oceani è strettamente legata alla rotazione terrestre.

Il rilevamento all'infrarosso può fornire indicazioni utili per risolvere problemi particolari, oltre che in rilevamenti generali. La foto a sinistra, per esempio, mostra l'impiego di questa tecnica nello studio di un ciclone tropicale. Si tratta dell'uragano Camilla, rilevato dal satellite meteorologico *Nimbus*. Ad ogni colore corrisponde una certa temperatura, indicata nella scala cromatica a destra nella figura. La scala delle temperature è data in gradi Kelvin (K). Nella parte centrale del ciclone si hanno temperature ben al di sotto dello 0 (pari a 273,15 K). Andando verso l'esterno del ciclone si ha il mescolamento con masse d'aria piú calde. Se non si fosse operato con l'infrarosso, si sarebbe ottenuta solo la forma della massa nuvolosa legata al ciclone, come mostra la foto qui sopra, a circa 250 chilometri di quota.
A destra: la fotosintesi clorofilliana. Negli oceani è imponente questo processo di trasformazione di sostanza inorganica in sostanza organica, che utilizza l'energia solare (fornita come radiazione luminosa).

Acqua nutriente

L'uomo trae dal mare milioni e milioni di tonnellate all'anno di prodotti biologici ricavati da esseri viventi. L'oceano sarebbe ormai spopolato se non fosse che ogni giorno, attraverso un fenomeno fondamentale, la fotosintesi clorofilliana, una certa quantità di materia inorganica (anidride carbonica e acqua) si trasforma in materia organica, fornendo i mattoni di base con cui è costruita tutta la piramide degli esseri viventi (v. pagine 100-101). Si tratta di un processo imponente negli oceani: viene operato il suo innesco dai vegetali marini e soprattutto da microscopiche alghe che vivono sospese nella parte superficiale degli oceani: il fitoplancton.

Per la fotosintesi, che avviene tramite la clorofilla attraverso complessi meccanismi, l'acqua e l'anidride carbonica (sempre presente come gas disciolto nell'acqua) col concorso dell'energia luminosa fornita dal Sole si combinano dando luogo, come prodotto finale, al glucosio. Questo zucchero serve da nutrimento, trasferendo l'energia solare con cui è stato composto all'energia vitale, inoltre il glucosio viene utilizzato in altri processi biochimici cellulari, che vedono la formazione dei grassi e della sostanza proteica.

Per le sintesi proteiche è indispensabile l'azoto; non si tratta dell'azoto atmosferico, o di quello disciolto nell'acqua, che è un gas utilizzabile solo da poche specie, ma dell'azoto combinato in certi sali quali i nitrati, i nitriti e i sali ammoniacali. Tali sali si trovano disciolti in quantità piccola e variabile nelle acque dell'oceano.

FOTOSINTESI CLOROFILLIANA

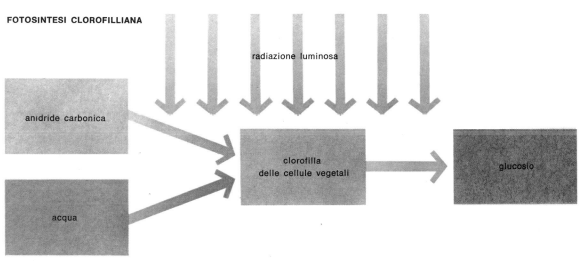

radiazione luminosa

anidride carbonica

acqua

clorofilla delle cellule vegetali

glucosio

Per la formazione di alcune sostanze biologiche fondamentali e per la sintesi dei grassi è indispensabile il fosforo; anche questo non come elemento ma combinato, principalmente come ortofosfato. Anche gli ortofosfati si trovano, pur in piccola concentrazione, nelle acque degli oceani.

I principali agenti della fotosintesi nel mare sono alghe microscopiche chiamate diatomee. Questi vegetali unicellulari sono racchiusi in un guscio, simile a una scatoletta, costituito da silice. La silice perciò (le diatomee non potrebbero vivere senza il guscio), pur non servendo da nutrimento, viene considerata tra i "nutrienti"; questi sono dunque composti dell'azoto, del fosforo e del silicio.

Nelle acque superficiali i nutrienti vengono rapidamente consumati nelle citate sintesi biologiche e quindi si trovano in scarsa quantità, o addirittura non esistono, all'epoca della vegetazione più rigogliosa. La loro abbondanza condiziona perciò la densità delle popolazioni vegetali (e quindi animali dato che, nel ciclo biologico, i vegetali costituiscono l'alimento degli animali, soprattutto inferiori). Con la morte degli organismi, per l'azione dei batteri, pure straordinariamente abbondanti nelle acque e sul fondo degli oceani, la sostanza organica viene demolita e si riformano i nutrienti inorganici, quali nitrati, ortofosfati, silice eccetera. Questi si trovano liberi nelle parti medie o profonde degli oceani, dove, per la scarsa illumina-

zione, o addirittura per l'assenza di luce, i vegetali non possono vivere. I nutrienti rimarrebbero quindi inutilizzati se non ci fossero le correnti, in particolare le correnti ascensionali, che li portano verso la superficie, dove vengono riutilizzati, facendo così continuare il ciclo biologico. Le zone oceaniche dove esistono forti correnti ascensionali (per esempio presso le coste del Golfo di Guinea e del Perú) sono le più ricche di nutrienti e, di conseguenza, sono le più pescose del mondo.

Nutrienti pervengono all'oceano anche dalle aree continentali, convogliati dai fiumi. Ciò riguarda soprattutto la silice e i nitrati: anche le zone presso le foci dei grandi fiumi sono infatti di solito molto pescose; l'alto Adriatico, ad esempio, è una delle zone più pescose del Mediterraneo.

Oltre ai citati "nutrienti" la vita negli oceani dipende da molti altri elementi, che si trovano in concentrazioni debolissime ma che entrano nella costituzione di vitamine, di enzimi e di altre sostanze indispensabili. Questi elementi sono ad esempio ferro, rame,

Sotto: la formazione della sostanza vivente. Oltre alla fotosintesi, agli organismi sintetizzatori sono indispensabili le sostanze nutritizie (soprattutto fosfati e nitrati) che sono sostanze inorganiche, di natura minerale, presenti nelle acque oceaniche. Specialmente i fosfati sono piuttosto rari e si trovano più concentrati nelle zone profonde dell'oceano. A fronte: le correnti ascensionali trasportano i sali verso le zone in cui essi vengono utilizzati.

SINTESI DELLA SOSTANZA VIVENTE

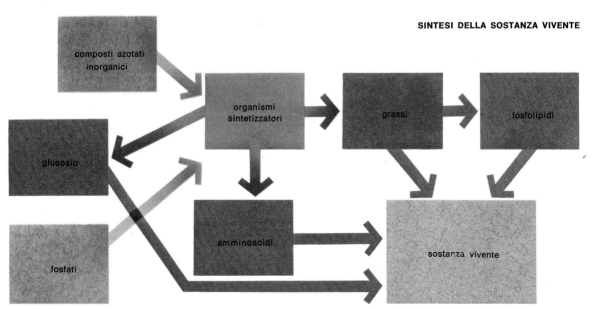

manganese, cobalto, zinco. Tuttavia se troppo abbondanti taluni di questi elementi sono tossici e diventano pericolosi inquinanti.

I suoni nel mare

Il mondo sottomarino è tutto tranne quel mondo silenzioso che appare a chi si immerge. È vero che se provate a gridare nessuno riuscirà a sentirvi. Ma questo dipende dal fatto che la bocca e l'orecchio sono frutto di un'evoluzione che è avvenuta nell'aria e non nell'acqua e non sono quindi né l'emittente né la ricevente del suono piú adatte a un ambiente come quello subacqueo.

In realtà il mondo sottomarino è pervaso da suoni: quelli prodotti dalle onde in superficie, dal rotolare dei ciottoli, dai terremoti e frane sottomarine, dall'attività degli organismi viventi, uomo compreso. Ascoltando il mare con "orecchie" opportune, cioè con strumenti adatti, ci si può rendere conto che questo mondo non è mai silenzioso. Questo dipende anche dal fatto che nell'acqua il suono si propaga molto piú facilmente che non nell'aria. I suoni nell'oceano possono propagarsi anche per centinaia di chilometri restando percettibili. La velocità di propagazione del suono nell'acqua di mare è intorno a 1500 metri al secondo ed aumenta all'aumentare della salinità, della temperatura e della pressione, cioè della profondità. In acque poco salate e fredde superficiali i valori minimi di velocità sono di 1400 m/s (per temperatura 0 °C e salinità 0‰); alle

massime profondità, pur con le basse temperature ivi presenti, grazie all'effetto della pressione si hanno valori sui 1540 m/s.

La propagazione dei suoni (o di ultrasuoni) nel mare serve moltissimo per determinare la profondità di questo (rilievo batimetrico che sfrutta il principio dell'eco).

Del variare della velocità del suono con la profondità (o da zona a zona) occorre tener presente nei rilievi batimetrici, se si vogliono dedurre profondità non errate. Infatti nell'ecometria si ricava, strumentalmente, solo il tempo intercorrente tra l'emissione del suono e la sua ricezione dopo aver colpito l'ostacolo su cui il suono si riflette. La distanza dell'ostacolo si ottiene moltiplicando la metà di questo tempo per la velocità del suono, che deve esser quindi nota. In certi casi ci si accontenta di valori medi standard, accettando una certa imprecisione nell'esattezza del rilievo, in altri invece si eseguono con speciali apparecchiature addirittura profili verticali di misura della velocità del suono.

Il suono in mare oltre a riflettersi si rifrange: questo si verifica quando i raggi sonori incidono con una certa inclinazione su contatti tra acque aventi velocità del suono diverse (e cioè in genere con temperatura e salinità diverse e situate a profondità diverse). Rifrazione e riflessione avvengono non solo tra acqua e fondo ma anche tra acqua ed aria ed anche tra discontinuità interne all'acqua. Queste possono esser rivelate con l'esplorazione sonora.

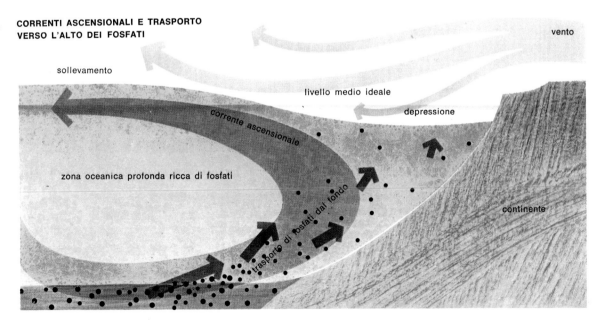

CORRENTI ASCENSIONALI E TRASPORTO
VERSO L'ALTO DEI FOSFATI

vento

sollevamento

livello medio ideale

depressione

corrente ascensionale

zona oceanica profonda ricca di fosfati

trasporto di fosfati dal fondo

continente

banchi di pesce

fondo

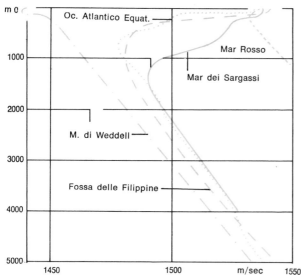

Suoni emessi all'interno dell'acqua, per questi fenomeni di riflessione e di rifrazione, possono venir deviati e non esser percepibili in superficie o da certe parti della superficie. Questo fatto ha importanza militare perché concerne il rilevamento o il non rilevamento di eventuali sommergibili che possono restare occultati in zone d'ombra. La penetrabilità straordinaria nell'acqua da parte del suono è di enorme importanza per l'uomo: in un mezzo in cui la luce si propaga assai poco egli ha trovato in un certo senso il modo di usare, in luogo della vista, l'udito per vedere. Suoni opportunamente immessi servono a comunicazioni (per esempio tra superficie e sommergibili o tra sommergibili e sommergibili, dato che il mare è im-

In alto: banchi di pesce (indicati da macchie) nell'ecogramma di una registrazione ultrasonora. La conoscenza della distribuzione della velocità del suono in relazione alla profondità è indispensabile nei rilievi subacquei con ultrasuoni. Questi sono impiegati sia per lo studio dei fondali marini, di cui diremo più avanti, sia, appunto, per la pesca.
Sopra: il grafico illustra la relazione tra la profondità e la velocità del suono nel mare. Le singole linee si riferiscono ad alcuni punti di vari oceani; i diversi andamenti dipendono dalla salinità, dalla temperatura e dalla profondità (cioè dalla pressione).
A destra: il mare, straordinariamente permeabile all'energia acustica, è un mondo di suoni. Esso non è altrettanto permeabile alle radiazioni elettromagnetiche, che vengono rapidamente assorbite e, almeno per alcune lunghezze d'onda, trasformate in calore. Specialmente se il Sole è basso sull'orizzonte, inoltre, gran parte dell'energia incidente viene riflessa, come si vede nella foto.

pervio alle onde elettromagnetiche di radio-frequenza). Suoni vengono usati, con lo studio della loro riflessione, cioè utilizzando gli echi, per determinare la forma del fondo marino o per la localizzazione di oggetti sommersi: su questo ritorneremo nella parte che tratta delle tecniche di esplorazione. Anche i pesci vengono localizzati in profondità mediante gli echi di ultrasuoni. In tale maniera viene molto facilitata la pesca, perché viene indicato dove calare le reti nel modo piú redditizio. Anche oggetti semigalleggianti possono venir localizzati in distanza con gli ultrasuoni; si ha cosí la possibilità, ad esempio, di localizzare icebergs semiaffioranti, pericolosissimi, a tutto vantaggio della sicurezza della navigazione.

La luce nel mare

La luce penetra nel mare in quanto irradiata dal Sole e riflessa dalla volta celeste. Col Sole alto sull'orizzonte tutta o quasi la radiazione incidente sulla superficie del mare penetra all'interno del mare stesso; invece con Sole basso la luce incidente viene in gran parte o totalmente riflessa. Si dice per questo che il giorno subacqueo è piú breve di quello subaereo. Il rapporto tra luce penetrante e luce riflessa dipende anche dallo stato del mare: se questo è agitato dal moto ondoso parte della luce incidente va dispersa per la riflessione disordinata sulla superficie resa irregolare dal moto ondoso.

La penetrazione della luce nell'acqua è condizionata dall'assorbimento, che non è eguale, a parità di profondità attraversata, per le varie lunghezze d'onda, cioè per i vari colori che compongono la luce bianca. Le radiazioni all'estremo dello spettro visibile (rosse e violette) si estinguono rapidamente, indi scompare l'arancione, il giallo eccetera. Il colore che resta è l'azzurro: con acqua priva di torbidità l'occhio umano riesce a vedere ancora una tenue luce azzurrastra fino a circa 500 metri di profondità, come hanno potuto notare i batinauti. Taluni animali marini dotati di vistose colorazioni rosse o arancione, appaiono neri già a piccola profondità se osservati con l'illuminazione naturale; ovvio che essi appaiono col loro vero colore se sono illuminati con sorgenti artificiali di luce.

La fotosintesi clorofilliana, fenomeno fondamentale per la vita, avviene in buona parte sfruttando radiazioni verdi ed azzurre da parte dei vegetali che vivono nell'oceano, e tali radiazioni sono proprio quelle che riescono a penetrare di piú. Tuttavia l'intensità utile di queste radiazioni si estingue in media a profondità sui 200 metri: questo all'incirca è dunque lo spessore d'acqua dove si trova il fitoplancton e dove piú intensi si svolgono i processi vitali. Anche il fondo marino, se si trova a profondità non superiore a 200 metri, può ospitare vegetali autotrofi, altrimenti esso sarà popolato solo da animali predatori, da batteri, da organismi insomma che si nutrono a spese di altri.

Se l'acqua è torbida la luce si estingue molto piú rapidamente e tanto piú quanto maggiore è la torbidità. Si sfrutta proprio questa relazione per misurare la torbidità

ASSORBIMENTO DELLA LUCE IN ACQUA PURA

colore	lunghezza d'onda in μm	coefficiente di estinzione
ultravioletto	0,32	0,58
	0,36	0,28
violetto	0,40	0,072
	0,44	0,023
blu	0,48	0,015
verde	0,52	0,019
giallo	0,56	0,030
	0,60	0,125
arancio	0,65	0,21
rosso	0,75	2,72
infrarosso	0,85	4,12
	0,95	28,8
	1	39,7
	1,05	17,7
	1,1	20,3
	1,2	123,2
	1,3	150,0

mediante l'assorbimento di luce naturale o, piú efficacemente (dato che l'operazione può allora esser fatta a qualunque profondità), con luce artificiale, mediante lampade immerse. Lo studio della torbidità ha grande interesse sia in indagini sui sedimenti sia in indagini biologiche. Un improvviso aumento di torbidità, come può avvenire presso le foci di un fiume per una piena, causa catastrofiche ecatombi di alghe, dato che la luce estingue la sua intensità già a profondità di qualche metro. Di conseguenza si ha la scomparsa del plancton animale e la migrazione

dei pesci. Il fiume, utile nell'economia dell'oceano perché apporta i nutrienti dilavati dalle aree continentali, è dunque anche responsabile di eventi catastrofici. Alla morte degli organismi segue la demolizione della sostanza organica e quindi la messa in soluzione di nutrienti: come si vede, direttamente o indirettamente, il fiume è sempre una fonte di nutrienti.

Dalla penetrazione della luce del mare dipende anche il colore dell'acqua, quale si vede dalla superficie o dall'alto. Acque diverse hanno in genere colore diverso: le

differenti condizioni di temperatura e salinità condizionano il plancton, che può essere piú o meno abbondante dando al mare un colore differente. La presenza di torbidità fornisce pure tinte differenti, tendenti, di solito, al giallastro o al bruno. Il plancton fa tender generalmente il colore al verdastro. Il colore azzurro del mare, spesso violentemente azzurro, come si osserva in quasi tutto il Mediterraneo, è indice di relativa sterilità (e il Mediterraneo è appunto un mare relativamente povero di vita). Il Mare del Nord, i mari interessati da correnti ascensionali, i mari subpolari ricchi di nutrienti e di ossigeno hanno colore verdastro. La grande pesca oceanica tiene conto di ciò: i pescherecci vengono avviati nelle zone dove il colore del mare è verdastro, come viene rilevato da riprese aeree o da satellite.

La tabella a fronte, sopra, indica l'andamento del coefficiente d'estinzione in acqua pura, per il campo visibile e per le radiazioni confinanti. Il minimo valore del coefficiente, come si vede, si ha per le radiazioni azzurro-verdi. A causa dell'elevato coefficiente d'estinzione le radiazioni ultraviolette e infrarosse si estinguono già a minima profondità.

Le torbide fluviali (foce del Po, a fronte sotto) sono generalmente ocracee. Le sospensioni organiche, soprattutto di vegetali, che indicano la ricchezza di vita di un mare, danno all'acqua un colore verdastro, come nella foto qui sotto relativa alla zona antartica. Mari poveri di vita, come ormai è il Mediterraneo (sopra), sono intensamente azzurri.

C. del Labrador
C. del Golfo
C. delle Canarie
C. Nord Pacifica
C. Nord Equatoriale
Contro corrente
C. Nord Equatoriale
Contro corrente
C. Sud Equatoriale
C. Sud Equatoriale
C. del Brasile
C. di Benguela
C. di Humboldt
C. delle Falkland
C. di Deriva Occidentale
C. Oya
C. Kuroshio
C. Nord Equatoriale
Contro corrente
C. Sud Equatoriale
C. Agulhas
C. Nord Equato

CORRENTI OCEANICHE SUPERFICIALI

Le correnti oceaniche

Come il vento rappresenta lo spostamento di masse d'aria nell'atmosfera in continuo movimento, cosí le correnti oceaniche rappresentano il continuo spostamento dell'acqua, nel suo incessante movimento. Le cause delle correnti constano in azioni esterne all'oceano, oppure sono legate a proprietà intrinseche dell'acqua: si tratta di azioni che provocano il movimento, oppure di azioni che intervengono a movimento in atto e lo modificano. La tabella cataloga le principali cause delle correnti.

	cause esterne	cause interne
provocanti moto	forza di marea azione del vento ·	densità dell'acqua
modificanti	rotazione terrestre attrito esterno	attrito interno

L'azione della marea si svolge continuamente e determina spostamenti periodici di masse d'acqua che sono collegati alle oscillazioni di livello note come "maree". Le correnti di marea sono sempre sovrapposte alle altre correnti ed agiscono indifferentemente su tutta la massa d'acqua, fino al fondo oceanico. Generalmente le correnti di marea non sono molto intense, tanto che spesso vengono trascurate in certe descrizioni. Esse sono invece molto importanti in taluni stretti o in mari costieri dove si sviluppano grandi altezze di marea.

L'azione del vento era stata riconosciuta causa delle correnti marine già da Aristotele! Le moderne teorie idrodinamiche hanno precisato il meccanismo con cui il vento che spira sul mare "trascina" l'acqua. Per l'attrito interno il movimento si estingue progressivamente in profondità, tanto che le correnti provocate dal vento, o correnti di deriva, sono correnti essenzialmente superficiali: esse interessano uno spessore differente a seconda delle condizioni di turbolenza, cui è collegato l'attrito interno; in qualche caso il movimento può estinguersi

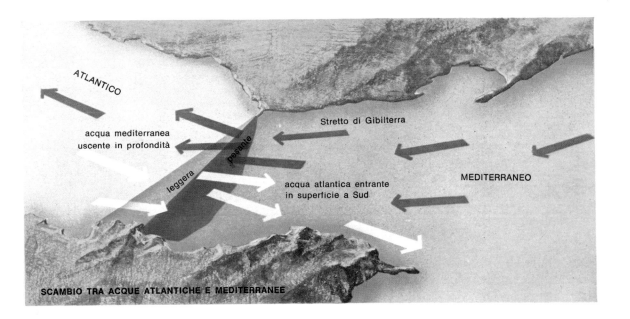

A fronte: l'andamento delle principali correnti superficiali oceaniche, distinte tra correnti calde e fredde. I due tipi di corrente dipendono dalle zone di provenienza e la loro evoluzione ha numerose conseguenze sia dal punto di vista climatico sia da quello biologico.

Sopra: schema della circolazione attraverso lo Stretto di Gibilterra. Le acque del Mediterraneo, più dense, escono in profondità verso l'Atlantico, sul lato Nord, per effetto della rotazione terrestre. Dal lato Sud entrano le acque più leggere dell'Atlantico, che fluiscono a una quota più prossima alla superficie.

praticamente già a qualche decina di metri di profondità, in altri casi si può giungere a due-trecento metri. Sull'acqua in movimento agisce la rotazione terrestre che provoca una deviazione: se l'azione del vento avvenisse in una Terra irreale, non ruotante attorno al proprio asse, la corrente si muoverebbe esattamente nella direzione del vento. Per effetto della rotazione terrestre invece la corrente viene deviata, in un mare molto profondo, di 45° a destra rispetto al senso del movimento nell'emisfero Nord e a sinistra nell'emisfero Sud. Questo in superficie; in profondità la deviazione aumenta sempre di più fino a che si verifica l'inversione, rispetto alla direzione superficiale, ad una profondità in cui si considera praticamente estinta la corrente. In mari bassi la deviazione è minore di 45° ed in mari molto bassi la deviazione è addirittura nulla: i mari molto bassi si comportano in un certo senso come se la Terra non ruotasse.

Le correnti di deriva possono esser perenni, se sono causate da un vento che agisce sempre; oppure occasionali, se sono innescate da venti che si sviluppano in maniera

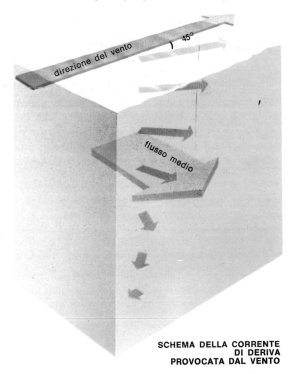

**SCHEMA DELLA CORRENTE
DI DERIVA
PROVOCATA DAL VENTO**

Nel disegno sono indicate le velocità, per alcuni strati, della corrente di deriva, in modo da evidenziare l'andamento della corrente stessa: in realtà è l'intera massa dell'acqua che si muove con velocità pari a quella del flusso medio.

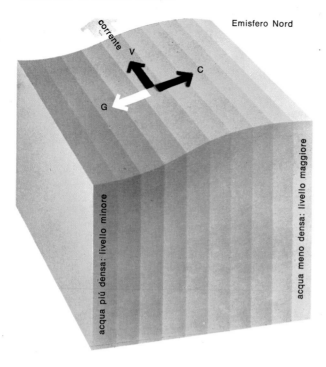

Emisfero Nord

corrente

V

C

G

acqua più densa: livello minore

acqua meno densa: livello maggiore

Schema delle azioni che determinano la corrente di gradiente, provocate dal fatto che il livello degli oceani non è sempre lo stesso, in genere per la differenza di densità delle acque. Con G viene indicato il gradiente della pressione idrostatica; l'acqua si muoverebbe in questa direzione se non si avesse una componente del moto C dovuta alla rotazione terrestre; la corrente risulta perciò essere diretta come V (V=velocità della corrente).

intermittente. Cosí ad esempio nel Mediterraneo si formano correnti di deriva diversamente orientate a seconda spiri lo scirocco (vento da Est-Sud-Est) o il libeccio (Sud-Ovest) o il maestrale (Nord-Ovest) eccetera. Negli oceani Atlantico e Pacifico sono persistenti, presso la fascia equatoriale, i venti alisei, che spirano da Nord-Est nell'emisfero Nord e da Sud-Est nell'emisfero Sud. In accordo con la deviazione anzidetta di 45° si determinano correnti di deriva parallele all'equatore, dirette da Est verso Ovest in entrambi gli emisferi. Queste correnti sono le importantissime correnti nord- e sud-equatoriale. Nell'Oceano Indiano la corrente sud-equatoriale è diretta sempre da Est a Ovest mentre la nord-equatoriale, o monsonica, è diretta da Est a Ovest nel semestre invernale e si inverte nel semestre estivo, essendo collegata coi monsoni che, notoriamente, subiscono la variazione stagionale di verso. Alle medie e alte latitudini negli ocea-

ni la presenza di venti persistenti determina pure importanti correnti di deriva che sono orientate in senso contrario alle equatoriali: cioè da Ovest a Est. Per la deriva, sulla costa opposta alla corrente si forma un accumulo di acqua, con un aumento di livello che viene parzialmente compensato da correnti discensionali. Dal lato opposto, cioè da dove inizia la corrente, per l'asporto dell'acqua si ha un abbassamento di livello che determina un richiamo di acqua profonda e cioè correnti ascensionali. Queste correnti trasportano in superficie i nutrienti e vivificano quindi le zone oceaniche che interessano. Per questo, legate alle correnti equatoriali e ai venti che le determinano, si hanno ad esempio aree di grande pescosità in corrispondenza delle coste del Perú, del Golfo di Guinea e, alternate nell'anno, presso le coste somale o quelle dell'Indonesia.

Una causa interna fondamentale di correnti oceaniche è la densità dell'acqua e cioè la temperatura e la salinità dell'acqua stessa. L'acqua piú densa occupa un volume minore, in corrispondenza di acqua piú densa perciò il livello marino è piú basso che non dove l'acqua è meno densa. A causa di questo "pendio" che si determina al contatto con acque di densità differente, si sviluppano scorrimenti d'acqua, che constano nel trasporto dell'acqua dalle zone di piú alto livello a quelle di livello piú basso. Se la differenza di densità è persistente (un fiume per esempio che immetta sempre in un mare acqua dolce piú leggera, mentre dalla parte opposta del mare esiste una forte evaporazione, che aumenta la salinità e quindi la densità) anche la corrente è persistente. Questa corrente si chiama corrente di pendio o di gradiente (in passato si chiamava termoalina perché causata appunto da variazioni di temperatura e salinità).

Per le differenze di densità il livello degli oceani non è costante ma presenta innalzamenti e affossamenti di entità che possono giungere anche al metro, su distanze però dell'ordine di centinaia o di migliaia di chilometri. Il cosiddetto "livello medio", che è il valore zero delle altimetrie con cui si definiscono le quote dei rilievi terrestri, non esiste in realtà: esso è un'assunzione convenzionale. Lungo le coste dell'Adriatico ad esempio il mare è "piú alto" di una ventina di centimetri a Nord rispetto al Sud!

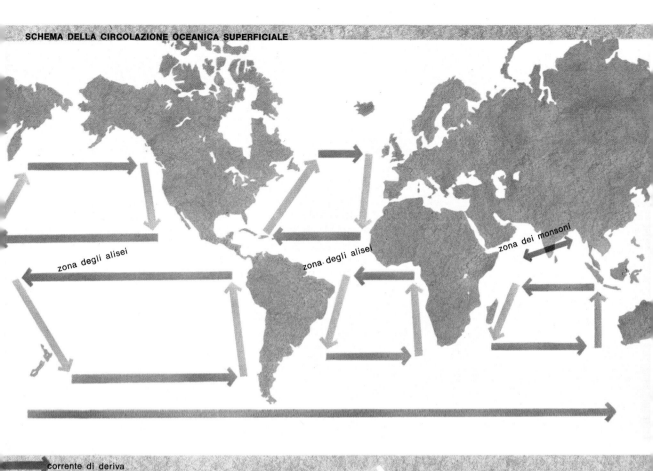

zona degli alisei

zona degli alisei

zona dei monsoni

corrente di deriva

corrente di gradiente

controcorrente equatoriale

SCHEMA DI INTERAZIONE TRA LE VARIE CORRENTI NELLA LORO DISPOSIZIONE VERTICALE

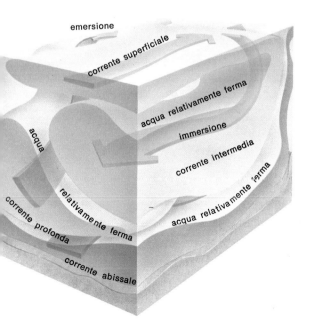

emersione

corrente superficiale

acqua relativamente ferma

immersione

corrente intermedia

acqua relativamente ferma

acqua

relativamente ferma

corrente profonda

corrente abissale

Sopra: nel campo delle correnti oceaniche superficiali, le correnti di gradiente agiscono soprattutto secondo i meridiani, mentre la deriva è responsabile del movimento nel senso dei paralleli. Non è tuttavia corretto considerare la circolazione superficiale separatamente dai movimenti che si hanno a varie profondità (disegno a sinistra).

In realtà se potessimo misurare il livello del mare da un riferimento opportuno, dal centro della Terra, o dall'esterno della Terra, ad esempio, si vedrebbe che la superficie degli oceani presenta, da zona a zona, dislivelli di varie decine di metri, provocati dalle variazioni della forza di gravità (che non è uniforme, alla superficie terrestre, per il differente dislocamento delle masse interne della Terra). Questi dislivelli sono però in equilibrio con la gravità e quindi non determinano correnti.

Le correnti di gradiente sarebbero dirette dai maggiori livelli ai minori, anche qui se la Terra non ruotasse. La rotazione terrestre

63

provoca in questo caso – se si trascura, ora, l'effetto dell'attrito per non complicare il problema, ma le osservazioni pratiche spesso giustificano tale semplificazione – una deviazione di 90°. La corrente si muove cioè perpendicolarmente al pendio ed è orientata in modo che nell'emisfero Nord i minori livelli stanno a sinistra rispetto al senso del moto, viceversa nell'emisfero Sud.

Importanti correnti oceaniche generate dalla diversa densità delle acque sono le correnti del Golfo e del Labrador in Atlantico e le analoghe Kuroshio e Oyashio in Pacifico. Le correnti di Humboldt, delle Falkland e del Benguela, che fluiscono presso i margini meridionali degli oceani Pacifico ed Atlantico, sono pure di questa origine.

Negli oceani la circolazione di deriva è in genere orientata nel senso della latitudine mentre la circolazione di gradiente è orientata, piú o meno esattamente, secondo i meridiani. In effetti le correnti dei due tipi sono interconnesse: per esempio la Corrente Nordequatoriale atlantica ha rapporti con la Corrente del Golfo.

Quanto si è detto riguarda la circolazione superficiale, esiste in effetti anche circolazione nelle parti intermedie e profonde dell'oceano, non solo per le correnti ascensionali o discensionali cui abbiamo accennato, ma anche per correnti ad andamento suborizzontale. Le fredde e salate acque che si formano per il congelamento lungo le coste antartiche sono talmente dense che precipitano al fondo e da qua si irradiano, se non trovano ostacoli determinati da sollevamenti del fondo, negli oceani Atlantico, Pacifico ed Indiano, movendo verso Nord. Questo precipitare di acque dalla superficie verso il fondo determina, per l'effettiva sottrazione di acqua, un abbassamento del livello, e cioè innesca una corrente di pendio: per ragioni di densità e per la presenza in superficie di una intensa corrente di deriva tale corrente di pendio non si sviluppa in superficie ma negli strati oceanici intermedi: acqua di provenienza tropicale viene perciò attratta verso l'Antartide, a compensare la perdita dovuta all'acqua polare che va a costituire la circolazione abissale. Vi è cioè connessione non solo tra i vari elementi della circolazione superficiale ma anche, essenzialmente, tra la circolazione super-

Schema della formazione delle acque abissali polari, che dalla zona antartica investono tutti i fondi oceanici (ove non sono ostacolate da sollevamenti a barriera). Presso l'Antartide, per il congelamento, si forma acqua eccezionalmente densa.

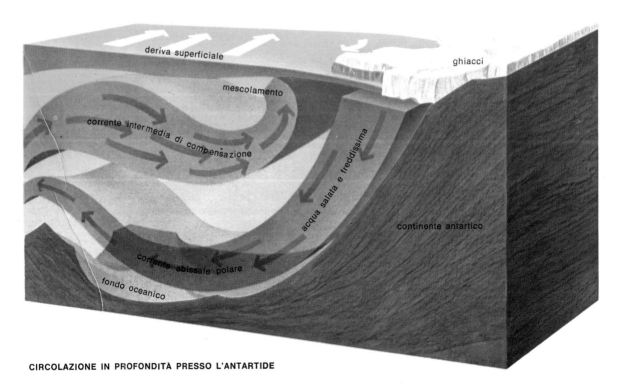

deriva superficiale

ghiacci

mescolamento

corrente intermedia di compensazione

acqua salata e freddissima

continente antartico

corrente abissale polare

fondo oceanico

CIRCOLAZIONE IN PROFONDITÀ PRESSO L'ANTARTIDE

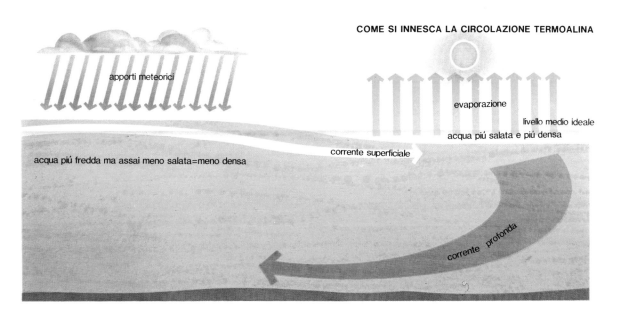

apporti meteorici

evaporazione

livello medio ideale

acqua piú salata e piú densa

corrente superficiale

acqua piú fredda ma assai meno salata=meno densa

corrente profonda

ficiale e quella profonda. Per il movimento delle correnti l'oceano è come un'immensa matassa aggrovigliata che si evolve continuamente. La fonte di energia che muove questo immenso meccanismo è in parte meccanica, di tipo gravitativo (forza di gravità, forza di marea), in parte proviene sotto forma di radiazione dal Sole: le variazioni di densità dovute all'evaporazione e alla immissione di acqua, l'azione del vento, la cui esistenza è legata a vicissitudini termiche dell'atmosfera, sono tutte dipendenti dall'energia solare.

Un interessante aspetto, che vale la pena di menzionare, è dato dalla circolazione del Mediterraneo. Come sappiamo la salinità del Mediterraneo è assai elevata, benché la temperatura di questo mare sia maggiore di quella dell'Atlantico (a 2500 metri di profondità si hanno temperature di 12-13 °C, contro circa 4 °C che a pari profondità si hanno nella parte adiacente dell'Atlantico), la densità dell'acqua mediterranea è distintamente maggiore della densità dell'acqua superficiale dell'Atlantico. Si determina quindi un flusso di acqua atlantica piú leggera e meno salata, che entra in superficie nel Mediterraneo, mentre in profondità acqua mediterranea esce da Gibilterra e si irradia, a profondità intermedie, nell'Atlantico. L'acqua atlantica che entra nel Mediterraneo forma una corrente che si evolve presso le coste meridionali, fino nel Mar del Levante dove si dissipa; da qua una corrente, poggiata sul lato Nord del mare, muove in senso contrario.

Sopra: l'evaporazione, con la formazione di acque piú salate superficiali, e gli apporti meteorici, che determinano acque superficiali piú leggere, sono i fattori principali della circolazione di gradiente. Alle differenze di densità cosí prodotte è dovuto lo scorrimento delle acque. Tuttavia al gradiente di pressione, dipendente dal livello, si oppone, come indica lo schema di pag. 62, l'azione della rotazione terrestre, e la corrente scorre parallelamente alle linee di uguale livello, ossia di egual pressione. Sotto: come si evolve, nelle sue linee essenziali, la corrente superficiale nel Mare Mediterraneo.

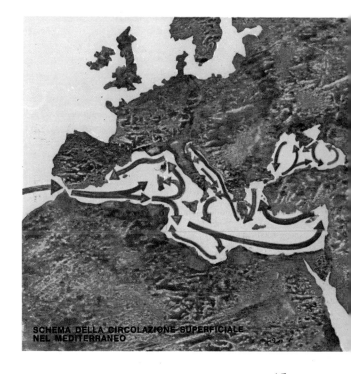

SCHEMA DELLA CIRCOLAZIONE SUPERFICIALE NEL MEDITERRANEO

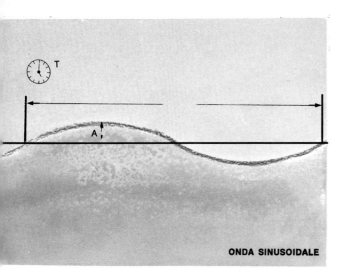

ONDA SINUSOIDALE

Il disegno qui sopra mostra la piú semplice onda, quella sinusoidale, i cui elementi distintivi sono la lunghezza d'onda (λ), il periodo (T) e l'ampiezza (A). In realtà la forma dell'onda è piú spesso trocoidale, con creste aguzze, come indicato nel disegno sotto, in cui si vede anche come l'onda superficiale sia provocata dal vento: in modo indicativo sono evidenziati i vortici di vento che generano l'onda. L'onda reale ha forme piú complesse, che rendono non sempre accettabili lo schema sinusoidale e quello trocoidale. L'onda di tempesta ha forme ancor piú irregolari: a fronte, marosi presso Capo Agulhas, dove si incontrano Oceano Atlantico e Oceano Indiano.

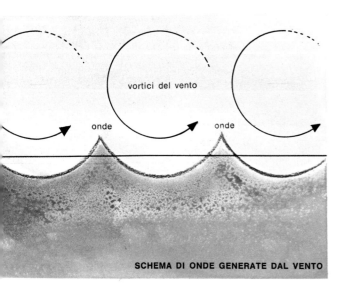

SCHEMA DI ONDE GENERATE DAL VENTO

Le onde

Le onde possono formarsi sia alla superficie degli oceani e dei mari, ossia al contatto acqua-aria, sia all'interno lungo superfici di contatto di acque differenti in movimento relativo. Queste ultime sono dette onde interne. Nel caso, di gran lunga piú noto, delle onde superficiali, si tratta del trasferimento della turbolenza del vento alla superficie marina; le onde poi determinano una turbolenza superficiale che si trasmette per una certa profondità. La turbolenza del vento è dovuta ai vortici da cui il vento è composto e alle rapidissime variazioni di pressione atmosferica connesse. Per uno speciale fenomeno di risonanza queste pulsazioni di pressione determinano le onde marine superficiali. Nella pratica è difficile collegare le caratteristiche della turbolenza con quelle delle onde, per cui si collegano queste ultime con grandezze inerenti al vento piú facilmente misurabili. Queste sono abitualmente la velocità media del vento e il cosiddetto *fetch*, che è la lunghezza di mare su cui soffia il vento. Queste grandezze vengono riferite all'altezza dell'onda (che interessa per l'effetto sulle coste, su impianti portuali eccetera) o al periodo, che interessa la progettazione di navi aventi particolari adattabilità a certi mari. Esistono delle relazioni matematiche che esprimono una o l'altra grandezza in funzione dei parametri prescelti.

Fino a qualche decennio fa le onde erano approssimate con semplici modelli che le paragonavano, singolarmente prese, a note figure matematiche quali la sinusoide o la trocoide. In effetti nel mare agitato non esiste una sola onda sinusoidale ma un complicato insieme di sollevamenti e affossamenti sovrapposti variamente ed in continua evoluzione. Si preferisce oggi considerare il problema statisticamente: dalle registrazioni strumentali si calcola lo spettro dell'agitazione ondosa e cioè la distribuzione dell'altezza dell'onda (o dell'energia dell'onda) in funzione della frequenza. Si considera la larghezza dello spettro, cioè l'intervallo di frequenza su cui le onde sono distribuite, la massima altezza d'onda, l'altezza media, eccetera. A seconda della velocità del vento e, entro certi limiti, all'aumentare del *fetch*, l'altezza delle onde ed il periodo (o la lunghezza d'onda) aumentano progressivamente. Però ovviamente né il *fetch* né la velocità

del vento si estendono fino a valori infiniti e cosí anche l'altezza ed il periodo delle onde raggiungono dei limiti: le massime altezze d'onda (distanza tra il cavo dell'onda e la cresta) sono sui 25 metri ed i massimi periodi raggiungono i 20 secondi circa. In genere però i periodi che piú spesso si osservano sono di 8-12 secondi, nei casi di piú forte agitazione. Quando le onde raggiungono una costa sotto l'azione del vento allora il loro infrangersi, il loro sovrapporsi con cammini diversi, può effettivamente far raggiungere all'acqua altezze maggiori, superando anche i 100 metri, si tratta però di getti di acqua e non piú di onde.

I vecchi modelli ondosi possono servire ancora per spiegare, sia pure in maniera approssimata, ma molto piú facile, taluni meccanismi di azione. In base al rapporto tra lunghezza d'onda λ e profondità h del mare si distingue tra onde lunghe (rapporto grande) e onde brevi (rapporto piccolo). Col calcolo si è dimostrato che le onde brevi, che so-

no quelle di aperto oceano (profondità sui 5000 metri, mentre λ giunge al massimo a 200-250 metri), si muovono con velocità che dipende dalla loro lunghezza: senza pensare al gioco di parole diremo che tra le onde brevi sono piú veloci le piú lunghe. Nel caso che il rapporto predetto sia basso, come accade quando un'onda giunge presso la spiaggia in mare basso, allora la velocità dipende dalla profondità del mare (maggior profondità = maggior velocità) e non piú dalla lunghezza d'onda. Accade insomma come se il mare basso frenasse l'onda.

L'onda che siamo abituati ad osservare è sostanzialmente una variazione del livello del mare: le particelle dell'acqua scorrono invece lungo orbite. Secondo i vecchi modelli queste erano ellissi o cerchi, secondo i nuovi criteri si tratta di complicati aggrovigliamenti non descrivibili da figure geometriche ma condensabili in canoni statistici anche in questo caso. Comunque l'ampiezza del movimento delle particelle decresce rapidamente con la

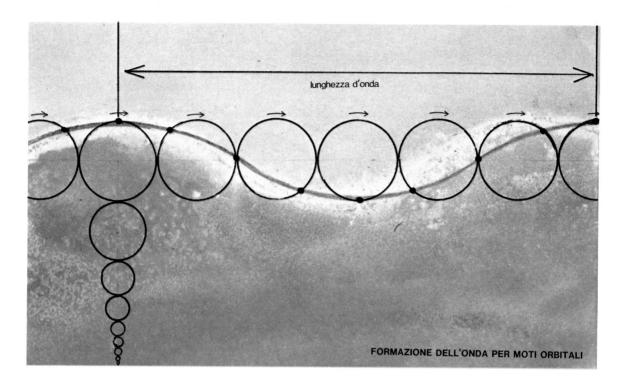

lunghezza d'onda

FORMAZIONE DELL'ONDA PER MOTI ORBITALI

profondità, tanto che già a profondità pari a metà della lunghezza d'onda il movimento può esser ritenuto trascurabile. Ancora piú rapido è lo smorzamento in profondità dell'energia, e cioè dell'effetto dell'onda. Esso consta del trascinamento dei materiali del fondo in acque basse e, in ogni caso, degli urti e dei risucchi sulle coste che vengono quindi erose. Per il piccolo spessore dello strato in cui è concentrata l'energia, l'effetto erosivo è come quello di una lama, che spiana la roccia della costa e fa progredire il mare nel continente (a questo processo però si oppone il deposito dei sedimenti che, all'opposto, tende a portar via spazio al mare).

Il moto ondoso tende a lesionare e anche a distruggere impianti portuali e altre opere marittime. Per le opere costiere si tende a far protezioni con barriere rocciose, con dighe: l'efficienza di queste è localizzata alla parte piú superficiale ove è concentrata l'energia; tutto il resto del costoso impianto serve solo da supporto. Per ridurre le spese si prova a sostituire le dighe con barriere di galleggianti fortemente ancorati: le onde perdono almeno parte della loro energia facendo oscillare questi galleggianti, in maniera analoga a quanto avviene ai bordi del pack, ove le onde si smorzano movendo e frantumando (cedendo cioè energia) i lastroni di ghiaccio.

Mentre il livello del mare oscilla con una certa regolarità, le particelle d'acqua descrivono orbite il cui diametro cala con la profondità. Le orbite sono circolari (sopra), ellittiche o piú complesse.

68

Per quanto riguarda i mezzi in mare le condizioni protettive sono diverse a seconda si tratti di mezzi mobili (navi) o di impianti fissi (ad esempio le torri di perforazione). Le navi, con adeguatezza di informazioni meteorologiche, con osservazioni da satellite, col radar, possono evitare una tempesta cambiando rotta. Se vi si trovano, ciononostante, coinvolte, ammesso che siano state costruite adeguatamente, che i carichi siano ben disposti e non vi siano aperture, esse si possono salvare, mettendosi alla cappa o riducendo velocità e lavorando di timone. Per salvataggi in mare da tempo immemorabile si usa versar olio alla superficie; per effetto della tensione superficiale (come se si facesse tenacemente aderire un velo di plastica sul mare) si eliminano le piú piccole, irregolari e fastidiosissime onde, restando solo le oscillazioni piú lunghe. A lungo andare le onde rimuovono però l'olio e l'effetto è solo temporaneo. Impianti fissi possono essere salvati solo dimensionandoli in modo che possano resistere alle maggiori onde statisticamente previste nel luogo ove sono posti. La cronaca ci insegna però che non sempre ciò è facilmente possibile.

"FORZA" DEL MARE

mare forza 1: quasi calmo

mare forza 3: mosso

mare forza 6: molto agitato

mare forza 9: tempestoso

Sopra: la "forza" del mare nella scala internazionale.
Sotto, a sinistra: la costa dell'Oceano Indiano presso Port Edward, Sudafrica.
Sotto: ondate sulla costa dell'isola di Gozo.

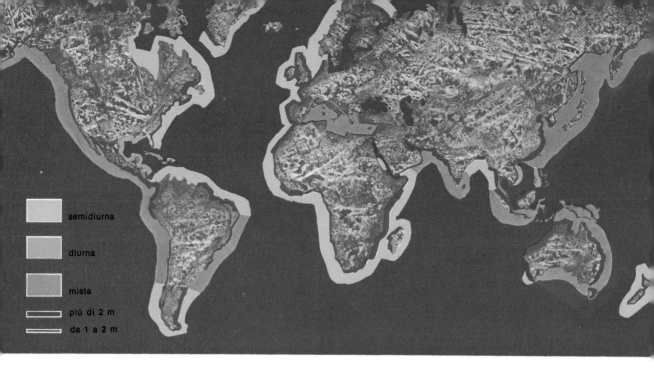

semidiurna

diurna

mista

più di 2 m

da 1 a 2 m

Maree e sesse

Le maree constano di oscillazioni di livello e conseguenti correnti, alternate nel tempo. Il fenomeno oscillante è complicato ma può essere scomposto in oscillazioni periodiche. Questa scomposizione è fondamentale per la previsione della marea, che altrimenti non sarebbe possibile. Le componenti periodiche di marea hanno principalmente periodi attorno alle 24 ore (maree diurne) e attorno alle 12 ore (maree semidiurne). Queste componenti sono più o meno esaltate da mare a mare, a seconda della forma dei bacini, che produce fenomeni di risonanza per cui uno o l'altro gruppo di componenti, o entrambi, sono esaltati. Ad esempio nel Golfo del Tonchino si hanno maree diurne pure, cioè una alta e una bassa marea al giorno. Sulle coste della Bretagna invece si hanno maree semidiurne pure con due alte maree e due basse maree al giorno di ampiezza eguale. In genere sono però prevalenti le maree miste, con componenti diurne e semidiurne variamente sviluppate e con due alte e due basse maree al giorno, di ampiezza differente.

L'altezza della marea, cioè la differenza tra alta e bassa marea, non è costante ma varia sia nell'ambito del mese che dell'anno: tale variazione è legata alle posizioni del Sole e della Luna rispetto alla Terra, dato che le maree sono dovute all'attrazione che la Luna e il Sole esercitano sulla Terra, in par-

ticolare sulla coltre acquea degli oceani. La forza di marea che deriva è inversamente proporzionale al cubo della distanza (e non al quadrato) tra Terra ed astro, e direttamente proporzionale alla massa dell'astro; per questo solo la Luna (piccola massa ma vicina alla Terra) ed il Sole (massa eccezionale pur con distanza alquanto grande) esercitano tale azione. L'azione dei pianeti o addirittura di corpi esterni al Sistema solare è completamente trascurabile.

L'altezza delle maree varia inoltre da luogo a luogo. Non si sa molto, da misure dirette, della marea in aperto oceano; però misure eseguite su isole oceaniche (Hawaii, Mauritius, Ascension eccetera) mostrano che qui l'altezza di marea è modesta, attorno al metro o meno. L'altezza cresce, anche di molto, in talune coste, in estuari, baie o golfi, a causa di complicati fenomeni di risonanza. Così troviamo maree che giungono a dieci metri di altezza in alcuni punti della costa della Bretagna, o che li superano nettamente come a Rio Gallegos (in Argentina) o che sfiorano addirittura i venti metri, nella parte interna della celebre Baia di Fundy in Canada (Nuova Scozia).

La forza di marea alla superficie degli oceani può essere scomposta in due componenti: una verticale, che corrisponde ad una infima variazione di peso e che può essere trascurata, ed una orizzontale che determina

Sotto: la marea è determinata dall'attrazione luni-solare combinata con la forza centrifuga della rivoluzione della Luna attorno alla Terra e della Terra intorno al Sole. La situazione sarebbe assai semplice se i rapporti geometrici tra gli astri rimanessero fissi e se una coltre uniforme di acque ricoprisse la Terra. In realtà variano nel corso del tempo le distanze tra gli astri nonché i rispettivi piani orbitali.

A destra: bassa marea sulle coste del Mozambico, sull'Oceano Indiano.

A fronte: sulle maree influiscono anche la disuniforme distribuzione delle acque e le diverse profondità degli oceani. Le maree hanno perciò, di sito in sito, un differente andamento nel corso del tempo. In particolare nelle 24 ore, per fenomeni di risonanza, possono comparire due alte e due basse maree uguali (maree semidiurne pure), o un'alta e una bassa marea uguali (maree diurne pure); oppure tutti i casi intermedi (maree miste) con il prevalere delle componenti semidiurne o di quelle diurne. Anche l'escursione della marea, cioè la differenza di altezza tra alta e bassa marea, è diversa, oltre che nel tempo, di luogo in luogo.

1

Se attorno alla Terra non ci fosse nessun astro, il livello dell'acqua rimarrebbe all'incirca inalterato (trascurando gli effetti dovuti alla rotazione del pianeta e alla conseguente forza centrifuga).

2

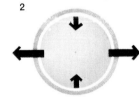

In presenza di un singolo astro si ha attrazione gravitazionale lungo la congiungente Terra-astro. Questa attrazione si combina con la forza centrifuga della rivoluzione terrestre attorno all'astro, o dell'astro attorno alla Terra.

Nel senso della congiungente Terra-astro si determina un sollevamento di livello (alta marea); poiché il volume dell'acqua è costante, si determina in senso ortogonale una depressione (bassa marea).

3 SE GLI ASTRI SONO DUE SI HANNO EFFETTI DIFFERENTI A SECONDA DELLA RECIPROCA POSIZIONE

Se gli astri sono allineati, gli effetti si sommano e si hanno le più forti alte maree e le più forti basse maree.

Se gli astri sono incrociati (quadratura) si hanno alte e basse maree meno pronunciate.

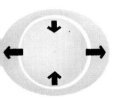

4 MAREA E FASI LUNARI

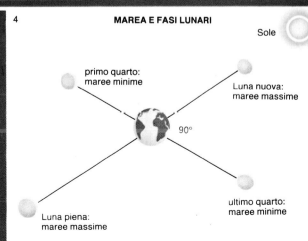

Sole

primo quarto: maree minime

Luna nuova: maree massime

90°

Luna piena: maree massime

ultimo quarto: maree minime

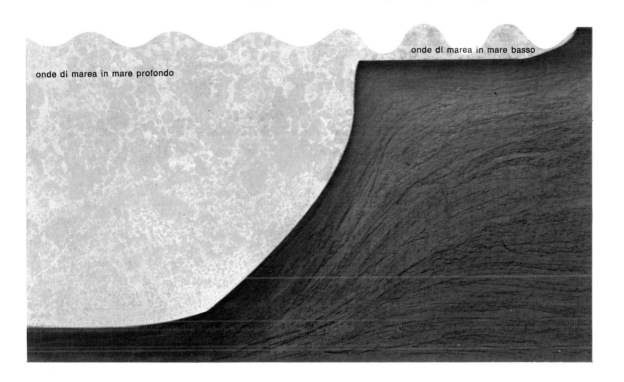

onde di marea in mare profondo

onde di marea in mare basso

A sinistra: il Rio delle Amazzoni, dove l'alta marea
rimonta il fiume per 500 chilometri alla velocità
di quasi 30 chilometri all'ora.
Sopra: l'ampiezza dell'onda di marea aumenta,
a parità di lunghezza, quando i fondali sono bassi.

uno scorrimento di masse d'acqua, le correnti
di marea appunto, le quali accumulano l'acqua contro le coste che investono determi-
nando le oscillazioni di livello. Per essere sviluppate le maree implicano grandi distese
marine in cui le correnti possano evolversi
pienamente. In mari semichiusi o chiusi l'entità degli scorrimenti è piú piccola e cosí le
maree sono poco alte: è quanto succede ad
esempio nel Mediterraneo o nel Baltico in
cui le maree hanno ampiezza piccola e in
molti luoghi trascurabile, tanto da non dare
alcun problema per gli accessi ai porti. Dove
invece le maree sono forti, come in taluni
porti di estuario, la navigazione è condizionata al ritmo delle maree, tanto da obbligare
ad entrare in fase di marea crescente e ad
uscire dal porto in fase di marea calante.
Anche le operazioni dei bacini di carenaggio

o di varo di navi sono condizionate, in questi
casi, dalle maree.

L'oscillazione della marea è diuturna, continua, anche se, come si è detto, nel corso
del tempo le altezze si evolvono da valori
maggiori a valori minori. Esistono però anche
altre oscillazioni a carattere periodico, piú
occasionali, cioè comparenti qua e là nel
corso del tempo. Queste sono le sesse che,
specie in mari con piccole maree, possono
assumere importanza ben maggiore delle maree stesse. Le sesse hanno periodi differenti
a seconda della grandezza e della profondità
del bacino: bacini ampi e poco profondi hanno sesse di grande periodo, all'opposto bacini piccoli e profondi hanno sesse di piccolo
periodo. Le sesse si formano quando il vento
accumula acqua contro una costa, al cessar
del vento, quando il livello tende a riequi-
librarsi attraverso oscillazioni, oppure per il
risucchio provocato da una depressione atmosferica in transito sul bacino. La loro ampiezza è legata all'intensità della causa: forti
venti o profonde depressioni danno sesse
ampie.

Tempeste, inondazioni, acque alte

Le tempeste si sviluppano per l'azione di forti venti persistenti e con lungo cammino sul mare (*fetch*). La frequenza e l'intensità del vento e la posizione geografica individuano zone oceaniche piú o meno tempestose; ad esempio tutta la fascia che sta a Sud dell'Africa e dell'America meridionale, attorno al continente antartico, completamente aperta ed esposta ad intensi venti occidentali, è una zona di difficile navigazione perché quasi perennemente interessata da violente tempeste, le quali sviluppano onde che superano anche venti metri.

Le aree cicloniche che si formano alle medie latitudini, dovute a fattori termici connessi con la circolazione atmosferica e comandate, nella loro evoluzione, dalla rotazione terrestre, determinano pure venti, talora molto intensi, e quindi zone di tempesta in corrispondenza. Questo è ad esempio il caso dell'Atlantico centro-settentrionale, tra la Scozia e Terranova. In altri casi sono i cicloni tropicali a sviluppare venti violentissimi (anche con velocità superiori ai 200 km/h) e di conseguenza fortissime tempeste. Questi cicloni tropicali investono frequentemente le coste sud-occidentali del Nord America e il Golfo del Messico, ove son detti uragani. Anche nell'Asia sud-orientale, tra la Malacca e la Cina meridionale, è assai sviluppato il fenomeno dei cicloni tropicali, che qui vengono detti tifoni. Le tempeste provocate dai cicloni tropicali si sviluppano assai velocemente ed obbligano le navi a manovre molto rapide per sfuggire al danno, e spesso purtroppo sono tali da provocare naufragi. Oggigiorno la formazione e l'evoluzione sia delle vaste aree depressionarie oceaniche (cicloni extratropicali) sia delle depressioni piú concentrate ed in piú rapido movimento, che costituiscono i cicloni tropicali, vengono seguite nella loro evoluzione con vari mezzi tra i quali sono molto efficaci i satelliti artificiali; si possono stabilire cosí servizi di previsione che risultano assai utili per la navigazione.

A seconda dello spirar del vento o a seconda del cammino del ciclone la tempesta può portarsi dal mare aperto alla costa e sui continenti. All'interno dei continenti il danno è provocato dalle inondazioni determinate dalla pioggia e dalla violenza del vento. Sulle coste si aggiunge l'azione delle onde. Si pos-

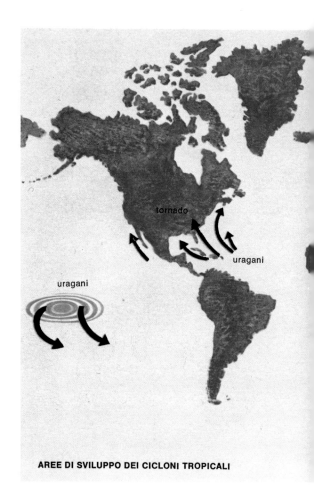

AREE DI SVILUPPO DEI CICLONI TROPICALI

sono avere cosí erosioni profonde, spostamenti di depositi sedimentari, crolli in rocce compatte, danni a porti e ad opere marittime, come brecce in dighe o l'abbattimento totale di dighe, di banchine, l'affondamento di imbarcazioni e cosí via.

Ma l'effetto di un vento contro una costa non è solo quello della produzione di onde, talora molto alte e tanto piú alte quanto piú forte è il vento, ma anche quello del trasporto di acqua, cioè della corrente di deriva che, giunta contro la costa, se non può defluire altrove provoca il progressivo innalzamento del livello con invasione delle aree costiere, se queste sono a bassa quota sul mare, e rigurgito dei corsi d'acqua. Fenomeni di questo genere possono essere causati anche da venti poco turbolenti e quindi con scarso sviluppo del moto ondoso; se sono sviluppate anche le onde allora le conseguenze sono ancor peggiori.

Questo fenomeno interessa zone particolari, determinate dall'esposizione a certi ven-

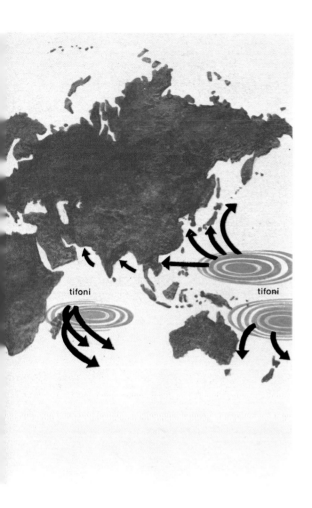

tifoni

tifoni

Sopra: le zone piú spesso battute da cicloni tropicali. Sono detti uragani quelli che colpiscono le coste dell'America settentrionale e il Golfo del Messico; tifoni quelli dell'Asia sud-orientale e della Cina.

ti, e quindi dal verificarsi di determinate condizioni meteorologiche, nonché dalla morfologia e situazione delle coste. Su coste elevate il danno può riguardare l'azione del moto ondoso o il rigurgito di corsi d'acqua; su coste basse si ha l'inondazione, oltre agli altri due effetti. Prendiamo ad esempio il Mar Ligure e l'alto Adriatico: entrambi sono esposti ai venti meridionali. Il Mare Adriatico, chiuso all'estremo settentrionale, non riesce a sfogare le acque spinte da venti sciroccali, che vanno quindi ad invadere le basse coste padano-venete (acqua alta di Venezia) e fanno rigurgitare i fiumi, il Po in particolare, con danni gravissimi specie se nel contempo il fiume è in piena. Nel Mar Ligure la situazione è differente: il mare è anzitutto piú aperto e si può aver lateralmente la fuga

dell'acqua ingorgata, in secondo luogo le coste sono elevate e quindi non si ha inondazione. I danni per il moto ondoso però e per il rigurgito dei corsi d'acqua sono tutt'altro che lievi, come varie volte Genova e gli altri centri costieri hanno dovuto provare.

Nell'Adriatico settentrionale l'acqua alta è determinata dai venti meridionali che provocano un sollevamento di livello del mare. Tale sollevamento dipende dalla intensità del vento; l'effetto è però acuito per il sovrapporsi dell'alta marea astronomica, delle sesse e di alti livelli marini stagionali. Per un insieme di cause oceanologiche e meteorologiche il livello del mare è piú alto in certe stagioni, rispetto al valore medio, e piú basso in altre. Nell'Adriatico i maggiori livelli si hanno nel tardo autunno, con 20-30 centimetri di eccesso rispetto ai minimi livelli che si verificano in primavera. Per questo il fenomeno dell'acqua alta è piú frequente in ottobre-novembre. Tuttavia il fenomeno si manifesta anche in altre stagioni e si verifica ormai varie volte all'anno. L'acqua alta interessa particolarmente Venezia, dove spesso causa gravi danni a cose e beni culturali, con sollevamenti di quasi due metri rispetto al livello medio, ma anche in altre località del bacino si può avere il fenomeno dell'acqua alta con il verificarsi di danni, cosí ad esempio a Grado, a Trieste e nell'Istria nord-occidentale.

Un'altra regione dove il fenomeno assume proporzioni catastrofiche è la zona olandese e tedesca che si affaccia sul Mare del Nord. Qui le maree sono piú ampie che in Adriatico e il vento da Nord-Ovest è piú intenso e piú turbolento dello scirocco che interessa l'Adriatico; si provocano cosí innalzamenti di livello maggiori e furiose tempeste per il violento moto ondoso. Una vera catastrofe si compí in queste zone nel 1953, quando l'intensità del fenomeno fu tale che vennero rotti gli argini che proteggono dal mare le terre costiere olandesi, poste sotto il livello del mare, con inondazioni spaventose, danni e perdite di vite umane gravissimi, sia in Olanda che in Germania. Pur non con la stessa intensità, il fenomeno si è prodotto anche successivamente. Gravissime inondazioni si ebbero nel passato in quella regione, come risulta sia da precise notizie storiche che dalla presenza, fino da tempi antichi, di opere di difesa costiera.

I maremoti

Muraglie d'acqua alte anche 30 metri che si abbattono su una costa alternativamente ma con lunghezza d'onda molto maggiore delle normali onde da vento: questo sono i maremoti, i piú devastanti tra tutti i disastri che può produrre il mare. I maremoti sono una calamità particolarmente frequente nel Pacifico, ma si verificano anche in altre zone. Forti terremoti che si verificano lungo i bordi del Pacifico o presso isole o fosse oceaniche, oppure eruzioni vulcaniche possono determinare, se di intensità sufficiente, scoscendimenti sottomarini e quindi moto ondoso violento. Le onde del maremoto si propagano con velocità straordinariamente grande (circa 800 km/h) essendo onde lunghe; si tratta di onde analoghe, fisicamente, alle onde lunghe che abbiamo già esaminato e che hanno velocità dipendente dalla profondità del bacino: la grande profondità del Pacifico determina dunque queste grandi velocità. In tempi di ore i maremoti (noti anche col nome giapponese di *tsunami*) traversano il Pacifico, dal Cile al Giappone, dalle Filippine al Giappone o alle Hawaii, dal Giappone alla California.

In mare aperto l'ampiezza di tali onde non è rilevante e, anche per la lunghezza d'onda che è di varie decine di chilometri, le navi investite dal fenomeno non se ne accorgono nemmeno. Contro le coste invece si abbattono, ritmicamente, delle vere montagne d'acqua. I danni e le stragi possono essere di enormi proporzioni, come nel caso del catastrofico maremoto avvenuto nel 1877 che ebbe origine presso le coste del Perú. La massa d'acqua investí le isole del Pacifico causando gravissimi danni e molte vittime, demolendo addirittura alcuni atolli, che scomparvero sotto l'azione delle ondate. Un maremoto, susseguente alla celebre esplosione del vulcano Krakatoa, in Indonesia, nel 1883, spazzò letteralmente le coste di Giava, Sumatra ed isole circostanti provocando oltre 35 000 vittime. Le oscillazioni di livello, pur smorzate, attraversarono tutti gli oceani e vennero registrate perfino al mareografo di Londra! Un'altra catastrofe si ebbe con uno *tsunami* che colpí le coste del distretto di Sanriku, in Giappone, la sera del 15 giugno 1896, determinato da un terremoto verificatosi presso la fossa di Tuscarora. Una valanga d'acqua che avanzava alta fino a 35 metri fece oltre 27 000

vittime che si trovavano sulla spiaggia per una festa religiosa. Vennero completamente rasi al suolo numerosi centri abitati.

Nell'Atlantico si ricorda un forte maremoto a seguito del terremoto che semidistrusse Lisbona il 1° novembre 1755.

Nel Mediterraneo i maremoti sono rari, per non dire eccezionali. A seguito del catastrofico terremoto che distrusse Messina e Reggio Calabria il 28 dicembre 1908, si sviluppò un maremoto con onde la cui altezza fu stimata di 8 metri nello Stretto di Messina, ma che risultarono smorzate già con poco piú di un metro di altezza a Catania e mezzo metro a Malta. Successivi fortissimi terremoti costieri, come quello distruttivo di Cefalonia dell'agosto 1953 non diedero maremoti, almeno di ampiezza apprezzabile. Per quanto riguarda l'ampiezza di possibili maremoti dell'area mediterranea va tuttavia ricordato che secondo alcuni studiosi la causa, o

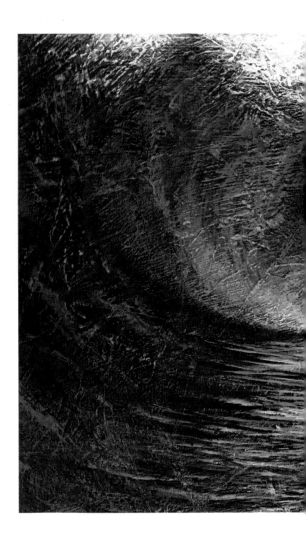

una delle cause, della distruzione della civiltà minoica fiorita a Creta e nel Mediterraneo sia stata un maremoto legato all'esplosione del vulcano di Santorini, nell'Egeo.

Previsione delle maree e delle tempeste; vigilanza sui maremoti

Alcuni dei catastrofici eventi citati nelle pagine precedenti mostrano quanto pesante sia il bilancio in danni ed in vittime umane di simili calamità naturali. Da ciò deriva la ricerca di mezzi, se non di prevenzione, almeno di previsione degli eventi catastrofici. Uno dei compiti della moderna ricer-

Sotto: un disegno dal vero di F.P. Shepard, che si salvò miracolosamente dal muro d'acqua avanzante di uno *tsunami* alle Hawaii nel 1946. A destra: tempi di propagazione attraverso il Pacifico delle onde di maremoto (*tsunami*) generate da un terremoto nella zona delle Hawaii.

TEMPO DI ARRIVO DI ONDA DI MAREMOTO

ca oceanografica è proprio quello dello studio di idonei mezzi strumentali e teorici per la previsione delle tempeste, delle acque alte e degli tsunami. Nessun sistema difensivo può risultare sufficientemente valido per arrestare una montagna d'acqua alta 30 metri, larga 100 chilometri e lunga migliaia che si sposta a velocità di 800 chilometri all'ora. Si può però cercare di prevedere i tempi di arrivo degli tsunami, accertato il tempo di inizio di un terremoto di intensità tale da innescare tsunami, che si sia verificato su una data costa o in un dato punto dell'oceano. Poiché la differenza di tempo tra l'avvenuto terremoto e l'arrivo su una certa costa del maremoto è dell'ordine di ore, dando l'allarme è possibile, se non salvare manufatti fissi, far sfollare gli abitanti in zone rilevate e far prendere il largo alle navi ormeggiate nei porti: in qualche tsunami, navi, che non erano riuscite ad uscire dai porti, sono state trovate semidistrutte nell'abitato!

Nel Pacifico esiste un servizio il quale in base alla batimetria, che come abbiamo detto determina la velocità di propagazione, fornisce i tempi di arrivo sulle varie coste a seconda delle posizioni epicentrali di eventi sismici che si verifichino in qualche punto dell'oceano. Tali tempi di arrivo vengono calcolati rapidissimamente – ed in maniera efficace – col calcolatore. Esistono anche delle carte standard, con i percorsi ed il tempo di arrivo in varie zone di tsunami provocati da aree sismiche più frequenti.

La marea è il fenomeno che è più facilmente prevedibile, nel campo delle previsioni oceanografiche. Si tratta però, è bene precisare, della pura marea astronomica, non del reale livello marino, nel quale l'effetto della semplice marea può esser completamente soverchiato, specie nei mari a piccole maree, dagli ingorghi da vento, dalle sesse eccetera. La previsione del livello reale è ben più delicata e solo in questi ultimi anni, dopo la disastrosa alluvione olandese del 1953, si è fatto qualcosa.

Tornando alla previsione della marea astronomica, una volta che da registrazioni ottenute in un dato luogo sono state ricavate le cosiddette costanti armoniche (che sono solo le ampiezze e le fasi delle sinusoidi che descrivono le citate componenti elementari della marea), poiché il periodo di ogni componente è perfettamente noto dall'astronomia,

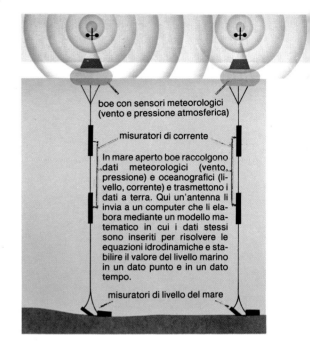

boe con sensori meteorologici (vento e pressione atmosferica)

misuratori di corrente

In mare aperto boe raccolgono dati meteorologici (vento, pressione) e oceanografici (livello, corrente) e trasmettono i dati a terra. Qui un'antenna li invia a un computer che li elabora mediante un modello matematico in cui i dati stessi sono inseriti per risolvere le equazioni idrodinamiche e stabilire il valore del livello marino in un dato punto e in un dato tempo.

misuratori di livello del mare

si possono calcolare i valori delle sinusoidi componenti per qualunque momento futuro. La somma dei valori corrispondenti ad ogni singola componente permette di eseguire la sintesi del mareogramma futuro, cioè la previsione della marea. Nel caso della previsione del livello, quando esso è determinato anche dagli altri fattori qui citati, tale lavoro costituisce un primo passo per la previsione.

Dove le maree sono sviluppate e gli altri fattori non sono troppo incidenti, la previsione della semplice marea astronomica è utile per la navigazione, per la costruzione di nuovi insediamenti costieri: nota l'escursione di livello è possibile infatti il dimensionamento dell'altezza delle banchine e dei piani di costruzione, nonché della profondità degli scarichi.

In qualche caso la marea di un dato luogo (per esempio di un luogo poco accessibile per l'installazione di un mareografo, dall'analisi delle cui registrazioni si possano ricavare le costanti armoniche) può esser calcolata dai dati di luoghi vicini di un dato mare, risolvendo le equazioni idrodinamiche in modelli matematici col calcolatore elettronico. Anzi con questo sistema si risolvono tutti gli altri problemi (sesse, effetto del vento, della pressione atmosferica), connessi con la determinazione del livello vero e cioè con la previsione dell'acqua alta. Le equazioni idrodina-

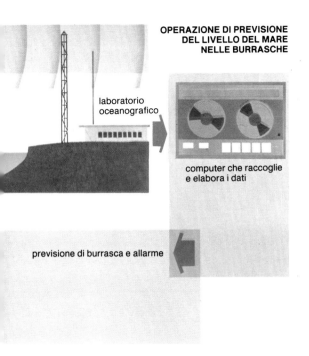

OPERAZIONE DI PREVISIONE
DEL LIVELLO DEL MARE
NELLE BURRASCHE

laboratorio
oceanografico

computer che raccoglie
e elabora i dati

previsione di burrasca e allarme

Variazioni del livello del mare

Abbiamo già citato le oscillazioni stagionali del livello del mare; oltre a queste ne esistono altre piú lunghe, a periodo di anni o di secoli, legate a vicissitudini climatiche e, pare, anche ad azioni interne alla Terra. Il livello medio del mare perciò non è costante ma in continua fluttuazione: localmente poi possono aversi altri movimenti che si riassumono in tre tipi: subsidenza, reazione isostatica, attività sismica e orogenetica.

La subsidenza è il fenomeno che interessa i territori costieri alluvionali. Per il peso degli stessi sedimenti si determina una compressione che lentamente rende compatti i sedimenti facendoli diminuire di volume e cioè abbassando la superficie. A causa di questo afflosciamento si determina un progressivo aumento del livello relativo del mare. Il fenomeno è proprio delle regioni co-

Sopra: schema di alcune boe oceanografiche usate per previsioni meteooceanografiche.
A destra: la boa *Triton II*, con strumenti per studiare l'interazione atmosfera-oceano posti a differenti altezze sopra il livello del mare (6 e 10 m), con registratore del moto ondoso posto al contatto dell'acqua, e con misuratori di corrente situati in profondità.

miche sono complesse relazioni matematiche che collegano gli spostamenti dell'acqua alle caratteristiche di essa, alle forme dei bacini ed alle azioni esterne. La forma del bacino è nota dai rilievi batimetrici e serve da supporto per i calcoli, eseguiti con programmi stabiliti in base ad opportune simulazioni delle cause, se si vuol fare una previsione di tipo orientativo o statistico. Si forniscono invece al calcolatore i valori reali del vento o della pressione barometrica o della corrente marina eccetera, a seconda dei casi e delle esigenze, se si vuole eseguire per un fenomeno in atto la previsione immediata.

Per ricavare queste informazioni sono preziose le stazioni meteooceanografiche situate in mare aperto, su boe, che teletrasmettono continuamente i dati. A questo scopo sono impiegate anche le osservazioni via satellite. Questi tipi di osservazione servono per la previsione delle tempeste e del cammino delle tempeste da vento e quindi del moto ondoso che si svilupperà su una certa costa.

stiere alluvionali (costa padano-veneta, costa olandese, costa settentrionale del Golfo del Messico), e può essere accentuato per cause artificiali. Sulle coste padano-venete, per esempio, l'abbassamento naturale del suolo è stato reso molto più rapido e consistente dall'estrazione di grandi quantità d'acqua dal sottosuolo. L'acqua infatti tende a rigonfiare i sedimenti, opponendosi alla compressione naturale. Se viene tolta l'acqua cade questa difesa e l'effetto della compressione aumenta. Nella zona del Delta Padano, fino agli Anni Cinquanta, l'acqua veniva emunta in quantità ingente per estrarvi il metano che era disciolto; anziché rimettere l'acqua nel sottosuolo dopo l'estrazione del gas, questa veniva versata in superficie e perduta. Verificato, dopo appositi studi, che l'abbassamento dei terreni nella zona del delta era dovuto all'emunzione di acqua metanifera (sono stati riscontrati anche abbassamenti di due metri), l'estrazione venne fatta cessare, ma il terreno non è più risalito! Ulteriori quantità di acqua vengono estratte ancora, per uso industriale, nella zona di Venezia; anche questa estrazione provoca abbassamento del suolo e quindi un aumento abnorme del livello relativo del mare.

La reazione isostatica è un fenomeno opposto al precedente, per cui il suolo si alza progressivamente e quindi il livello relativo del mare si abbassa. Regioni come la Scandinavia o il Canada erano sottoposte, fino a circa 8000 anni fa, a spesse cappe di ghiaccio analoghe a quelle che oggi ricoprono ancora la Groenlandia e l'Antartide. L'enorme peso di queste cappe ha fatto affondare la crosta terrestre di quelle regioni, più rigida, nella parte profonda più plastica. Tolto il peso per lo scioglimento dei ghiacci, per reazione – detta appunto isostatica – sono riemerse le regioni ''affondate'' tanto che si sollevano ancor oggi. Nella parte più settentrionale del Golfo del Botnia, dove il movimento è più vistoso, il sollevamento della costa – e quindi l'abbassamento relativo del mare – è stato misurato di circa 1 metro nell'ultimo secolo!

I movimenti dovuti a cause sismiche e orogenetiche possono essere di sollevamento o abbassamento costiero, anche alternato, nella medesima località. Essi interessano le regioni sismiche e sono particolarmente vistosi e studiati nel Giappone. Talvolta essi precedono i terremoti, tanto che si tenta di utilizzare gli studi di questi movimenti nella previsione dei terremoti; altre volte i movimenti sono causati da terremoti: quello del Cile del 1960 ha provocato immensi movimenti costieri, con deformazioni della linea di costa assai rilevanti in alcune zone.

A prescindere però da queste accidentalità che potremo definire locali, il livello assoluto del mare sta attualmente aumentando: l'incremento, che era minore all'inizio del secolo, è attualmente di 16 mm al decennio. Questo aumento del livello del mare corrisponde ad un effettivo aumento del volume degli oceani, cioè della quantità d'acqua contenuta. Si ammette che quest'acqua provenga dal progressivo scioglimento delle cappe glaciali dell'Antartide e della Groenlandia. Infatti zone costiere della Groenlandia o dell'Antartide, che nei decenni passati erano coperte da ghiacci, lasciano ora vedere la roccia da cui sono costituite: il ritiro dei ghiacci quindi è provato dall'osservazione. Inoltre la quasi totalità dei ghiacciai delle altre regioni è attualmente in ritiro e ciò è dovuto ad un progressivo riscaldamento del pianeta. Se esso dovesse continuare, tanto da sciogliere completamente le cappe glaciali, si stima che farebbe aumentare il livello del mare di una cinquantina di metri, con conseguenze dunque incalcolabili per le regioni costiere!

Ma epoche di relativo riscaldamento si alternano – con ritmicità di decine o di centinaia di migliaia di anni, come si è verificato perlomeno negli ultimi uno-due milioni di anni – ad epoche di raffreddamento relativo. Si determinano così periodi di maggior accumulo di ghiacci sulle aree continentali e bassi livelli marini, alternati a epoche di ritiro dei ghiacci ed aumento del livello del mare. Nelle fasi di maggior sviluppo delle glaciazioni l'abbassamento del livello raggiungeva valori di 100-150 metri rispetto al valore attuale.

Nel Quaternario – periodo esteso su oltre un milione di anni dall'epoca attuale – si sono avute almeno quattro glaciazioni principali, con tutta una serie di episodi intermedi. Si è riconosciuto che anche nell'epoca attuale, che è una tipica epoca interglaciale, si è avuto – verso la metà del secolo scorso – un periodo di relativa rigidità.

È estremamente difficile rintracciare le

prove di glaciazioni in epoche piú antiche, anche se effettivamente è stato riconosciuto qualche avvenimento del genere, per residui lasciati su formazioni vecchie di centinaia di milioni di anni. È forse probabile che queste oscillazioni termiche interessino sempre il pianeta.

L'ultima glaciazione, che in effetti non è ancora completamente estinta, ha cessato il maggior ritiro circa 8000 anni fa. Prima una grande cappa glaciale ricopriva la Scandinavia, il Baltico, parte della Germania e della Polonia settentrionale, si stendeva su parte del Mare del Nord e della Gran Bretagna.

L'arco alpino, i Pirenei, il Caucaso e varie altre zone minori, in Europa, erano coperte da vaste coltri di ghiaccio. Fuori d'Europa una vasta cappa si estendeva sul Canada e relativo arcipelago, spingendosi nella parte settentrionale degli Stati Uniti. Un'altra coltre si trovava all'estremo Sud dell'America; in Asia una vasta cappa ricopriva i rilievi del Karakorum e dell'Himalaya e lembi glaciali minori si estendevano nelle regioni centrali e nord-orientali del continente.

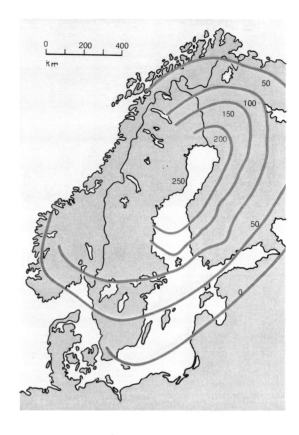

Sotto: le coste della Groenlandia sono oggi relativamente libere da ghiaccio e neve perché il clima, soprattutto durante l'ultimo secolo, si è mitigato.

Sopra: le linee di ugual sollevamento (con l'indicazione in metri per secolo) della Scandinavia in seguito alla fusione della coltre glaciale che ricopriva la penisola fino a circa 10 000 anni fa.

IL CIELO,
LA SPIAGGIA E IL MARE

Osservando sulla spiaggia

La spiaggia è il punto di incontro di tre mondi molto diversi tra loro, il cielo, la terra e il mare: è quindi un ottimo osservatorio per cercare di capire che cosa avviene in ciascuno di essi mentre ci divertiamo o ci riposiamo. In queste pagine vi suggeriamo una serie di osservazioni che non richiedono altro che un poco di attenzione nei confronti di fatti che ci stanno continuamente sotto gli occhi.

Il cielo

Possiamo distinguere due momenti diversi per osservare il cielo: di notte e di giorno. Le osservazioni notturne saranno sostanzialmente di tipo astronomico; quelle diurne di tipo meteorologico.

Osservazioni diurne. Protagoniste indiscusse del cielo diurno sono le nubi. Riconoscere le nubi è il primo passo che il meteorologo dilettante deve fare per imparare a leggere nel cielo. La serie di fotografie qui accanto e la descrizione di ciascuna di esse vi aiuteranno a compierlo. Richiamiamo qui la vostra attenzione su alcune di esse che vi possono dire qualcosa di piú.

I cirri e il vento in quota. Qualche volta vedrete il cielo azzurro "graffiato" da nubi sottili, bianche, altissime disposte in fibre lunghe e piú o meno parallele tra loro. La loro disposizione indica l'andamento dei venti alla quota a cui si trovano le nubi: potrete constatare come spesso quella direzione è diversa da quella del vento a terra. In qualche caso questi cirri sono l'avanguardia di una perturbazione: osservate cosa accade alle condizioni del tempo da 6 a 12 ore dopo.

L'alone attorno al Sole. Un velo sottilissimo di nubi si stende in cielo. I contorni del Sole si vedono ancora abbastanza nettamente. A una certa distanza da essi un anello con tutti i colori dell'arcobaleno si chiude attorno al

Le nubi sono la testimonianza piú evidente della presenza di una certa quantità d'acqua anche nell'atmosfera: l'acqua evapora dalla superficie del mare, dei laghi, dei fiumi e sale verso l'alto. Le nubi sono formate da minuscole goccioline d'acqua o da piccolissimi cristalli di ghiaccio derivati da questo processo. I cristalli di ghiaccio sono presenti soprattutto nelle nubi piú alte, come i cirri, o nelle parti piú alte delle nubi a notevole sviluppo verticale come i cumulonembi. È intorno ad essi che inizia la progressiva aggregazione di altri cristalli di ghiaccio da cui nasceranno il fiocco di neve, il chicco di grandine oppure la goccia di pioggia.

cirri

cumulonembi

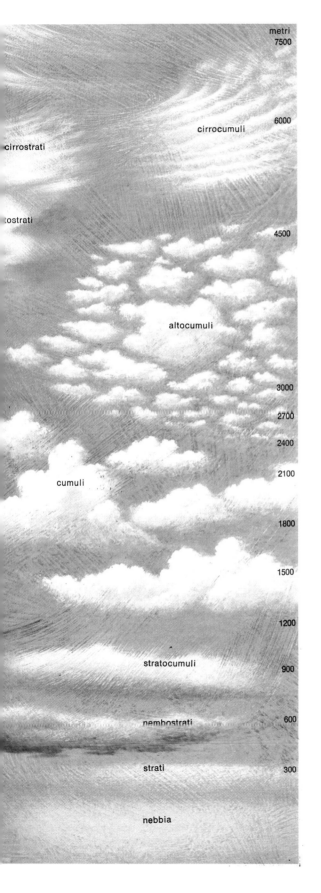

metri
7500

cirrocumuli 6000

cirrostrati

:ostrati 4500

altocumuli

3000

2700

2400

2100

cumuli 1800

1500

1200

stratocumuli 900

nembostrati 600

strati 300

nebbia

A sinistra, dall'alto al basso: i principali tipi di nubi.
Nubi alte (sopra i 6000 metri): cirri, costituiti
da cristalli di ghiaccio; cirrocumuli, sottili banchi
nuvolosi; cirrostrati, strati sottili.
Nubi medie (tra 3000 e 6000 metri): altostrati, veli
grigiastri; altocumuli, strati di nuvole grigie.
Nubi basse (tra il suolo e i 2000 metri): strati, spesse
masse nuvolose; nembostrati, masse ancora più
scure degli strati normali; se sono spezzate dal vento
danno luogo ai fractostrati, sovente con pioggia
insistente; stratocumuli, ammassi irregolari, spesso
ondulati, di nubi scure; perlopiú non
si accompagnano a pioggia.
Nubi a sviluppo verticale: cumuli, ammassi isolati
a superficie tondeggiante, tipici dell'estate e del bel
tempo; cumulonembi, nubi temporalesche tipiche.
A fronte, dall'alto al basso: cirri, cirrostrati;
altocumuli.
Sopra: in alto, cirrocumuli; sotto, nembi
temporaleschi.

85

Le increspature sulla superficie del mare segnalano uno dei fenomeni piú comuni ma anche piú interessanti che si verificano quotidianamente lungo le coste: lo sviluppo dei venti leggeri detti brezze. La terra si riscalda e si raffredda piú rapidamente dell'acqua: di giorno essa è piú calda dell'acqua, l'aria al suo contatto sale e al suo posto giunge aria richiamata dal mare; la brezza dunque viene dal mare. Di notte si verifica il fenomeno opposto.

Sole. È questo l'alone che si forma quando sottili nubi costituite da minuscoli cristalli di ghiaccio offuscano il Sole: avete scoperto che all'altezza a cui si trova la nube fa freddo abbastanza per formare nubi con cristalli di ghiaccio.

L'arcobaleno. Scorgere in cielo l'arcobaleno dopo un temporale è cosa molto comune. Ecco come esso si forma: la luce del Sole – che penetra all'interno delle goccioline d'acqua le quali permeano l'atmosfera poco dopo un temporale – si scompone nei vari colori che si offrono ai vostri occhi. Attenzione al doppio arcobaleno: spesso di archi se ne possono vedere due l'uno sopra l'altro. Uno dei due è piú netto, l'altro piú sfumato. Badate in quest'ultimo alla disposizione dei colori: vedrete che sono disposti in modo esattamente opposto all'arco principale.

Il vento al suolo. Le giornate ideali per questa osservazione sono quelle di tempo buono. Sulla cima di un ombrellone o comunque in un luogo tranquillo piantate una bandierina. Ora guardate da che parte spira il vento nelle ore centrali e piú calde della giornata: vedrete che spira dal mare verso la terraferma. Se compite la stessa osservazione la sera o il mattino molto presto vedrete che accade il contrario. È il fenomeno delle brezze. Durante le ore piú calde della giornata la terraferma è assai piú calda del mare circostante; l'aria a contatto della terra si scalda e sale in quota; l'aria sul mare corre a riempire il "vuoto" lasciato dall'aria salita in alto sulla terraferma. Il fenomeno inverso accade quando la superficie del mare è piú calda della terraferma, cioè di notte.

Le nubi del temporale. Attenzione ai cumuli: grossi batuffoli bianchi che spesso compaiono nei momenti piú caldi della giornata. Nella maggior parte dei casi essi restano bianchi e ben circoscritti: sono allora nubi di bel tempo che scompaiono cosí come sono comparse. Qualche volta però l'aspetto dei cumuli è un po' piú cattivo e turbolento. Non hanno piú l'aspetto tondeggiante ma tendono, invece, a proiettarsi con lunghe colonne verso l'alto mentre qua e là si incupiscono. Non si tratta piú di cumuli bensí di cumulonembi, le nubi della tempesta. Le grandi colonne che vedete proiettarsi verso il cielo sono colonne di aria calda umida che sale rapidissima verso l'alto. Proiettata verso l'alto l'aria umida si dilata e si raffredda: la sommità della nube può raggiungere i 10 000 metri; le goccioline d'acqua che contiene si trasformano in cristalli di ghiaccio che si ingrossano piano piano mentre colonne d'aria li portano alternativamente in basso e in alto. Poi i cristalli raggiungono dimensioni tali da non poter piú essere mantenuti in sospensione e allora cadono verso il suolo. Se l'aria al suolo è abbastanza calda i cristalli di ghiaccio si sciolgono e arrivano a terra sotto forma di goccioloni di pioggia. Se non fanno in tempo a sciogliersi, ecco la grandine. Il disegno qui accanto mostra anche che all'interno del cumulonembo tutti questi movimenti provocano l'accumulo di grandi cariche elettriche in zone diverse della nube e tra la nube e il suolo. Quando la carica è tale da superare la resistenza offerta dall'aria, scocca la scintilla: è il fulmine.

Il fulmine. I fulmini possono scoccare all'interno della stessa nube tra due zone con carica elettrica opposta (come quella dei due

Sotto: lo schema indica come all'interno di una nube
si determinino locali accumuli di cariche elettriche
di segno diverso (positive alla base e al culmine,
negative al centro). La loro distribuzione dipende
dalle violente correnti verticali che attraversano una
nube temporalesca. Quando la differenza di
potenziale tra due zone adiacenti è tale da superare
la resistenza dovuta all'aria, scocca la scintilla:
è il fulmine.

Sopra: l'arcobaleno segnala la presenza di grande
umidità nell'aria. La luce del Sole, infatti, attraversa
le goccioline d'acqua sospese nell'atmosfera, si
riflette sul loro fondo e si scompone poi nei suoi
colori fondamentali. Talvolta la luce si riflette due
volte sul fondo delle goccioline e nasce quindi un
secondo arcobaleno che però ha una disposizione dei
colori invertita rispetto all'arcobaleno principale.

capi di una pila); oppure tra due nubi vicine;
oppure ancora tra la nube e il suolo. Può sembrare strano ma l'"ira del cielo" si scatena generalmente da terra. Si dice: è caduto un fulmine; nella maggior parte dei casi sarebbe
più corretto dire: è salito un fulmine. Proprio
così: la maggior parte dei fulmini parte da
terra. Quello che noi vediamo come una sola
scintilla è, infatti, generalmente costituito da
decine di scariche elettriche brevissime: la
prima, più violenta, da terra verso il cielo,
traccia la via; l'aria attraversata dalla scintilla diventa più conduttiva di quella circostan-

te: è come un canale lungo il quale l'elettricità può propagarsi più facilmente. Lungo
quel canale, da quel momento, è un va e vieni di scariche dal cielo a terra e viceversa. L'a-
ria intorno si riscalda improvvisamente e a
più riprese e si dilata. Di là si propaga un'onda sonora complessa che noi chiamiamo tuono: l'articolazione e la complessità del tuono
sono proprio un riflesso del va e vieni delle
scariche che l'hanno generato.

La distanza del temporale. La velocità della luce è circa 300.000 chilometri al secondo.
Il che vuol dire che un fulmine noi lo vediamo praticamente nell'atto stesso in cui si scatena. Nell'aria al suolo e a 15 °C il suono ha
velocità di 335 m/s cioè impiega circa 3 secondi a compiere un chilometro. Cronometro
alla mano dunque provate a misurare quanto
tempo intercorre tra il momento in cui avete
visto il lampo e il momento in cui il tuono vi
giunge all'orecchio: ogni secondo che passa, il

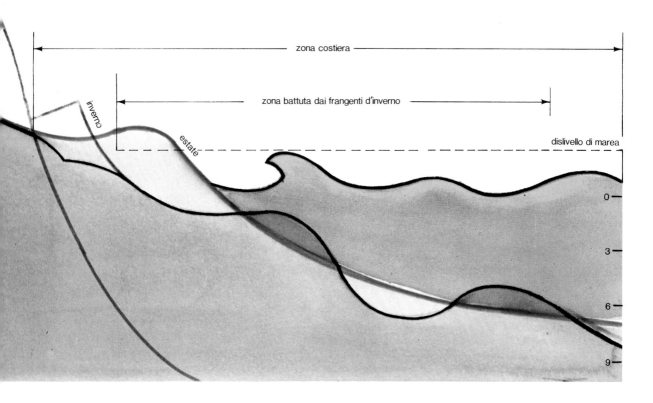

zona costiera

zona battuta dai frangenti d'inverno

inverno

estate

dislivello di marea

0 —

3 —

6 —

9 —

tuono percorre 335 metri. Potrete cosí sapere a che distanza si trova il temporale. Misurando piú volte questi tempi vi renderete conto direttamente se il temporale si avvicina o si allontana.

La spiaggia e il mare

Sulla spiaggia convivono un mondo fisico e uno biologico. Per quest'ultimo suggeriamo di osservare la miriade di animaletti e piante che, malgrado l'impoverimento provocato dall'uomo, ancora si può scovare lungo tutta la spiaggia.

Concentriamoci, anche, sul mondo fisico che ospita animali e piante: come vedremo, anch'esso ha una sua vita che qualche osservazione ci può aiutare a comprendere.

I racconti della sabbia. Innanzi tutto: cos'è la sabbia? È l'accumulo di minuscoli granuli che gli agenti atmosferici, le acque correnti o il mare hanno distaccato dalle rocce del continente. La storia di un granulo di sabbia potrebbe essere la seguente. Su una montagna, lontano dal mare, l'alternarsi di caldo e freddo, il gelare dell'acqua negli interstizi provocano il distaco di un frammento roccioso che

Sopra: la forma di una spiaggia e del fondo marino adiacente dipendono dal moto ondoso e, quindi, dal tempo meteorologico e dalla stagione. In un periodo caratterizzato da violente mareggiate, il profilo della spiaggia è scosceso; con un tempo buono e costante è, invece, meno inclinato.

cade al piede della scarpata. Là le acque correnti lo fanno rotolare fino al fondovalle dove viene raccolto prima da un torrente e poi da un fiume. Piano piano il frammento originario si spezza in frammenti piú piccoli e questi sempre piú facilmente vengono trasportati dal fiume. Il frammento di roccia originario si è trasformato in tanti granelli di sabbia. Le rocce sono generalmente formate da tanti minerali diversi. Alcuni di questi sono piú resistenti degli altri agli urti e al rotolamento: sono questi che giungono fino al mare. Gli altri si frammentano sempre di piú o vengono attaccati chimicamente. Giunti al mare questi granelli vengono presi in carico dalle correnti marine costiere che li porteranno con sé fino a che ne avranno la forza e poi li depositeranno. Vediamo dunque cosa può raccontare una manciata di sabbia. Intanto può dare un'idea delle rocce da cui ha avuto origine.

Sopra: una duna con vegetazione in Puglia.
Sotto: spiaggia dell'Oceano Indiano con *ripple marks*.
Le onde, spostando i granelli di sabbia, determinano
forme ondulate caratteristiche, i *ripple marks*. Il
vento, operando piú in grande, origina le dune
costiere, sulle quali spesso si instaura la vegetazione.

Esistono sui nostri litorali alcune spiagge
costituite prevalentemente da granelli scuri:
le rocce originarie sono per lo più vulcaniche. Se i granelli, osservati magari con
una lente, sono invece chiari o trasparenti
provate a far scendere su di essi una goccia
di acido cloridrico: se vedrete i granelli scom-
parire al disotto di una schiumeggiante effer-
vescenza, vorrà dire che la maggior parte di
essi è di natura calcarea e che le rocce originarie sono sedimentarie calcaree. Se non
scompariranno è probabile che una gran parte di quei granelli sia costituita da quarzo. È
una bella sabbia quella su cui vi trovate: fatta fondere in appositi forni può servire a
fabbricare il vetro.

Non dimenticate di provare anche con una
calamita: su molte spiagge si trovano anche
molti granelli di minerali ferromagnetici come la magnetite. Se ce n'è in abbondanza
vuol dire che quella sabbia viene da una zona di rocce ricche di quel minerale.

Il vento e le dune. Spesso nella parte piú
interna delle nostre spiagge si trovano particolari rilievi di sabbia sulla cima dei quali si
è attestata della vegetazione. Provate a osser-

varne la forma e a confrontarla con la foto
alla pagina precedente: avete scoperto dune di
sabbia non diverse da quelle che si formano
nel deserto. Guardatele bene e capirete anche
in che direzione spirano i venti che le hanno
generate; questa direzione coincide generalmente con i venti piú frequenti durante l'anno
in questa regione.

Onde, correnti e ripple marks. Guardate
la superficie della spiaggia (prima che il ba-
gnino l'abbia livellata cancellando ogni forma): sia lontano da riva, sia vicino, sia addirittura sul fondo a qualche metro di profondità, potrete osservare rugosità caratteristiche tutte orientate nello stesso modo. Sono
i *ripple marks*: minuscole dune di sabbia che
si possono formare sia per la spinta del vento
(come le dune grandi) sia per la spinta delle
onde o delle correnti. Le foto alla pagina precedente mostrano come appaiono i *ripple
marks*. Il fatto interessante è che l'orientamento di queste strutture vi può permettere
di riconoscere la direzione in cui si muoveva
la corrente che le ha generate. Se queste
dune hanno i due versanti assolutamente
identici è probabile che si siano formate
per l'azione di flusso e riflusso del moto ondoso in un punto in cui i due movimenti avevano la stessa intensità: vi dovrete accontentare di stabilire che la direzione di flusso e riflusso era perpendicolare all'andamento delle
creste dei *ripple marks*. Il caso piú interessante è invece quello in cui le minuscole dune hanno due versanti diversi: uno piú breve
e scosceso, l'altro piú lungo e dolce. Si può

ancora dire con certezza che la corrente andava dal versante dolce verso quello scosceso.
Notate che questi *ripple marks* si possono riconoscere anche in rocce formatesi milioni di
anni fa: anche in esse è indicato l'andamento
e la direzione delle antiche correnti.

Sullo scoglio. Nelle cavità degli scogli osservate che si formano pozzette colme d'acqua di mare. Se tornate a rivederle dopo qualche giorno di sole vedrete che l'acqua non c'è
piú e al suo posto è rimasto il sale. Potrete in

A fronte: erosione marina presso Maratea.
Sopra: una caverna nella roccia di Capo Caccia,
in Sardegna.
Sulle coste rocciose il mare interviene con un'azione
meccanica e una chimica. L'erosione meccanica è
dovuta soprattutto al moto ondoso. L'azione chimica
è data dai sali disciolti nell'acqua, che possono
indebolire la compattezza di molte rocce. Altre
cavità costiere non sono dovute all'azione del mare;
molte grotte infatti si sono formate in periodi in cui
la costa era emersa e sono dovute ad esempio
all'azione del vento. Esse sono la testimonianza
delle variazioni del livello del mare.

qualche caso osservare anche che il sale si è
depositato sotto forma di grossi cristalli ben
visibili anche a occhio nudo. Avrete cosí scoperto uno dei modi attraverso i quali la costa
si erode e si modifica giorno per giorno: il sale penetra negli interstizi e oltre ad attaccare
la roccia chimicamente, genera cristalli che
spingono sulle superfici delle fratture apren-
dole via via.

Le grotte. Le grotte parzialmente sommerse sono particolarmente interessanti non soltanto per chi si mette la maschera per la prima volta e vuole provare un po' di senso d'av
ventura. In qualche caso le grotte sono soltanto il risultato della violenza con cui il mare ha aggredito la costa in quel punto. Ma per
lo piú, soprattutto se esse si trovano nel
corpo di rocce calcaree e magari sono numerose, significano qualcosa di diverso. Esse sono
frutto di fenomeni di carsismo, cioè di ag-
gressione da parte di acque dolci che le hanno
nel passato parzialmente dissolte. Il carsismo
è un fenomeno che può verificarsi soltanto al
di sopra del livello del mare: le grotte che
voi osservate, dunque, erano un tempo emerse, magari di molti metri sopra il livello del
mare. La presenza delle grotte vi indica dunque che: o quella porzione di costa è andata
via via sprofondando; oppure che il livello
del mare si è innalzato fino a invadere zone
una volta emerse. In genere questi due fenomeni si sovrappongono ed è alquanto difficile distinguerli.

Ricordate comunque che nell'ultimo milione di anni il livello del mare ha subito numerose variazioni. In questo periodo, infatti,
grandi cappe di ghiaccio si sono formate a
ricoprire vaste regioni dei continenti settentrionali: in quei periodi il mare è arrivato ad
essere anche oltre 100 metri piú basso di
quello attuale. In quei periodi le acque sot-
terranee possono aver scavato grotte anche
assai al di sotto dell'attuale livello del mare.
A partire da circa 10 mila anni fa, le cappe
dell'ultima glaciazione hanno cominciato a
sciogliersi e il livello del mare è salito. Le
grotte formatesi in precedenza sono cosí state
invase dall'acqua.

Osservazioni notturne. Diversi fenomeni sono osservabili di notte in relazione al mare e
all'atmosfera: formazione di nubi o foschia,
onde di marea. Si può osservare anche la vita
notturna di molti organismi (luminescenza organica, movimenti di animali sulla spiaggia).

LA VITA NASCE NEL MARE

Nascita della vita

Venne un'epoca in cui la Terra si raffreddò, e i vapori che la circondavano costituendone l'atmosfera si condensarono in pioggia. Quell'atmosfera era molto diversa dalla nostra: inadatta non solo alla vita che conosciamo, ma probabilmente a qualsiasi forma di vita poiché non conteneva ossigeno libero e conteneva invece gas e vapori di composti dell'idrogeno. L'idrogeno che era rimasto disponibile nel nostro pianeta si era infatti per la piú gran parte combinato con il carbonio a formare il metano (CH_4, composto cioè formato da 1 atomo di carbonio, C, e 4 di idrogeno, H), con l'azoto a formare l'ammoniaca (NH_3, 1 atomo di azoto, N, e 3 di idrogeno), con lo zolfo a formare l'acido solfidrico (H_2S, 2 atomi di idrogeno e 1 di zolfo, S), e naturalmente con l'ossigeno a formare l'acqua (H_2O, 2 atomi di idrogeno e 1 di ossigeno). Le enormi masse d'acqua caddero sulla Terra in piogge ininterrotte, per centinaia di milioni di anni, formando i primi oceani, mari e torrenti. Quelle nere nuvole che incombevano, e che quasi non lasciavano giungere sulla Terra i raggi del Sole, erano percorse da immense scariche elettriche ad altissimo potenziale: la luce livida dei fulmini sfolgorava a tratti nell'immensa bufera che imperversava tra le rocce nude. I fulmini fornirono energia alle molecole semplici che vagavano nel diluvio, e le combinarono in molecole piú complesse, che essendo piú pesanti precipitarono sulla superficie terrestre. Si tratta, è evidente, soltanto di un'ipotesi: non è rimasto nessun testimone a raccontarci come sono andate le cose. Ma l'ipotesi si appoggia a un brillante esperimento di laboratorio compiuto da Stanley Miller nel 1953. Egli fece bollire dell'acqua in un pallone e incanalò il vapore verso un altro pallone nel quale era contenuta una miscela di

zuccheri

Nell'atmosfera primordiale abbondavano i composti dell'idrogeno e di pochi altri elementi chimici (ossigeno, azoto, carbonio, zolfo): l'energia dei fulmini combinò le molecole semplici in molecole complesse (tra cui zuccheri, amminoacidi, e basi azotate indispensabili per la vita) che l'azione delle piogge trascinò negli oceani. Tale ipotesi è stata verificata in laboratorio: in una boccia l'atmosfera primordiale è attraversata da una scarica elettrica (i fulmini), mentre dalla boccia contenente acqua (l'oceano primordiale) si levano vapori che poi ricadono in pioggia.

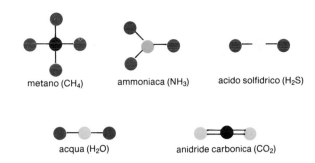

metano (CH$_4$)   ammoniaca (NH$_3$)   acido solfidrico (H$_2$S)

acqua (H$_2$O)   anidride carbonica (CO$_2$)

basi azotate

amminoacidi

scarica elettrica in atmosfera sperimentale

refrigeratore

acqua in ebollizione

trappola

idrogeno, ammoniaca, metano; fece passare per alcuni giorni scariche elettriche attraverso il secondo pallone; il vapore veniva fatto passare per un refrigerante, e l'acqua tornava al primo pallone: dopo il refrigeramento ne venivano prelevati dei campioni per l'analisi. In questo esperimento il recipiente in cui l'acqua bolle può essere considerato "l'oceano primitivo", il recipiente contenente i gas corrisponde all'"atmosfera primitiva", l'acqua che si condensa sotto il refrigerante è "la pioggia": ebbene, l'analisi della "pioggia" dimostrò che in essa erano presenti molecole organiche, cioè molecole costituite di carbonio, idrogeno, ossigeno; tra quelle che si ottengono con l'esperimento di Miller ve ne sono di complesse, note per essere tra i costituenti della sostanza vivente; in natura esse vengono trovate, per l'appunto, solo negli organismi. I risultati di questi esperimenti autorizzano quindi a pensare che quei composti che oggi noi vediamo formarsi soltanto nelle reazioni chimiche che caratterizzano la vita, in un'epoca assai lontana si siano formati invece grazie a processi non vitali.

In centinaia di milioni di anni, circa 1400 milioni di chilometri cubi d'acqua caddero sulla superficie terrestre, evaporarono e caddero di nuovo, e così via, asportando a poco a poco dall'atmosfera, combinati con molecole assai più complesse, tutto il metano e tutta l'ammoniaca e tutto l'acido solfidrico che vi avevano vagato in precedenza. La pioggia era dunque come un brodo leggero che cadeva sulle rocce e, non incontrandovi nulla che lo potesse fermare (l'humus e le radici delle piante, che oggi trattengono l'acqua, a quell'epoca non esistevano), scivolava verso le superfici più basse, cioè verso gli oceani: perciò l'oceano si arricchì lentamente di composti organici, sino a trasformarsi in quella che viene chiamata "la zuppa primordiale".

L'esperimento di laboratorio che abbiamo descritto ha la durata di pochi giorni, ma il grande lavaggio dell'atmosfera ebbe durata lunghissima: questo ci autorizza a pensare che le molecole formatesi grazie ai fulmini abbiano avuto una varietà assai maggiore di quella riscontrata da Miller nelle sue bocce di vetro. Probabilmente vennero a trovarsi, nel mare, tutti i principali costituenti che oggi troviamo nella sostanza vivente: gli zuccheri, i grassi, gli amminoacidi, gli acidi nucleici, i fosfolipidi. Per capire quel che può

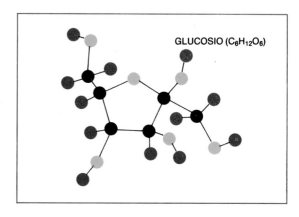

GLUCOSIO (C$_6$H$_{12}$O$_6$)

essere avvenuto in quei tempi lontani, vediamo rapidamente come sono formate queste molecole, e qual è il loro ruolo nella vita degli organismi.

Le molecole indispensabili

Lo zucchero più comune, il glucosio (C$_6$H$_{12}$O$_6$, formato cioè da 6 atomi di carbonio, C, 12 di idrogeno, H, e 6 di ossigeno, O), è la molecola energetica, nel senso che racchiude in sé l'energia che, liberatasi in una delle diverse forme che vedremo, serve agli organismi viventi in tutte le loro funzioni. I grassi sono catene più o meno lunghe formate di atomi di carbonio e atomi di idrogeno, con qualche atomo di ossigeno: possono venire accantonate come scorte e all'occorrenza modificate con l'apporto di ossigeno, trasformate in glucosio e utilizzate come fonte energetica. Gli amminoacidi formano gran parte della sostanza vivente degli organismi animali, mentre negli organismi vegetali sono presenti in concentrazioni assai minori: si tratta di venti molecole costituite di una radice comune alla quale è unita una appendice variabile; la radice comune è formata di un atomo di azoto, due atomi di carbonio, due atomi di ossigeno, quattro atomi di idrogeno, e la catena variabile è legata a uno dei due atomi di carbonio: ci sono quindi venti possibili appendici, formate in un caso dal solo idrogeno, in altri casi da carbonio e idrogeno, ai quali possono aggiungersi l'ossigeno e l'azoto, e talora lo zolfo. Alcuni di questi amminoacidi (la glicina, l'alanina, l'acido glutammico, l'acido aspartico) furono trovati nella boccia di Miller: non è quindi fuori luogo pensare che tutti e venti abbiano potuto formarsi nei cieli pri-

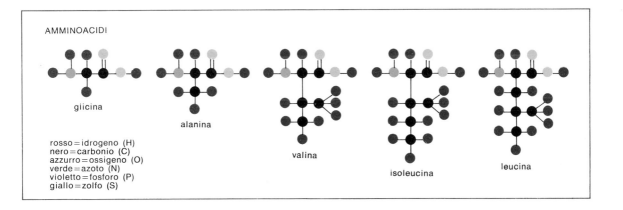

AMMINOACIDI

glicina

alanina

valina

isoleucina

leucina

rosso = idrogeno (H)
nero = carbonio (C)
azzurro = ossigeno (O)
verde = azoto (N)
violetto = fosforo (P)
giallo = zolfo (S)

A fronte: modello della molecola del glucosio.
Per la loro semplicità le molecole degli zuccheri
sono state con ogni probabilità le prime a formarsi.
Sopra: struttura di cinque dei venti amminoacidi
che costituiscono la maggior parte delle proteine.
A destra: disposizione delle molecole fosfolipidiche
stabili. Queste molecole si assestano nell'acqua
in modo tale che tutti i gruppi idrofili ("amanti
dell'acqua") si volgono verso l'acqua, e tutti i gruppi
idrofobi ("che temono l'acqua") ne siano al riparo.
Per l'affiancarsi di molecole che si fronteggiano
con i loro gruppi idrofobi si ha il formarsi
di una membrana.
Sotto: struttura di una complessa molecola lipidica
che è fra i componenti del burro. L'organismo non
può conservare le scorte in forma di zuccheri,
perché gli zuccheri si sciolgono nell'acqua, ma
le molecole di grasso forniscono una scorta di atomi
di carbonio e idrogeno che all'occorrenza vengono
mobilitati e combinati con l'ossigeno per formare
lo zucchero indispensabile come riserva energetica.

GRUPPI FOSFOLIPIDICI STABILI

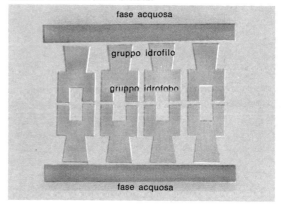

fase acquosa

gruppo idrofilo

gruppo idrofobo

fase acquosa

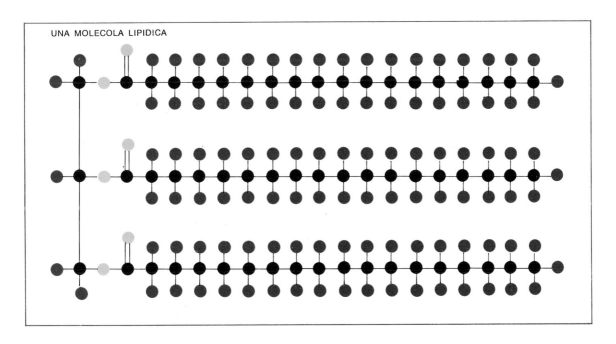

UNA MOLECOLA LIPIDICA

95

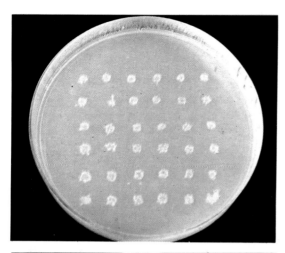

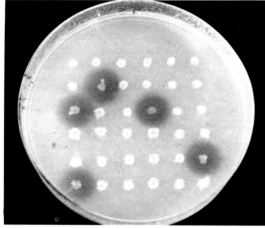

(respinte dall'acqua) a contatto con le estremità idrofobe della prima. A questo punto c'è una doppia membrana, come un wafer: le estremità idrofobe all'interno, ben riparate nei confronti dell'acqua, come la crema; e le due superfici idrofile all'esterno, come i biscotti. La doppia membrana non ha bisogno di galleggiare per mettere in salvo dall'acqua la propria superficie idrofoba, perché l'ha protetta come una crema tra i biscotti. Può quindi permettersi di fluttuare a mezz'acqua: grande vantaggio, perché nel frattempo il grande diluvio è finito, splende il sole, e i suoi raggi, se galleggiasse, potrebbero danneggiarla. La doppia membrana fosfolipidica ha ancora altre proprietà molto importanti: attira a sé gli amminoacidi, e tende a chiudersi come un palloncino. Grazie alle proprietà dei fosfolipidi abbiamo dunque, in una certa fase del processo che dà origine alla vita, dei sacchetti fluttuanti sotto il pelo dell'acqua e contenenti amminoacidi, legati in catene ("polimerizzati") cioè legati in proteine: quei sacchetti sono gli antenati delle cellule, i piú piccoli esseri viventi.

Sacchetti di enzimi, corredi di attrezzi

Che cosa sia accaduto in realtà dentro quei sacchetti, non lo sappiamo; sappiamo che molto probabilmente si sono formati, perché possiamo ripeterne la formazione in laboratorio; e inoltre sappiamo che dove sono raccolte delle proteine possono accadere molte cose diverse e complicate, in quanto molti "enzimi" sono costituiti da catene proteiche. Gli enzimi sono molecole che rendono rapidissime le reazioni chimiche che altrimenti si svolgerebbero in tempi lunghissimi: perciò possiamo pensare che almeno qualcuno di quei sacchetti abbia avuto grandi cariche di enzimi capaci di agevolare reazioni chimiche importanti per la conservazione e l'accrescimento del sacchetto che li conteneva. Per esempio, in qualcuno di quei sacchetti di proteine ci saranno stati gli enzimi capaci di utilizzare lo zucchero sciolto nel mare e penetrato nel sacchetto, al fine di ricavarne energia. Possiamo anche immaginare che i "sacchetti" contenenti gli enzimi necessari per l'impiego energetico dello zucchero hanno avuto lunga durata, e che quelli che non contenevano questo enzima hanno fatto una comparsa fugace e subito si sono disgregati.

mitivi, in processi non vitali ma scatenati dal fulmine. Quanto ai fosfolipidi, molecole preziose negli organismi di oggi come dimostra il fatto che abbondano nei tessuti nervosi, al tempo dei primi passi sulla lunga strada verso la nascita della vita furono preziosi per la loro caratteristica capacità di assumere un particolare orientamento quando sono immersi nell'acqua.

La singola molecola di fosfolipide ha una estremità che viene attirata dall'acqua e una estremità che ne viene respinta; inoltre le molecole hanno tendenza a affiancarsi l'una all'altra. Queste due proprietà fanno sí che un certo numero di molecole fosfolipidiche che si trovano nell'acqua formino una membranella galleggiante: tutti i capi attirati dall'acqua saranno rivolti verso il basso, e tutti i capi respinti dall'acqua saranno rivolti verso l'alto. Ma a questa membranella può addossarsene un'altra, disposta in maniera tale da mettere le proprie estremità "idrofobe"

LA BASE AZOTATA ADENINA LEGATA ALLA CATENA DI ZUCCHERI E FOSFATI

base adenina

do fosforico

zucchero desossiribosio

acido fosforico

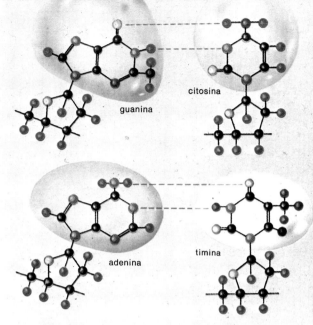

LE QUATTRO BASI AZOTATE E I LORO LEGAMI

guanina

citosina

adenina

timina

A fronte: colonie batteriche in una gelatina a base di zucchero che solo alcune di esse metabolizzano (cioè trasformano in altre molecole) grazie ai propri enzimi, formando intorno a sé i tipici aloni rossi. Sopra e a destra: le basi azotate si susseguono in varie combinazioni lungo le catene di zuccheri e fosfati, e ogni catena è fronteggiata da un'altra, in modo che le basi azotate si leghino come nel disegno.

Possiamo ancora immaginare che qualche sacchetto si sia colmato non solo delle proteine che costituivano gli enzimi capaci di utilizzare lo zucchero, ma di altre proteine utili nelle funzioni piú svariate; infatti nell'organismo pluricellulare moderno, per esempio nell'organismo umano, troviamo una grandissima varietà di proteine nelle funzioni piú diverse: proteine che costituiscono la sostanza ossea, proteine che costituiscono le fibre muscolari, proteine come l'emoglobina che mettono i globuli rossi del sangue in grado di catturare l'ossigeno dell'aria e di cederlo alle cellule di tutto l'organismo... Dunque ci sarà stato qualche sacchetto particolarmente fortunato, colmo di proteine utilissime. Ma come avrà fatto a dotarsene? È già una cosa molto notevole che nell'acqua marina si trovassero tutti gli anelli necessari per "montare" le catene proteiche, ma non si può pensare che esistessero le catene già confezionate. Ci sarà stato dunque, nel sac-

chettino, una catena di montaggio per montare le catene proteiche. Quale sarà stata questa catena di montaggio? Come avrà funzionato?

Non lo sappiamo, ma sappiamo invece come funziona la "catena di montaggio" che dà alle cellule degli organismi moderni la capacità di ricevere amminoacidi e di fabbricare proteine. La catena di montaggio è costituita dall'acido ribonucleico, un nastro formato di zuccheri e fosfati a cui sono attaccate delle "basi azotate": le basi azotate sono di quattro tipi, e ogni gruppo di tre basi azotate "chiama" un particolare amminoacido. Ecco dunque che una serie di trenta basi azotate "chiama" dieci amminoacidi, e questi si legano fra loro costituendo una proteina. È molto probabile che anche i sacchetti di fosfolipidi contenessero al loro interno gli acidi ribonucleici, come attrezzi specializzati per il montaggio delle diverse catene proteiche che occorrevano. Se l'insieme funzionava bene, il sacchetto e il suo contenuto andavano accrescendosi: ma non certo all'infinito! A un certo punto saranno intervenute delle suddivisioni.

Nella suddivisione in due di un sacchetto, poteva accadere qualcosa di negativo: se una parte degli acidi ribonucleici, cioè degli attrezzi per fabbricare proteine, andava a finire in uno dei due sacchetti, e l'altra nell'altro, entrambi si ritrovavano con una dotazione parziale, e quindi insufficiente. Moltissimi dei piccoli congegni ammirevoli, con le loro membrane e le loro proteine di varia natura e funzione, e i loro attrezzi per la fabbricazione delle proteine, saranno andati perduti cosí... Ma ci fu almeno qualche caso in cui questo non avvenne, perché il processo si era complicato in maniera da salvaguardarsi. Possiamo avere un'idea di quel che dev'essere accaduto, considerando ancora una volta quel che accade nelle cellule che osserviamo con i nostri microscopi: per fabbricare gli acidi ribonucleici esse si servono di un altro attrezzo, l'acido desossiribonucleico, che funziona "a stampo" ed è differente dall'acido ribonucleico per il tipo di zucchero (e per un particolare di una delle quattro basi). Il meccanismo "a stampo" funziona in questo modo: delle quattro basi due sono formate di un anello solo, e due sono formate di due anelli; inoltre, due hanno un gruppo carbonio-ossigeno, e due hanno un gruppo idrogeno-azoto-idrogeno; una base di un anello solo con un gruppo carbonio-ossigeno "chiama" una base a due anelli col gruppo idrogeno-azoto-idrogeno, e viceversa, mentre una base a un anello col gruppo idrogeno-azoto-idrogeno "chiama" una base a due anelli col gruppo carbonio-ossigeno, e viceversa. Avere un filamento di acido desossiribonucleico, o DNA, con le quattro basi che si succedono, significa avere un attrezzo che "chiama" le basi in un certo ordine: si formerà quindi un filamento di acido ribonucleico, RNA, di una determinata fisionomia. Avere un filamento di DNA significa dunque avere un attrezzo per fabbricare un filamento di RNA, e il filamento di RNA è a sua volta un attrezzo per la fabbricazione delle proteine.

Tutto questo sembrerebbe una complicazione inutile, se non fosse per una proprietà singolarissima del DNA, una capacità che nessun'altra molecola conosciuta possiede: la proprietà di riprodursi. Il DNA si riproduce in questo modo: il suo filamento capace di produrre RNA, quando non è impegnato nella produzione "a stampo" di RNA, sta unito a un altro filamento di DNA, ad esso complementare: cioè costituito di basi azotate in modo tale che a una base con due anelli del primo filamento corrisponde una base con un solo anello del secondo filamento, a una base col gruppo carbonio-ossigeno

del primo filamento corrisponde una base col gruppo idrogeno-azoto-idrogeno del secondo filamento. Se i due filamenti del DNA si separano, ciascuno dei due "chiama" le basi azotate in maniera tale da costituire un nuovo filamento complementare a se stesso. In questo modo, da una coppia di filamenti nascono, dopo la separazione, due coppie di filamenti.

Macchina utensile che si riproduce

Il sacchetto nel quale, per la prima volta, si era impiantato questo complicato meccanismo, si trovò a possedere un oggetto straordinario, e cioè un attrezzo (DNA) capace non solo di produrre attrezzi per la fabbricazione di proteine (RNA) ma capace, per di piú, di duplicarsi, cioè di ri-prodursi. Se il sacchetto che aveva conquistato questa nuova capacità aveva un insieme di proteine bene assortito, tale cioè da assicurarne – in confronto agli altri – piú lunga conservazione, ecco che la capacità di riprodurre la propria attrezzatura gli permetteva di dare luogo a due sacchetti con la medesima preziosa dotazione, cioè con un valido attrezzo per la fabbricazione di attrezzi e quindi per la produzione di proteine che ne avrebbero assicurato lunga crescita (lunga, almeno, in confronto a quella degli altri).

A questo punto, è chiaro, possiamo dire che con l'acquisizione del DNA, cioè della capacità, in un'unica molecola, di orientare indirettamente (attraverso l'RNA) la produzione di proteine, e anche di riprodurre se stessa, ha avuto inizio la vita; quel sacchetto di acqua e proteine raccolte in una membrana di fosfolipidi, possiamo chiamarlo "cellula vivente". Ma dobbiamo sottolineare che la storia che abbiamo raccontato non ha prove, ha solo molti indizi: mentre le primissime fasi, quelle della "zuppa primordiale", possono trovare qualche verifica in laboratorio, le fasi successive, quelle che dalla "zuppa primordiale" conducono alla prima cellula vivente, possiamo soltanto *immaginare* come si siano svolte. L'ipotesi è fondata sullo studio delle cellule viventi quali sono oggi, ma la sicurezza che esse si siano presentate sulla scena nel modo che abbiamo tratteggiato, e che la prima fase della loro evoluzione e la prima acquisizione della capacità di riprodursi si siano svolte cosí, questa sicurezza non possiamo averla.

Una rappresentazione schematica della molecola dell'acido desossiribonucleico (DNA); a sinistra si vede la molecola completa, costituita dalle due catene di zuccheri e fosfati, tra le quali le basi azotate appaiono come gradini di una scala a pioli avvolta a elica: la base rappresentata da una tessera esagonale (ad esempio timina o citosina) è sempre legata a una base rappresentata da due tessere, una esagonale e una pentagonale (ad esempio adenina o guanina). A destra, le due catene si separano, ciascuna di esse rimane dotata di basi azotate, pentagonali o esagonali, che fluttuano prive delle rispettive basi complementari. Ma poiché nell'ambiente (il nucleo della cellula) fluttuano i nucleotidi (basi legate a un frammento di catena zucchero-fosfati), ciascuna delle basi legate a uno dei montanti della "scala a pioli" trova la base complementare e le si lega. Cosí, di fronte a ciascuna delle catene iniziali si forma un'altra catena, e da un "scala a pioli" se ne formano due. La duplicazione del filamento di DNA è il fenomeno che sta alla base della riproduzione delle cellule.

Le prime cellule viventi

Le prime cellule viventi erano probabilmente insediate sotto il pelo dell'acqua, nella fanghiglia dei litorali, in pozzanghere che quando non venivano spazzate dalle acque offrivano un riparo dai venti e, sotto i raggi del Sole, lasciavano evaporare l'acqua trasformando la zuppa primordiale in un concentrato. Le cellule viventi si nutrivano degli amminoacidi contenuti in quel brodo per costruire le proprie proteine, e del glucosio per procurarsi energia. Per ricavare energia dal glucosio lo scindevano in anidride carbonica (CO_2) e acido butirrico, oppure in anidride carbonica e alcool etilico. Anche oggi esistono cellule che compiono quest'operazione: il bacillo della peste bovina, e i microrganismi che macerano le fibre di canapa e di lino immerse nell'acqua, seguono il processo della fermentazione butirrica, mentre i lieviti della fermentazione alcolica, nella produzione del vino e della birra, liberano, oltre all'anidride carbonica, alcool etilico. Persino nelle nostre cellule avviene qualche fenomeno di questo tipo. Quando diciamo che "il mosto bolle", ci riferiamo al fatto che durante la produzione dell'alcool vi si aprono delle bolle, anche se non raggiunge temperature elevate: quelle bolle sono di anidride carbonica, che si libera nell'aria: ebbene, a quel tempo il mare "bolliva" per effetto delle fermentazioni nelle quali le cellule viventi traevano energia dal glucosio. Nell'aria l'anidride carbonica si aggiungeva a quella che erompeva dai vulcani, e si formava cosí un'atmosfera diversa.

Una crisi brillantemente risolta

Il processo durò a lungo, tanto che l'utilizzazione di tutto il glucosio disponibile diede luogo a quantità enormi di anidride carbonica. Ma venne il momento in cui il glucosio cominciò a scarseggiare: in quella "crisi di materie prime" le cellule viventi probabilmente morirono quasi tutte. Fu, con ogni probabilità, un vero cataclisma. Si salvarono le cellule piú fortunate, che seppero elaborare un metodo per fabbricarsi lo zucchero da sole, servendosi dell'energia solare. Questa capacità di fabbricare il glucosio partendo dall'anidride carbonica e dall'acqua, materie prime che abbondavano, si chiama "fotosintesi", ed è dovuta alle proprietà di particolari enzimi, tra i quali il piú noto e diffuso è la clorofilla delle piante. Durante la fotosintesi l'anidride carbonica (CO_2) si combina con l'acqua (H_2O) per dare luogo a glucosio ($C_6H_{12}O_6$) e ossigeno (O_2), secondo la seguente reazione chimica: 6 molecole di anidride carbonica + 6 di acqua + energia = glucosio + ossigeno; la reazione, scritta come la scriverebbe un chimico, risulta:

$$6\ CO_2 + 6\ H_2O + energia \rightarrow$$
$$\rightarrow C_6H_{12}O_6 + 6\ O_2$$

Il procedimento era molto vantaggioso non solo in quanto metteva a disposizione delle cellule viventi il glucosio, ma anche in quanto metteva a loro disposizione l'ossigeno: e l'ossigeno permise di utilizzare il glucosio non piú attraverso i processi fermentativi, bensí attraverso il processo ossidativo della respirazione, secondo l'equazione:

$$C_6H_{12}O_6 + 6\ O_2 \rightarrow$$
$$\rightarrow 6\ CO_2 + 6\ H_2O + energia$$

che significa: una molecola di glucosio piú

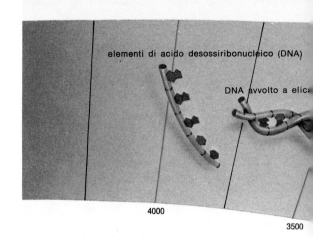

elementi di acido desossiribonucleico (DNA)

DNA avvolto a elica

4000

3500

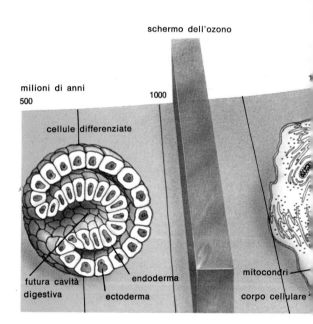

schermo dell'ozono

milioni di anni
500

1000

cellule differenziate

futura cavità digestiva

endoderma

ectoderma

mitocondri

corpo cellulare

sei molecole di ossigeno ci dà sei molecole di anidride carbonica piú sei molecole di acqua, piú energia.

L'energia che si può ricavare dal glucosio mediante la respirazione è assai maggiore di quella che si può ricavare mediante le fermentazioni, ma il vantaggio principale del procedimento è il fatto che è ciclico: non consuma le scorte ma le ricicla, utilizzando l'energia solare. E l'energia solare non si consuma: durerà quanto durerà il Sole.

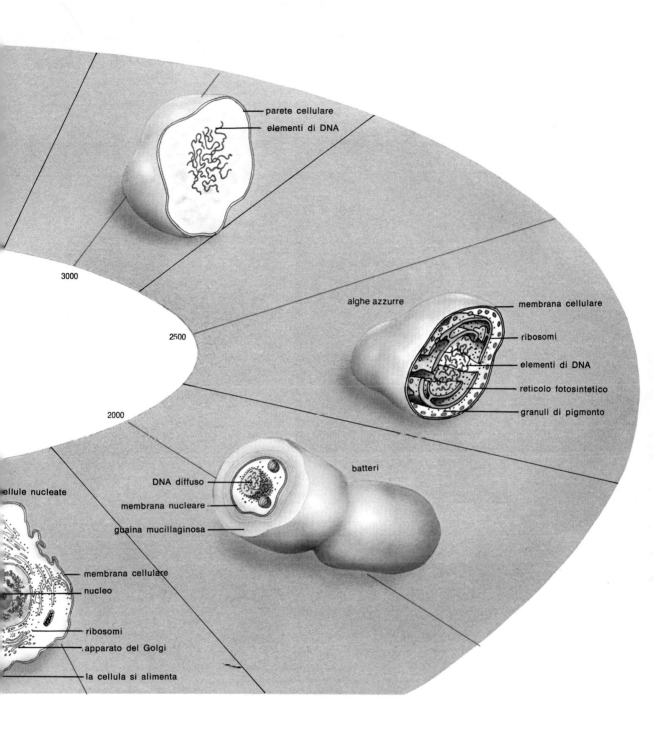

parete cellulare
elementi di DNA

3000

2500

2000

alghe azzurre

membrana cellulare
ribosomi
elementi di DNA
reticolo fotosintetico
granuli di pigmonto

batteri

DNA diffuso
membrana nucleare
guaina mucillaginosa

ellule nucleate

membrana cellulare
nucleo
ribosomi
apparato del Golgi
la cellula si alimenta

I momenti fondamentali dell'evoluzione della vita, a partire da una fase databile a circa 4 miliardi di anni fa: dalla catena di nucleotidi alla catena di DNA, alle cellule primitive (alghe e batteri) prive di un nucleo delimitato. Piú tardi comparvero la cellula nucleata e i piú semplici organismi pluricellulari. L'attività delle cellule fotosintetiche (alghe azzurre, poi unicellulari nucleati) modificò l'atmosfera immettendovi ossigeno, e in tale atmosfera si formò, per l'apporto energetico fornito dalla radiazione solare, un mantello esterno di ozono, che filtrando gli ultravioletti protesse gli organismi viventi da un loro eccesso che poteva essere dannoso e distruttivo.

101

I VEGETALI MARINI

Coraggiosi pionieri, le alghe azzurre

È probabile che molte delle alghe che ancora oggi pullulano nei mari assomiglino alle prime cellule viventi che seppero superare la difficoltà dell'esaurimento delle scorte di zucchero. Le alghe piú primitive, cioè piú simili agli organismi primitivi, sono le alghe azzurre: il colore verde della clorofilla è mascherato dai pigmenti colorati, che nella maggior parte dei casi è azzurro ma che può essere anche rosso, giallo, bruno. Il Mar Rosso deve il proprio colore alla grande abbondanza di alghe "azzurre" di colore rosso: nel linguaggio degli specialisti di biologia marina, il nome "alga azzurra" indica alghe che per la loro struttura e per la ricchezza di pigmenti sono simili alle alghe azzurre, anche se hanno diverso colore.

L'alga azzurra si trovò, quando era (si suppone) il solo organismo vivente del nostro pianeta, a dover affrontare non solo il problema dell'esaurimento delle scorte di glucosio, ma anche quello dell'esaurimento delle scorte di amminoacidi. Risolse il problema del glucosio, cioè dell'energia, con la clorofilla che la mise in grado di effettuare la fotosintesi. Ma risolse anche il problema degli amminoacidi. Essi non arrivavano piú dal cielo, come la manna, però nell'aria si era immagazzinata una grande quantità di azoto libero: le alghe azzurre impararono a catturarlo e a combinarlo con il carbonio, l'idrogeno, l'ossigeno, per fabbricare gli amminoacidi da organizzare in proteine. È una proprietà che molte di esse, insieme ad alcune specie batteriche, possiedono ancora.

Se si osservano le singole cellule di alghe azzurre, o le alghe azzurre unicellulari, non si scorgono differenze rilevanti rispetto ai batteri: in un certo senso le alghe azzurre *sono* batteri, per il tipo di membrana che le

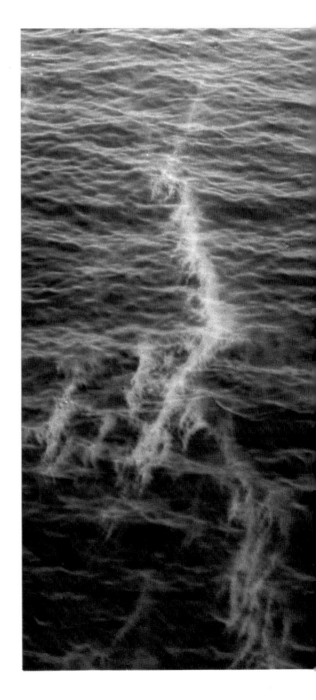

Sotto, a sinistra: il Mar Rosso. Esso deve il suo
caratteristico colore a un'alga che possiede la stessa
struttura delle alghe azzurre: gli organismi
unicellulari, privi di nucleo definito, indicati con
questo nome sono, nel linguaggio scientifico, detti
cianofite ("piante azzurre") o cianoficee ("alghe
azzurre"), possono infatti essere dotati di pigmenti
di colore vario (anche rosato o brunastro).
Sotto: la struttura fondamentale dell'alga azzurra.
In basso: *Oscillatoria* (250 ingrandimenti). I lunghi
filamenti di questa cianofita sono colonie di
individui tutti uguali che hanno la tipica struttura
dell'alga azzurra.

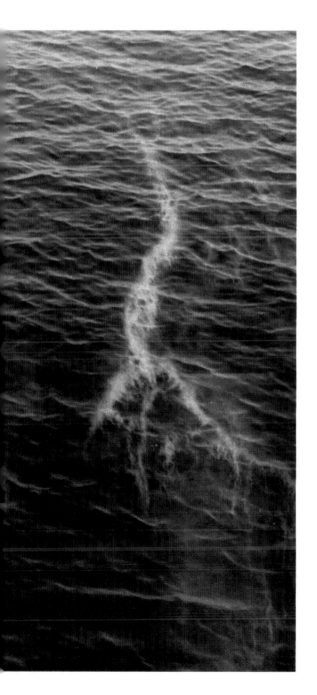

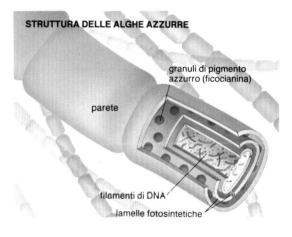

STRUTTURA DELLE ALGHE AZZURRE

granuli di pigmento
azzurro (ficocianina)

parete

filamenti di DNA

lamelle fotosintetiche

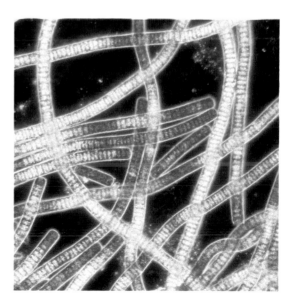

avvolge e per il fatto che il loro corpo cellulare non è organizzato; è una masserella nella quale sono sparsi casualmente, piuttosto alla periferia che al centro, la clorofilla, i pigmenti, gli acidi nucleici, insomma tutte le molecole che compongono il corpo microscopico dell'alga. Vi sono alghe azzurre caratterizzate, come i batteri, dal fatto che ognuna di esse è separata dalle altre: vagano alla mercé delle correnti, e perciò si dice che fanno parte del plancton (da una parola greca che significa, appunto, "vagante"): una massa di vita invisibile che fluttua negli oceani. Altre alghe azzurre hanno invece una forma che evoca le forme dei vegetali superiori: filamenti lunghi anche piú di un metro che ricordano le erbe della terraferma. Solo l'esame microscopico rivela che, mentre i fili d'erba della terraferma sono formati da cellule differenziate e organizzate, i filamenti di *Oscillatoria* sono costituiti di cellule tutte uguali. Sono come colonie batteriche addensate in una gelatina colorata, in forma filamentosa: ma poiché non sono differenziate nella forma, non possono essere differenziate nemmeno nelle funzioni. Non hanno quindi un rapporto di collaborazione, come le cellule del filo d'erba, ma un semplice rapporto di vicinanza.

Alghe dorate, le splendide diatomee

Le alghe azzurre, capaci di adattarsi agli ambienti piú disparati, invasero sempre piú grandi masse oceaniche; le loro forme microscopiche, planctoniche, andarono incontro, a un certo momento, a un processo evolutivo dal quale ebbero origine alghe unicellulari molto piú complesse. Si tratta delle euglene, che però si trovano oggi solo nelle acque dolci e non nel mare, e inoltre delle crisofite e delle pirrofite, che invece popolano i mari. La parola "crisofita" significa "pianta dorata": infatti molte alghe che fanno parte di questo gruppo sono dorate. Appartengono a questo gruppo anche le splendide diatomee, che al microscopio rivelano grande varietà e bellezza di forme. I giacimenti di "farina fossile" in terraferma sono la testimonianza dell'antica presenza del mare: la "farina" è costituita dai microscopici gusci silicei.

La riproduzione delle diatomee è un processo molto singolare, e deve la propria singolarità proprio alle caratteristiche del guscio. Il guscio di diatomea, quale che sia la sua

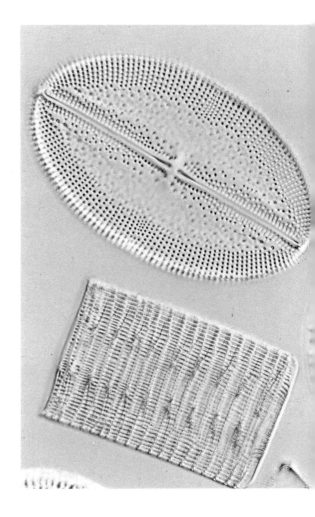

Sopra: diatomee (600 ingrandimenti) alghe unicellulari dall'impalcatura di silice.
Sotto: colonie di *Volvox*, formate da piú cellule che presentano differenziazioni e specializzazioni.
A fronte: la *Noctiluca*, unicellulare luminescente.

forma, quali che siano i disegni bizzarri e eleganti che lo decorano, ha sempre lo schema di una scatola da scarpe col coperchio, cioè di due valve di cui l'una, piú piccola (la "scatola"), si incontra con la piú grande (il "coperchio") i cui bordi la abbracciano. Quando la diatomea si riproduce, cioè si divide, le due valve si separano, e dei due "figli" ognuno riceve una valva della "madre", e l'altra se la fabbrica da sé. Però la valva ereditaria fa sempre da coperchio: o meglio, la valva che ogni individuo si fabbrica da sé è in ogni caso piú piccola di quella ereditaria, e vi si incastra come la scatola sotto il coperchio. Quello che eredita il coperchio si fabbrica la scatola, e cosí conserva le dimensioni originarie. Ma chi eredita la scatola, e l'adopera come coperchio, fabbricherà una scatola piú piccola della scatola originaria; alla successiva generazione, uno dei figli sarà costretto a fabbricarsi una scatola piú piccola ancora, e cosí via, fino al raggiungimento di dimensioni cosí piccole da essere incompatibili con la vita. A quel punto le diatomee piccole piccole si decidono a reagire e a cominciare una nuova vita: due di esse buttano via entrambe le valve, rimangono individui nudi che si fondono in un individuo unico, grande e forte (sulla scala delle diatomee, si capisce!) che si fabbrica tutt'e due le valve, la scatola e il coperchio, nelle dimensioni piú ampie di cui la sua specie è capace. Si ha dunque una serie di riproduzioni asessuate, e periodicamente una riproduzione sessuata (del resto una qualche forma di sessualità si ha anche nei batteri, con la trasmissione da un individuo all'altro di DNA). Dai forellini del guscio le diatomee fanno fuoruscire fibrille che si contraggono, e in tal modo riescono a spostarsi.

Alghe giallo-brune

Le pirrofite, o alghe giallo-brune, sono anch'esse unicellulari: la classe principale delle alghe giallo-brune è costituita dai dinoflagellati, che hanno una corazza costituita di cellulosa, e due "flagelli" che permettono loro una buona mobilità. Alcuni dinoflagellati sono rossi, ed emettono una sostanza velenosa: quando si riproducono molto rapidamente provocano il fenomeno dell'"acqua rossa" nella quale il loro veleno fa strage di pesci. Altri dinoflagellati sono luminescenti: la fosforescenza del mare è dovuta appunto ai banchi di *Noctiluca*.

Le alghe giallo-dorate e le alghe giallo-brune si differenziano dalle alghe azzurre per la maggiore complessità del corpo cellulare: vi si riconosce un nucleo nel quale sono raccolti gli acidi desossiribonucleici (DNA) e perciò sono chiamate "eucarioti" (mentre le alghe azzurre sono "procarioti" nel senso che nacquero "prima del nucleo", prima che il nucleo cellulare sapesse acquistare una propria fisionomia), e vi si riconoscono "organelli" cellulari, come i flagelli. Anche la clorofilla vi compare raccolta e ordinata in plastidi, come file di monete: sembra che i plastidi – nelle alghe eucarioti come in tutti i vegetali eucarioti, fino alle piante superiori – non siano altro che alghe azzurre. Sembra cioè che il passaggio dalla cellula procariote alla cellula eucariote sia consistito nell'associazione di entità semplici in una entità complessa, nella quale ciascuno fa un lavoro specializzato al servizio della piccola comunità. Anche la respirazione pare sia compito di cellule procarioti che sono andate a far parte della cooperativa: si tratterebbe di batteri. I discendenti delle alghe azzurre sono presenti in tutti gli organismi che praticano la fotosintesi, cioè in tutti gli organismi vegetali, mentre i discendenti dei batteri cui venne delegata la respirazione sono presenti in tutti gli organismi che respirano, cioè anche negli animali, in forma di organelli cellulari che si trovano in tutte le cellule, i "mitocondri".

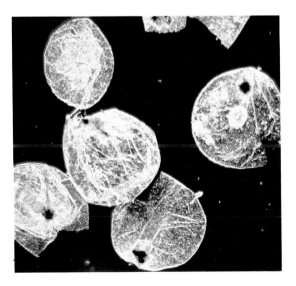

Sopra: un'alga verde pluricellulare, il *Codium*. Negli individui esistono molti nuclei, ma la separazione dei corpi cellulari è osservabile solo quando la maturazione dei nuclei delle cellule riproduttive ne dimezza il patrimonio cromosomico.
A fronte: alghe brune pluricellulari (*Macrocystis*) raccolte nelle acque della Terra del Fuoco.

Le praterie marine: alghe pluricellulari

Un successivo scalino di complessità, ed ecco che dall'alga eucariote unicellulare si passa all'alga eucariote pluricellulare. Sono le alghe verdi, brune, rosse, che nelle associazioni più primitive costituiscono la *Pandorina* o il *Volvox*: colonie che si distinguono dalle colonie di alghe azzurre non solo per le caratteristiche del singolo elemento, che invece di essere procariote è eucariote, ma anche per i rapporti che non sono di semplice vicinato ma più intimi, con filamenti che uniscono un corpo cellulare all'altro e con una iniziale specializzazione di funzioni: in *Eudorina* e in *Gonium* le cellule di un polo sono capaci di riprodursi e dare origine a un'altra colonia, le cellule del polo opposto no.

In certe alghe di questo tipo i filamenti tra un corpo cellulare e l'altro sono cosí voluminosi che si può dire, persino, che l'alga sia formata di un'unica cellula con molti nuclei, di grandissime dimensioni: tale è la *Valonia* dei mari tropicali, che raggiunge le dimensioni di un uovo di gallina; tale è il *Codium*, presente anche nel Mediterraneo, che negli oceani può raggiungere persino la lunghezza di sette metri: la lunghezza massima possibile per un'alga verde. Vi sono alghe verdi pluricellulari eucarioti che non raggiungono le dimensioni del *Codium* che può essere considerato unicellulare (o, almeno, può essere considerato una transizione tra l'unicellulare e il pluricellulare, perché il corpo cellulare è unico, ma i nuclei sono molteplici e distinti).

Ci sono poi le alghe rosse (ma cerchiamo di riordinare le idee in questo guazzabuglio di denominazioni! Esistono le alghe azzurre, unicellulari procarioti, delle quali alcune sono rosse; ci sono le alghe giallobrune, unicellulari eucarioti, e anche fra esse si trovano alghe di colore rosso; quelle di cui parliamo qui sono alghe eucarioti pluricellulari, che sono normalmente rosse e quindi sono le uniche a portare il titolo a buon diritto). Per lo più sono costituite di filamenti anche intricati, crescono attaccate alle rocce ramificandosi. Alcune di esse si rivestono di incrostazioni di carbonato di calcio: sono le alghe coralline, che hanno un ruolo molto importante nella formazione delle barriere coralline degli atolli dei mari del Sud.

La maggior parte delle grandi alghe dei nostri mari appartiene al gruppo delle alghe brune: possono raggiungere grandi dimensioni e complessità di forme, tanto da assomigliare alle piante terrestri formando fitte foreste e grandi praterie. La loro struttura è più semplice di quella delle piante terrestri in quanto vivono nell'acqua e perciò non hanno bisogno dell'apparato che hanno le piante terrestri per far giungere l'acqua dalle radici alle foglie; tuttavia il grande volume impone una certa organizzazione strutturale, per distribuire a tutte le parti del grande corpo il glucosio che viene sintetizzato nelle parti illuminate dal Sole. Sono alghe brune i sargassi, che in una regione tropicale dell'Oceano Atlantico formano la grande prateria galleggiante del Mar dei Sargassi. *Macrocystis* e *Nereocystis*, altre alghe brune, hanno rami e fronde lunghi fino a sessanta

metri. Quando le alghe sono cosí volumi-
nose arrischiano di accasciarsi sul fondo, ri-
nunciando all'illuminazione solare; nei sargassi c'è un curioso dispositivo che "tira"
tutta la pianta verso l'alto: è un sistema di
palloncini pieni d'aria.

La riproduzione sessuale

Nelle alghe pluricellulari eucariote, per esempio nel *Codium*, la riproduzione sessuale assume il significato che avrà poi in tutta la successiva evoluzione vegetale e animale: quello di
garantire la piú grande variabilità della specie,
cosí che in situazioni ambientali diverse ci siano sempre – piú esattamente: con la massima
probabilità – individui capaci di adattarvisi e
di sopravvivere.

Il sesso garantisce la massima variabilità col
meccanismo della "doppia informazione": o-
gni carattere ereditario dipende da due informazioni, l'una paterna e l'altra materna; le
due informazioni possono sommarsi (come
avviene per la maggior parte dei caratteri della
nostra specie, per esempio se si eredita il carattere "statura alta" sia dal padre che dalla
madre si avrà, probabilmente, una statura piú
alta di quella dei genitori); in altri casi un'informazione predomina sull'altra (per esempio,
se si eredita da uno dei genitori l'informazione
"gruppo sanguigno 0" e dall'altro l'informazione "gruppo A", quest'ultima predomina e
il figlio sarà di gruppo A).

Le informazioni sono raccolte, come abbiamo già visto, nel filamento del DNA che,
quando è molto abbondante per la grande
quantità di specificazioni, di indicazioni, si
aggomitola su se stesso a formare i geni e i
cromosomi. "Doppia informazione" significa
doppia quantità di DNA. Se nella fusione
degli elementi sessuali (l'uovo e lo spermatozoo) ciascuno di essi portasse tutto il DNA
dell'organismo genitore, il figlio avrebbe una
quantità di DNA doppia, e il nipote una
quantità quadrupla rispetto a quella della
generazione originaria. Si verificherebbe cioè
un fenomeno simile e opposto a quello delle
diatomee: nelle diatomee un progressivo rim-
picciolirsi dei gusci, qui un progressivo aumentare del volume dei nuclei cellulari. Si
rimedia all'inconveniente attraverso uno stra-
tagemma: nella maturazione delle cellule sessuali si verifica un dimezzamento del patrimonio di DNA: la cellula femminile (l'uovo) e la
cellula maschile (lo spermatozoo) maturano

attraverso un processo di meiosi, con una riduzione che dimezza il patrimonio cromosomico
(naturalmente non a casaccio, bensí lasciando,
per ciascuna caratteristica, "una" informazione invece di due). Nella fecondazione i due
nuclei si fondono, e si ricostituisce il patrimonio tipico della specie: la variabilità è assicurata senza aumento del DNA contenuto nei
nuclei cellulari.

Un meccanismo cosí bene adattato alle
necessità di sopravvivenza delle specie ha un
presupposto: la molteplicità delle cellule e la
loro differenziazione, cosí che una particolare
dinastia di cellule, quelle destinate a diventare
cellule seminali, vada incontro a un processo
di riduzione che non coinvolge le altre cellule
dell'organismo. Ebbene, il meccanismo è presente in tutta la sua raffinatezza già nel
Codium, organismo cosí primitivo che, come
abbiamo visto, sta al limite tra l'unicellulare e
il pluricellulare: la pluricellularità è cosí evidentemente legata al meccanismo della riproduzione (nei suoi aspetti di riduzione del cor-
redo di DNA, per i quali è indispensabile) che
in fase riproduttiva, e solo in questa fase, la
massa del *Codium* si suddivide in cellule vere e
proprie, a pareti ben definite.

GLI ANIMALI MARINI

I protozoi:
foraminiferi e radiolari

Tra i flagellati, organismi unicellulari eucarioti muniti di clorofilla, alcuni persero la clorofilla e quindi la capacità di fotosintesi; persero cioè l'autotrofismo, parola che indica la capacità di farsi da mangiare da sé. Probabilmente la maggior parte di questi flagellati per cosí dire "minorati" morí: ma altri sopravvissero in quanto diventarono eterotrofi (capaci di mangiare ciò che è stato preparato da altri) e si trasformarono in predatori. Perciò i flagellati si dividono in fitoflagellati, autotrofi, fotosintetici, e zooflagellati, eterotrofi al pari degli animali, che si nutrono dei fitoflagellati. Predatori e prede (insieme ad animaletti e a larve) vagano insieme nel plancton. Gli organismi unicellulari eucarioti incapaci di fotosintesi sono detti protisti protozoi, cioè "primi animali": le acque marine sono popolate di questi esserini microscopici, di forme tanto complesse che è veramente meraviglioso possano venire realizzate da una unica cellula. I piú belli sono i foraminiferi e i radiolari: i foraminiferi vivono anche sul fondo, e alcuni si fabbricano gusci suddivisi in camere di dimensioni crescenti, spesso disposte a spirale, che assumono la forma di un piattino o monetina, tanto da essere chiamati "nummuliti", monetine larghe fino a due centimetri. Si sono succeduti in tali quantità da generare formazioni rocciose: le pietre di cui sono state costruite le piramidi d'Egitto sono appunto rocce di foraminiferi. Anche i radiolari hanno un guscio durissimo, che si prolunga in minuscole spadine. Foraminiferi e radiolari sembrano avere raggiunto il massimo di complessità che un organismo unicellulare possa raggiungere. Complessità maggiori gli organismi eterotrofi avrebbero potuto acquistarle solo associandosi in organismi pluricellulari.

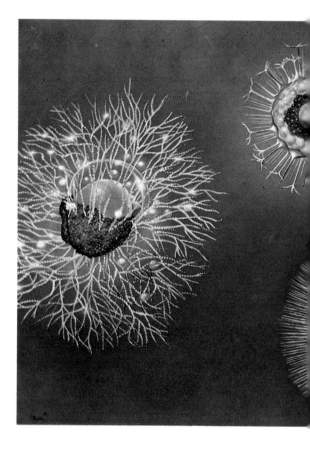

I parazoi: le spugne

Un organismo pluricellulare tra i piú semplici, nell'ambito di quelli sprovvisti di fotosintesi, cioè nell'ambito animale, è costituito dalle spugne, o poriferi, che in passato venivano anche considerate vegetali in quanto sono sessili, cioè non sono dotate di capacità di movimento. La struttura di una spugna è quella di un aggregato di bicchierini: l'acqua contenente i materiali nutritivi entra nel bicchierino attraverso i pori delle pareti, e fuoriesce dalla boccuccia. Questa disposizione è assicurata da cellule differenti per forma e per funzione, che collaborano tra

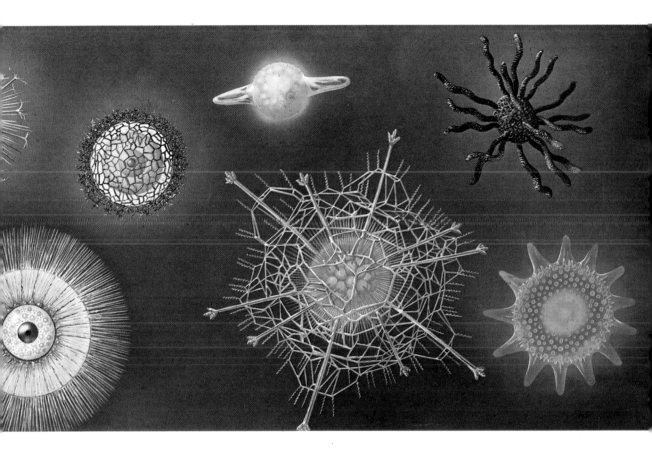

loro. Alcune delle cellule, quelle che tappezzano i canalini e le cavità in cui la spugna è suddivisa, sono in tutto simili a certi protozoi, i coanoflagellati. Il che autorizza alcuni a pensare che la spugna forse deve essere considerata non come un individuo complesso ma come una colonia di individui semplici. Del resto non c'è opposizione tra le due interpretazioni: all'organismo complesso si arriva, quasi certamente, attraverso la colonia di organismi semplici. L'ipotesi che si tratti di colonie si basa anche su altre considerazioni: in primo luogo ogni cellula della spugna è capace di trarre alimento diretta-

109

mente dalle particelle alimentari che le arrivano, senza bisogno che esse vengano prima elaborate da cellule specializzate; in secondo luogo si possono prendere delle spugne (individui diversi della medesima specie) e farne una specie di passato filtrandolo attraverso una garza sottile, col risultato che il "passato" dà origine a un nuovo individuo.

Individui diversi della medesima specie che crescano a contatto diretto si fondono in un individuo di forma e dimensioni anomale: anche questo conferisce alle spugne una grande varietà di forme. Grande è anche la varietà dei colori, giallo o rosso, o rosa con luminescenze viola e verdi. Eliminano le scorie azotate degli amminoacidi in forma di ammoniaca, che non le danneggia perché si diluisce immediatamente nell'acqua. Crescono anche fino a cinquant'anni di età, epoca nella quale possono raggiungere il diametro di un metro. Si riproducono sessualmente: alcune specie hanno individui a sessi separati, in altre specie un individuo porta entrambe le cellule seminali, uovo e spermatozoo. Le uova vengono trattenute nel corpo materno, e ivi sono raggiunte dagli spermatozoi dispersi nell'acqua. Le spugne costituiscono un "ramo laterale" dell'evoluzione animale: acquistarono le forme attuali circa un miliardo di anni fa, e le conservarono press'a poco immutate. Né sembra che qualche spugna abbia dato origine a animali di caratteristiche diverse. I coanoflagellati che imboccarono questa strada si ritrovarono in una strada a fondo cieco. O forse si trattò di organismi cosí bene adattati al loro ambiente, che non ebbero mai la necessità di modificarsi.

I metazoi

Molto piú avventuroso il cammino intrapreso dai fitomonadini, un ceppo dal quale si dipartirono, sembra, tre rami: uno di essi portò alle alghe verdi che furono poi le progenitrici di tutta l'evoluzione vegetale fino alle piante terrestri moderne; un secondo ramo portò a una parte degli zooflagellati; un terzo ramo si pensa abbia dato origine ai metazoi, cioè agli animali pluricellulari. È curioso pensare che siamo parenti piú stretti degli alberi che delle spugne, pure essendo le spugne, quanto alle caratteristiche chimiche dei loro tessuti, chiaramente degli animali.

I piú semplici dei metazoi (le spugne, per

segnalare la loro estraneità all'evoluzione degli animali pluricellulari, sono chiamate "parazoi") sono i celenterati, che popolano i mari con la delicata bellezza delle meduse. Si tratta degli unici animali che presentino simmetria raggiata non solo nell'età adulta, come le stelle di mare, ma in tutte le fasi dello sviluppo.

Polipi e meduse

I celenterati hanno una cavità, il celenteron, che è una vera e propria cavità nutritiva nel senso che vi si riversano enzimi digestivi che elaborano le sostanze alimentari: a differenza di quanto accade nelle spugne, in

Sopra: pesca delle spugne nel Mediterraneo. Ciò che viene posto in commercio come spugna da bagno è lo scheletro, o impalcatura (costituita da fibre di spongina), d'un organismo del tipo parazoi *Spongia officinalis*. Gli animali sono essicati e poi bolliti per liberare lo scheletro dai resti delle cellule "vive".
A fronte, sopra: polipo e medusa; l'apertura centrale del celenteron è rivolta, nel polipo, verso l'alto, nella medusa, verso il basso, ma lo schema della struttura corporea è fondamentalmente lo stesso.
A fronte, sotto: nella stagione riproduttiva le meduse affiorano alla superficie dell'Oceano Pacifico, di fronte alle coste del Perú.

cui la digestione avviene all'interno della singola cellula. La medesima apertura centrale del celenteron che lascia entrare le particelle alimentari (per lo piú animaletti), lascia anche uscire i detriti. Esistono celenterati sessili, col corpo allungato a forma di vaso e un piccolo ombrello: questa forma si chiama polipo. Altre specie hanno invece l'ombrello piú espanso e il corpo accorciato a forma di scodella; questa, col mantello e i tentacoli fluttuanti, è la forma mobile, la medusa. In alcune specie la "versione polipo" e la "versione medusa" si alternano nel corso dell'esistenza dell'individuo.

La maggior parte dei celenterati, gli cnidari,

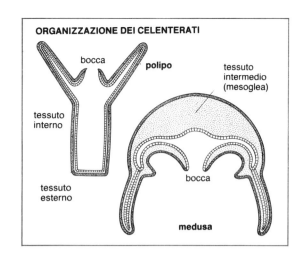

ORGANIZZAZIONE DEI CELENTERATI

bocca — polipo

tessuto intermedio (mesoglea)

tessuto interno

bocca

tessuto esterno

medusa

sono dotati di armi estremamente raffinate e complesse, che presuppongono non solo un alto grado di differenziazione cellulare ma anche una prontezza fulminea di risposta agli stimoli. Le capsule di difesa-offesa possono essere riunite in "batterie". I filamenti che scattano dalle capsule sono di tre tipi: i volventi si avvolgono intorno alla preda per attirarla, i vischiosi la imprigionano in una sostanza viscosa (servono anche, ai polipi, per strisciare sul fondo) e gli urticanti emettono il veleno, che nell'uomo provoca dolorose ustioni e per le piccole prede può essere mortale. Le meduse nuotano grazie alle fibre muscolari che contraggono l'ombrello, lanciando un getto d'acqua, in un vero nuoto a reazione.

Le modalità riproduttive variano da una specie all'altra: alcune specie si riproducono solo sessualmente, in altri casi si verifica gemmazione (senza sessualità: un piccolo individuo figlio si distacca dall'individuo genitore); infine esistono specie nelle quali la generazione sessuata si alterna con generazioni asessuate; a volte dal polipo si genera una piccola medusa che va a insediarsi altrove, e dove s'insedia si trasforma in polipo. Questi "polipi" non vanno confusi con i molluschi cefalopodi dallo stesso nome, di cui parleremo piú avanti (vedi pagine 122-123).

La caravella portoghese è una medusa che galleggia grazie a una vescica a mo' di vela, di trenta centimetri per dieci: la vescica contiene azoto, ossigeno e un gas raro, l'argon. I tentacoli possono essere lunghi fino a cinquanta metri. Altre "meduse a vela" sono le velelle, che si muovono in grandi banchi di migliaia di individui: un banco può essere lungo anche duecento chilometri. Le meduse che vivono presso la superficie sono per lo piú colorate e trasparenti, mentre sono opache quelle che vivono in profondità (alcune specie possono arrivare a 4500 metri). Comune nel Mediterraneo e nell'Atlantico è *Pelagia noctiluca*, di color porpora, che sotto stimolo si fa luminescente: alla *Pelagia* si deve la luminescenza delle scie delle navi. Una medusa artica, la *Cyanea*, ha l'ombrello largo piú di due metri e i tentacoli lunghi quaranta metri: copre circa 500 metri quadrati. Non è pericolosa per l'uomo solo in quanto, nei mari artici, l'uomo non si immerge nel mare.

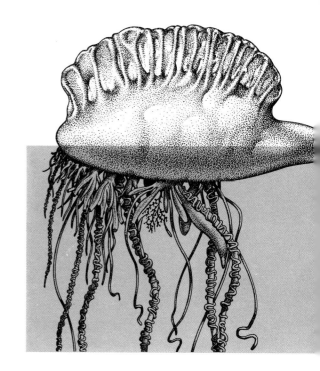

Sopra: la caravella portoghese (*Physalia physalis*), con la vescica che, contenendo una sostanza gassosa, galleggia e sostiene tutta la colonia, ma può anche essere spinta dal vento, proprio come la vela di una nave. Al di sotto si trovano, in filamenti urticanti lunghi decine di metri, molti altri individui della colonia.

A fronte: un'attinia. Nella metà destra è data la sezione dell'organismo. Lo schema fondamentale è simile a quello delle meduse e dei polipi: anche le attinie sono celenterati.

Sotto: la medusa *Pelagia noctiluca*.

Animali-fiore
e alberi di corallo

Appartengono ai celenterati anche gli antozoi ("animali-fiore"), tra cui le attinie, o anemoni di mare. Le attinie sono diffuse in tutti i mari e gli oceani, perfino nelle fosse oceaniche; hanno un corpo cilindrico vivacemente colorato, dalla sommità del quale si dipartono i tentacoli come i petali di un fiore, e un sistema nervoso bene sviluppato che permette rapide efficienti risposte agli stimoli; presentano riproduzione sessuata, e qualche forma di cura della prole. Singolari sono i rapporti fra le attinie e gli altri animali marini, prevalentemente crostacei. Il paguro, per esempio, vive stabilmente con un'attinia che lo protegge; il granchio melia quando si difende da un nemico stacca le attinie dal fondo e le impugna nelle chele come armi.

Struttura simile a quella delle attinie hanno i madreporari che secernono carbonato di calcio e costituiscono i coralli. I coralli ramificati sono colonie di polipi con le loro rigide protezioni, e la rapida crescita è il risultato delle generazioni successive. Crescono con tale velocità che la navigazione nei pressi della Barriera corallina è pericolosa perché le carte nautiche non sono mai aggiornate con gli ultimi sviluppi delle pittoresche formazioni, tanto piú in quanto i coralli non crescono con velocità uniforme bensí, per misteriose ragioni, "a ondate". Coralli isolati giungono fino a 6000 metri di profondità, ma quelli delle formazioni coralline crescono solo fra i 40 e i 90 metri, perché ospitano nel loro corpo delle alghe, le zooxantelle, che per la fotosintesi hanno bisogno di luce. È per questo che l'albero, o il cespuglio, di questi coralli cresce verso l'alto a somiglianza degli alberi e dei cespugli terrestri. Benché ospitino le alghe, non si nutrono del glucosio che queste producono, o almeno non solo di questo: si rivolgono infatti in alto, ma obliquamente, cioè in direzione contraria a quella

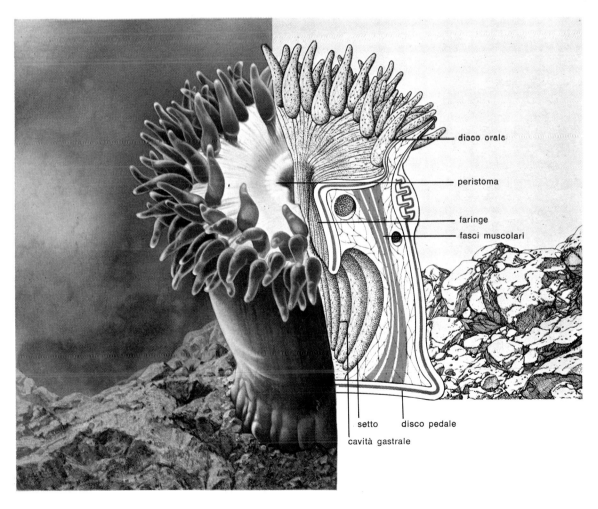

disco orale

peristoma

faringe

fasci muscolari

setto   disco pedale

cavità gastrale

l'eruzione demolisce la cima del vulcano
sui fianchi dell'isola incomincia a formarsi
una barriera corallina

man mano che l'isola sprofonda,
la scogliera si sviluppa verso l'alto

tra il cono vulcanico e la cresta della scogliera
si forma una laguna (in questa fase può rinnovarsi
l'attività vulcanica)

scomparsa l'isola, rimane solo l'anello corallino, l'atollo

Sopra: le varie fasi della formazione di un atollo.
A destra: isole dell'arcipelago del Capricorno presso
la Grande Barriera corallina australiana.
A destra, sotto: *Acanthaster planci*, la stella di mare
che attacca i coralli e li distrugge.
A fronte: un ammasso di madrepore pescate nelle
Filippine è pronto per l'esportazione: un altro modo
per distruggere il corallo.

delle correnti, cosí i piccoli polipi, quando
si affacciano dagli steli corallini, ricevono
dal flusso dell'acqua i piccoli organismi di
cui si cibano.

In questi ultimi anni una stella di mare,
Acanthaster planci, ha attaccato i coralli in
diverse parti del mondo, dal Mar Rosso alle
Isole Marianne alla Grande Barriera, distrug-
gendo quest'ultima per centinaia di chilometri. Con i suoi velenosi aculei essa stacca i
polipi dal loro involucro, lasciando uno scheletro calcareo senza vita. Ciò costituisce un
grave danno per la popolazione delle isole, alle quali la Barriera offriva la preziosa risorsa
economica di un mare protetto e molto pesco-
so. Molte ipotesi sono state fatte sulle cause
del flagello costituito dalla stella marina, ma
nessuna definitiva.

114

Gioielli di corallo proveniente dal Mediterraneo vennero fabbricati in Cina sin da tempi molti antichi, e in Europa alcuni secoli prima di Cristo i coralli adornavano gli eleganti abbigliamenti da sepoltura. Oggi la pesca del corallo viene fatta da subacquei con attrezzature molto efficienti: e perciò il corallo, nel Mediterraneo, va rapidamente scomparendo.

Oltre ai coralli, molti altri madreporari popolano delle loro meravigliose trame colorate le praterie marine. Molti di essi sono "costruttori" di tale importanza, che nelle ere geologiche hanno costruito, quando il mare copriva le terre che poi emersero, intere catene di montagne. Le Dolomiti costituiscono la traccia di madreporari che vissero piú di duecento milioni di anni fa.

115

Animali a simmetria bilaterale:
i platelminti

Tutti gli altri animali pluricellulari o metazoi, all'infuori dei celenterati, hanno simmetria bilaterale: non hanno piú soltanto un "sopra" e un "sotto", come le meduse, ma anche una destra e una sinistra, una parte anteriore e una parte posteriore. Anche le stelle di mare e i ricci di mare, che possiedono simmetria raggiata, attraversano in simmetria bilaterale la prima fase dell'esistenza, la fase larvale. Con la simmetria bilaterale l'animale esce dall'indecisione: non si muove in una direzione qualsiasi bensí "in avanti" (salvo voltarsi, si capisce). Perciò raccoglie in avanti non solo la bocca, per accedere al cibo, ma anche gli organi di senso che gli servono a esplorare il mondo. Il sistema nervoso non è piú costituito di una rete sparsa, come nelle meduse, ma si organizza in centri che preludono al cervello. Perciò negli animali bilateri l'individuo è sempre nettamente identificato, non si pongono problemi di distinzione piú o meno netta come tra le spugne, e scompaiono anche le colonie sessili che caratterizzano i madreporari.

I piú primitivi degli animali bilateri sono i platelminti, o vermi piatti. Per quanto siano effettivamente "piatti" non lo sono quanto le meduse, che hanno superficie vastissima in confronto al volume. L'aumento del volume in confronto alla superficie crea ai platelminti il problema di dotare il proprio corpo di un liquido circolante, soprattutto per riversarvi le scorie delle cellule: le cellule della medusa, direttamente affacciate all'esterno oppure alla cavità digerente che comunica con l'esterno, possono espellere ciascuna le proprie scorie azotate (ammoniacali) senza intossicarsi: nel platelminta le scorie vengono invece gettate nel liquido che bagna tutte le cellule, e che perciò deve venire depurato per evitare intossicazioni. La depurazione è affidata a cellule particolari, le "cellule a fiamma", delle quali ciascuna pesca nel liquido e lo filtra in un canalicolo escretore che comunica con l'esterno. Queste cellule sono chiamate "protonefridi" o "primi reni" in quanto sono le antenate dei reni. Il primo organo di senso dei metazoi è lo statolite della medusa, che consente all'animale di orientarsi lungo la verticale, in base alla forza di gravità, per l'inerzia di un sassolino contenuto in una vescichetta, e que-

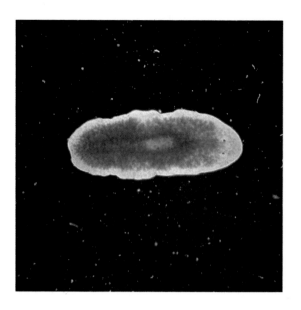

sto dispositivo è conservato nel platelminta (verrà conservato e perfezionato in tutta la evoluzione animale). Nel platelminta gli "ocelli" che nelle meduse sono molti, alla base dei tentacoli, diventano veri occhi costituiti non piú da poche cellule recettrici, bensí da un migliaio circa, raccolte in due coppe collocate ai lati del capo. La riproduzione è sessuata, l'animale è ermafrodita, cioè possiede i caratteri di entrambi i sessi: la fecondazione è interna all'organismo materno, per mezzo del pene paterno (disposizione che poi verrà abbandonata nel corso dell'evoluzione, per ricomparire a livello di animali superiori). L'intestino ha fondo cieco. A volte esiste una riproduzione agamica (asessuata) per scissione: se si taglia in due una planaria, l'estremità anteriore rigenera l'estremità posteriore, e viceversa. Gli animali possono essere piccoli e tondi, oppure nastriformi, di lunghezza che può arrivare a 60 cm come nel *Bipalium kewense*. In questi ultimi anni le planarie sono state molto studiate sotto il profilo della capacità di apprendimento: si riesce infatti a insegnar loro a evitare una scossa elettrica seguendo determinati tragitti; qualcuno ritiene di aver dimostrato che la memoria si trasmette dalla planaria che ha "imparato" a un'altra planaria che si nutra del suo corpo. Secondo i piú, questa è una favola. Un'altra cosa curiosa è stata invece dimostrata: quando una planaria viene tagliata in due, anche quella che si rigenera dall'estremità posteriore conserva memoria delle cose apprese.

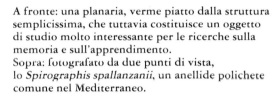

A fronte: una planaria, verme piatto dalla struttura semplicissima, che tuttavia costituisce un oggetto di studio molto interessante per le ricerche sulla memoria e sull'apprendimento.
Sopra: fotografato da due punti di vista, lo *Spirographis spallanzanii*, un anellide polichete comune nel Mediterraneo.

Anellidi e molluschi

Mentre nei platelminti il corpo costituisce un ambiente nel quale si muove un liquido scivolando tra una cellula e l'altra, tutti gli animali che si sono evoluti dopo i platelminti hanno nello spessore del corpo una cavità contenente liquido, ben delimitata (che però cambia forma e modalità di sviluppo nelle diverse specie). Tale cavità si chiama "celoma" e gli animali che la possiedono "celomati". Con i primi celomati scompare il fondo cieco dell'intestino e compare l'ano: disposizione molto funzionale per animali che si spostano "in avanti", e che altrimenti nuoterebbero tra i propri rifiuti. Poiché l'uomo, per conoscere il mondo, ha bisogno di suddividere e raggruppare gli oggetti che lo compongono (soprattutto quando hanno quella fantastica varietà che caratterizza gli esseri viventi), ecco che gli animali celomati si dividono in due gruppi: quello in cui nella fase embrionale la bocca si sviluppa prima dell'ano, e sono chiamati "protostomi" ("prima la bocca") e quelli in cui si sviluppa prima l'ano, chiamati "deuterostomi" ("bocca per seconda"). La mag-

gior parte degli animali celomati marini, e cioè gli anellidi, i molluschi, i crostacei, sono protostomi.

Gli anellidi terrestri sono per lo più vagamente disgustosi, come il lombrico e la sanguisuga; gli anellidi marini invece comprendono forme animali di grande bellezza (naturalmente il concetto di "disgustoso" e il concetto di "bello" non hanno alcun significato scientifico).

Ecco il tipico anellide: corpo cilindrico segmentato in anelli (da cui il nome) tutti uguali fuorché il primo che è differenziato. Setole e appendici laterali rendono possibile la locomozione. La segmentazione è superficiale: all'interno del corpo, il celoma costituisce una cavità unica che si estende dal primo all'ultimo segmento ed è racchiusa in un sacco formato di fibre muscolari circolari, longitudinali e diagonali. Il celoma pieno di liquido costituisce una specie di "scheletro idraulico" nel senso che dà all'animale forma cilindrica anziché a nastro. Sospeso entro la cavità celomatica corre, in senso anteroposteriore, l'intestino. Esistono vasi per la circolazione del sangue, che contiene pigmenti respiratori (in alcuni casi il pigmento capace di catturare e liberare l'ossigeno è l'emoglobina, come negli animali superiori). Ogni segmento possiede due nefridi con tubuli escretori: il nefridio possiede già una modalità di funzione che anticipa quella dei reni; infatti il filtraggio è doppio: nel tubulo una quantità d'acqua e le sostanze ancora utiliz-

(parapodi) lunghe e sottili con rigonfiamenti che le fanno sembrare fili di perle celesti. La eulalia verde ha il corpo come un tubo verdazzurro, e i parapodi come una doppia ricca frangia dorata. L'eunice gigante arriva a tre metri di lunghezza; l'eunice verde, o verme palolo delle isole Samoa, tra il secondo e il terzo giorno dopo il terzo quarto della Luna d'ottobre è pronta per la riproduzione: uova e spermatozoi si raccolgono nella parte posteriore del corpo che si distacca; mentre l'individuo mutilato scende nelle profondità, i segmenti riproduttivi vengono in superficie e nuotano tutta notte sotto i raggi della Luna sinché, all'alba, lasciano fuoriuscire le uova e gli spermatozoi. I grandi branchi hanno spessore di un metro, e il ribollire dei vermi palolo, oltre a offrire un cibo prelibato, sembra costituire uno spettacolo di grandiosa e misteriosa bellezza, che affascina i samoani e li induce a celebrarlo con grandi feste. In certi anellidi i parapodi anteriori si espandono come lamine, di vario colore e forma e variamente avvolte, che danno all'animale l'aspetto di un fiore semovente.

Altri anellidi sono assai piú modesti di aspetto, e per di piú scavano gallerie nei sedimenti dove vivono sedentari e nascosti.

I molluschi sono, anch'essi, celomati protostomi: hanno un celoma, cominciano a sviluppare l'intestino dalla bocca. Hanno tali differenziazioni che lo schema organizzativo di base è difficile da identificare. La testa è generalmente poco differenziata, e probabilmente questo è in relazione col fatto che si tratta – in genere, ma con eccezioni – di animali che si muovono assai poco. Due sono le caratteristiche piú vistose, la conchiglia e il piede, ma assumono forma diversissima nelle diverse specie. Nei gasteropodi – dei quali l'esempio piú conosciuto è la chiocciola terrestre – la conchiglia ha, dall'esterno, aspetto simile a quello di un tubo avvolto a spirale; il piede costituisce la parte inferiore del corpo, molto muscolosa, che consente spostamenti lenti, striscianti sulle superfici. Nei bivalvi la conchiglia è formata da due valve, come la copertina di un libro con la costola rivolta verso l'alto (già animali assai piú primitivi, i brachiopodi, avevano "inventato" la conchiglia a due valve: ma con questa differenza, che nei molluschi il "libro" è disposto verticalmente, con la costola in alto, mentre nei bra-

zabili vengono recuperate dopo essere passate dal primo filtro (negli animali superiori il primo filtro, in uscita, è costituito dal glomerulo, e il secondo filtro, in entrata, è costituito dal tubulo: faccenda la cui complicazione e il cui significato non ci sono ben chiari, e che però deve avere una ragione molto valida se si verifica tanto nel lombrico quanto nell'uomo). Il sistema nervoso ha nel primo anello due gangli cerebrali, superiore e inferiore, collegati da un cingolo; ogni anello ha un proprio ganglio, inferiore, e i gangli sono collegati in catena. Ovai e testicoli lasciano cadere le uova e gli spermatozoi nella cavità del celoma: vengono emessi all'esterno da un nefridio modificato chiamato "sistema urogenitale". Questo che abbiamo descritto è lo schema di base: nelle diverse specie esistono differenziazioni.

La *Syllys* ha le appendici di movimento

chiopodi il "libro" è disposto orizzontalmente, le valve sono una inferiore e l'altra superiore; i brachiopodi furono molto diffusi circa 600 milioni di anni fa, come testimoniano i fossili, mentre i molluschi hanno raggiunto solo in tempi piú recenti il maggiore rigoglio). Il piede, che nei gasteropodi è allargato, nei bivalvi scende come una scure: piú che a spostarsi serve ad ancorarsi saldamente al fondo; infatti, se il gasteropode è lento, il bivalve è quasi sessile. Nel terzo grande gruppo, quello dei cefalopodi, di cui sono un esempio le seppie, la conchiglia è ridotta per lo piú a una piastra interna (o addirittura è scomparsa) e il piede è trasformato in tentacoli. Ecco come il medesimo schema organizzativo dà vita a creature completamente diverse, delle quali è difficile scorgere la parentela.

Molluschi gasteropodi

I gasteropodi nel corso dell'evoluzione hanno perduto l'originale disposizione simmetrica, e anche la distanza tra la bocca e l'ano: il canale digerente non è rettilineo ma ad ansa, e l'ano emette i residui al di sopra del capo. L'embrione mostra come si determina il fenomeno: il sacco dei visceri prima si solleva ad angolo, poi subisce una torsione di 180°. La conchiglia, formata di sostanze secrete dal mantello, ha conferito a questi animali una preziosa difesa contro i predatori, ma ha creato dei problemi per la respirazione: infatti se il corpo è avvolto in gran parte dalla conchiglia, la superficie corporea a contatto con l'acqua si riduce, e quindi si riduce la possibilità degli scambi respiratori tra l'organismo e l'ambiente (passaggio di ossigeno dall'acqua ai tessuti, di anidride carbonica dai tessuti all'acqua). La soluzione del problema è consistita nello sviluppo di organi specializzati per la respirazione, organi che fanno a livello dei molluschi la loro prima comparsa sulla scena dell'evoluzione animale. Essi sono chiamati ctenidi, e si raccolgono fra il mantello e il piede, dove l'acqua scorre agevolmente e per di piú è sospinta dal movimento delle ciglia. La comparsa di un apparato respiratorio ha condizionato lo sviluppo dei gasteropodi: anzitutto, risolvendo brillantemente il problema del rifornimento di ossigeno, ha permesso lo sviluppo di organismi voluminosi; ma questo è il risultato dell'esistenza non solo di un

A fronte: un polichete errante del genere *Eunice*.
Sopra: un mollusco gasteropodo, *Naticarius maculatus*, fotografato sul fondale sabbioso.
Sotto: un gruppo di patelle. Questi gasteropodi sono assai comuni e formano colonie sulle rocce; essi si spostano lentamente durante la giornata seguendo i movimenti delle maree.

apparato per la respirazione bensí anche di un apparato per la circolazione, che garantisce l'afflusso a tutti i tessuti del sangue ossigenato in quanto vi è un cuore pulsante. Alcuni pensano che il curioso fenomeno della torsione abbia a che fare con la presenza degli ctenidi respiratori, in quanto essi originariamente erano collocati posteriormente, ai due lati dell'ano, ma la collocazione posteriore diminuiva la loro efficacia quando l'animale era in moto, cioè proprio quando gli occorreva una maggiore quantità di ossigeno (lo scambio è efficace solo quando è controcorrente). La torsione avrebbe dunque avuto il significato di spostare in avanti gli organi respiratori. Dopo di che, all'inconveniente creato dal fatto che l'ano sboccava proprio in prossimità delle branchie, pose rimedio la scomparsa dello ctenidio sinistro e la collocazione anteriore di quello destro, cosí che l'acqua che fuoriesce dallo ctenidio superstite bagna l'ano, e l'ano non insudicia le cellule respiratorie. L'asimmetria coinvolge anche l'apparato genitale, che si sviluppa solo a destra. Il maschio ha il pene, la femmina ha la vagina, ma alcune specie sono ermafrodite.

Nei nostri mari sono molto frequenti le patelle; l'osservazione dimostra che esse possiedono un certo senso di orientamento, oppure la capacità di riconoscere i luoghi: infatti si muovono, ma fanno sempre ritorno al proprio territorio. Anche le littorine sanno "tornare a casa", e sembra abbiano una sorta di bussola solare che le mette in grado di farlo. Alcuni gasteropodi, quelli che costruiscono le conchiglie piú belle e elaborate, con disegni e chiazze di colore, sono chiamati "architettonicidi". Nei nostri mari le turritelle fabbricano conchiglie allungate, a torre. Gli inatinidi hanno la suola del piede che secerne muco e lo agita inglobandovi bolle d'aria prima che solidifichi: si forma cosí una zatterina galleggiante alla quale l'animale sta appeso. La *Crepidula fornicata* ha una vita sessuale bizzarramente complicata: comincia la vita come maschio, a un certo momento diventa femmina; la femmina porta sul dorso alcuni maschi che le si fissano sulla conchiglia e formano una specie di torre, ma in questa fase sono diventati sterili; la fecondazione avviene a opera di maschi piú giovani, non ancora fissati. Le conchiglie da collezione, di varie forme e colori, appar-

tengono per lo piú ai molluschi chiamati "porcellane". Gli atlantoidei, adattati alla vita dell'oceano, stanno rovesciati: adoprano il piede non per spostarsi sul fondo ma per nuotare. I tritoni sono i molluschi piú voluminosi del Mediterraneo, arrivano a 40 cm di lunghezza: praticandovi un foro all'apice della conchiglia gli antichi romani l'adopravano come buccina da guerra; ancor oggi la conchiglia di tritone è impiegata dai pescatori come corno da richiamo. Il Monte Testaceo, vicino a Taranto, è costituito dai resti dei piccoli molluschi che nell'antichità venivano pescati in grandissime quantità per ricavarne la porpora.

Molluschi bivalvi

Mentre i gasteropodi hanno la bocca armata di radula, una specie di lingua sporgente e scabra che afferra le piccole prede, i bivalvi si nutrono, per lo piú, filtrando masse d'acqua: i gasteropodi, per cercare la preda, devono muoversi, i bivalvi per filtrare l'acqua possono restare fermi, col piede che aderisce saldamente al fondo. Perciò il sistema nervoso è, nei bivalvi, meno sviluppato che nei gasteropodi. Alcune specie hanno occhi collocati lungo il bordo del mantello, altre sono prive di occhi ma l'epidermide del mantello è sensibile alla luce. Robusti muscoli adduttori difendono l'animale tenendo chiuse le valve: l'acqua arriva egual-

A fronte: conchiglia di *Epitonium scalare*, un
mollusco gasteropode, e sullo sfondo la radiografia.
Sopra: un gasteropode del gruppo dei tritoni,
o cimatidi, detto tritone tromba di mare per
il suono che emette quando vi si soffia dopo aver
praticato un foro in prossimità dell'apice.
Sotto: *Cardium*, un mollusco bivalve.
Sotto, a destra: a Takaroa, un atollo del Pacifico, le
ostriche perlifere sono pescate, aperte e ispezionate
alla ricerca delle perle. La perla è costituita dalla
secrezione del mantello per circondare un corpo
estraneo penetrato nell'organismo.

mente attraverso un sifone, portando ossigeno e cibo.

Nei nostri mari sono molto diffusi i mitili, i pettini, le ostriche. Forniscono un cibo
prelibato, ma l'inquinamento può renderli
pericolosi in quanto le grandi masse d'acqua
che filtrano possono depositare e concentrare nel loro corpo virus, batteri, metalli pesanti ecc. I mitili si fissano alla roccia mediante fili di bisso, però possono strapparli
e spostarsi; altrettanto fanno le ostriche. Nei
mitili, nelle margaritane, e soprattutto nelle
ostriche, se una ferita trasporta nei tessuti
interni una piccola porzione di quel mantello che secerne i materiali di cui è formata
la conchiglia, il tessuto "fuori sede" continua
la secrezione: e cosí forma la perla. Alcuni
bivalvi hanno valve asimmetriche: nel petti-
ne di San Giacomo la valva destra è con-
vessa e la sinistra è piatta. I pettini con valve simmetriche nuotano in posizione verticale, quelli con valve asimmetriche nuotano
semisdraiati sul fianco. Alcuni bivalvi rinun-
ciano alla possibilità di nuoversi, saldando
una delle proprie valve alla roccia mediante
il bisso. Certi hanno valve cosí sottili da risultare trasparenti (ostrica cipollina): nell'antica Cina venivano usate per le finestre, come
vetri. Le tridacne ospitano, sui bordi del mantello, numerose alghe: forniscono loro nutrimento, e ne ricevono ossigeno.

Alcuni bivalvi aprono e chiudono le valve con violenza, servendosene come di organi di scavo: sono i "perforatori" e trivellano il legno ma anche la roccia. Particolarmente attive nell'opera di distruzione sono le teredini: il verme delle navi, una teredine, nel 1732 distrusse le parti lignee delle dighe olandesi, arrischiando di provocare una tremenda catastrofe. Nel Mediterraneo le teredini mettono continuamente in pericolo le gomene e i cavi sottomarini.

Molluschi cefalopodi

Nei cefalopodi, privi di conchiglia esterna, il mantello prende forma di imbuto: le sue contrazioni fanno scorrere l'acqua lungo gli organi respiratori, e inoltre conferiscono all'animale capacità di grande nuotatore (nuoto a reazione) con getti d'acqua anteriori che spostano il corpo all'indietro. Poiché conducono vita molto attiva, i cefalopodi hanno organi di senso piú sviluppati degli altri molluschi: i loro occhi hanno un sistema ottico ben differenziato, come gli occhi dei mammiferi, e distinguono i colori. Anche il sistema nervoso è molto sviluppato. Esiste una fotosensibilità anche nell'epidermide, che in maniera a noi sconosciuta percepisce i disegni e i colori del fondo sul quale l'animale giace: lo si dimostra verificando che se si acceca

A sinistra: un pescatore subacqueo ha trovato una tridacna gigante (*Tridacna gigas*), detta anche acquasantiera. La conchiglia di questo mollusco, che spesso è lunga piú di 1 metro, può pesare fino a 200 chilogrammi.
Sopra: la seppia (*Sepia officinalis*) è uno dei cefalopodi piú comuni nei nostri mari.

un polpo esso conserva la capacità di mimetizzarsi, ripetendo sul proprio corpo le caratteristiche del fondo.

Molti cefalopodi hanno la "ghiandola del nero": emettono cioè nubi d'inchiostro che disorientano il nemico. Alcuni mescolano l'inchiostro con batteri che coltivano in apposite tasche, e che emettono radiazioni luminose. Altri secernono essi stessi sostanze che, in presenza di ossigeno, liberano energia luminosa. Segnalazioni luminose di colore diverso, concentrate e orientate da lenti e riflettori, servono ad agevolare l'incontro fra i sessi. Oltre agli occhi sono molto sviluppati anche gli organi del senso dell'equilibrio e quelli dell'olfatto.

Comune nei nostri mari è la seppia, che può giungere alla lunghezza (corpo e tenta-

coli) di 60 centimetri. I tentacoli vengono usati quasi come mani: afferrano la preda e la portano alla bocca. Il maschio della seppia introduce il proprio quarto braccio destro, trasformato in organo copulatore, in un'apposita borsa del corpo della femmina, dove le uova verranno fecondate. La femmina le estrae, fecondate, dalla borsa, e le appende per lo piú alle piante acquatiche o ai rami di corallo. La coppia, solitamente, è legata da un vincolo stabile.

I polpi (o polipi) del Mediterraneo possono raggiungere i tre metri di lunghezza; costruiscono con le pietre dei ripari tra i quali si nascondono; la madre, nel nido, ha cura delle numerosissime uova per quasi un mese, tenendole pulite e rinnovando l'acqua che le circonda; aiuta i piccoli a uscire nell'acqua libera, e poi muore. Molti piccoli polpi si nascondono nelle conchiglie vuote dei bivalvi, rinserrandole quando si sentono in pericolo. Questi comportamenti complessi fanno pensare che l'animale possieda un certo grado di intelligenza: l'ipotesi è confermata da molte esperienze condotte negli acquari-laboratorio.

Sopra: uova di polpo (*Octopus vulgaris*).
Sotto: il polpo nuota "a reazione", espellendo con forza acqua dal sifone.

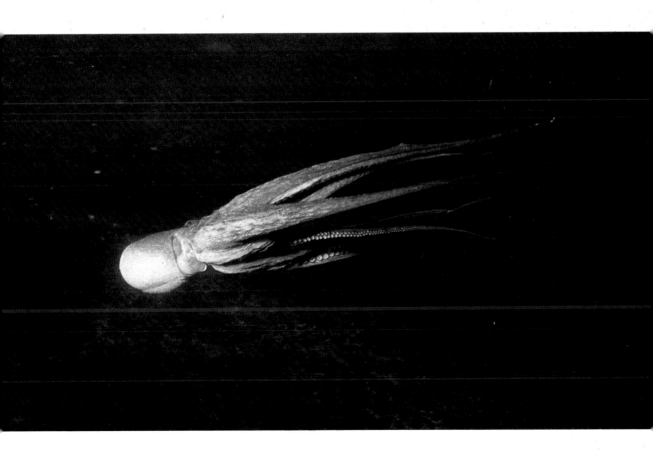

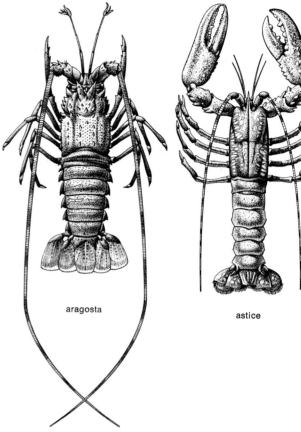

aragosta

astice

A sinistra: un paguro bernardo con l'anemone di mare *Calliactis parasitica*. Capita che i paguri, crostacei simili a granchi ma con l'addome indifeso, cerchino la protezione di un celenterato, che s'installa sulla conchiglia vuota di un gasteropode in cui si insinua il crostaceo. L'anemone, con i suoi tentacoli urticanti, tiene lontani i predatori, e il paguro, portandola "in giro", ne aumenta il successo nella cattura di piccole prede.
Sopra: due crostacei decapodi frequenti nei nostri mari, l'aragosta e l'astice.
A fronte: sopra, un'oloturia, o cetriolo di mare; sotto, *Antedon mediterranea*, un crinoide, o giglio di mare, dell'Atlantico orientale e del Mediterraneo.

I crostacei

Sempre nell'ambito dei protostomi, altri abitatori dei mari sono i crostacei, di dimensioni variabili da quelle della pulce d'acqua a quelle dell'aragosta. Il corpo del crostaceo è diviso in testa, torace, addome; la testa porta due antenne, le mandibole, le mascelle; il torace e l'addome portano degli arti bifidi; sono protetti da un guscio, o carapace, contenente sali di calcio. Molti crostacei hanno dimensioni inferiori a un millimetro. I crostacei superiori hanno dimensioni assai piú grandi: il piú grande è la macrocheira giapponese, che arriva alla lunghezza di tre metri. Hanno occhi composti, recettori tattili, recettori gustativi e olfattivi, sistema nervoso molto sviluppato, come risulta anche dai comportamenti complessi di queste specie. La fecondazione è interna all'organismo femminile (nella "camera di cova"), ma nella maggior parte delle specie le uova fecondate non vengono abbandonate, bensí fissate al corpo della madre. Molte specie sono longeve: i gamberi che si allevano negli acquari possono vivere anche trent'anni. Come negli insetti, la crescita avviene per "mute": il carapace divenuto troppo piccolo viene abbandonato quando l'organismo ha elaborato il carapace nuovo, grinzoso perché largo, e molle perché ancora privo di chitina e sali di calcio. Successivamente la crescita del corpo riempie l'abito nuovo, e la deposizione di chitina e sali di calcio lo trasforma in corazza.

Comuni nel Mediterraneo sono le cicale di mare, i gamberetti e i gamberi, i granchi, le aragoste, gli scampi. Crostacei privi di corazza, i paguri, si riparano con conchiglie di gasteropodi, a volte di bivalvi. Per cercare una conchiglia adatta alle proprie dimensioni non procedono per tentativi, ma scelgono in base alla vista e al tatto: con un comportamento, cioè, che sembra intelligente. Certi granchi, come la granceola, si mimetizzano con spugne o altri oggetti. Tra i granchi "uca", o granchi violinisti, le femmine hanno due chele di pari dimensioni di cui si servono per portare il cibo alla bocca, e sono di colore spento; i maschi invece hanno il dorso bianco e blu, le zampe rosso fiamma, una sola chela per mangiare e l'altra, color rosa, molto più grande: nelle danze cerimoniali di corteggiamento gesticolano con la chela-violino. Al pari dei molluschi, anche i crostacei hanno specie che lasciarono il mare per la terraferma: fra i granchi, molti fanno una vita "di frontiera" fra la terra e il mare.

Gigli di mare, cetrioli di mare, ricci e stelle di mare

Con i cefalopodi e con i grandi crostacei raggiungono i massimi fastigi gli animali marini dotati di celoma che nello sviluppo embrionale differenziano prima la bocca e secondariamente l'ano (protostomi). Esistono poi i deuterostomi, che nello sviluppo embrionale differenziano prima l'ano e poi la bocca: forme estremamente diversificate, che nelle forme adulte non hanno nulla di simile fra loro, poiché comprendono – per esempio – sia le stelle di mare che i pesci, antenati di tutti i vertebrati.

I crinoidi sono deuterostomi che si presentano in forme sedentarie chiamate gigli di mare, e in forme mobili chiamate comatule. Il giglio di mare ha la forma di un calice da cui si dipartono cinque tentacoli più volte ramificati; il calice è fissato al fondo dal peduncolo. Le dimensioni sono

estremamente variabili; il peduncolo può arrivare all'altezza di due metri, le braccia a 19 cm: è il *Metacrinus superbus*. Le comatule non hanno peduncolo, ma solo un piccolissimo corpo con lunghi tentacoli che utilizzano nel nuoto, o anche per spostarsi sul fondo. Tuttavia la forma del giglio di mare non è del tutto sprovvista di possibilità di movimento: il peduncolo può venire spezzato, e l'animale va a insediarsi altrove. I crinoidi si nutrono di plancton; hanno sessi separati, il maschio emette gli spermatozoi nell'acqua, le femmine di certe specie emettono allo stesso modo le uova, mentre in altre specie le trattengono – fecondate – all'esterno del corpo o in un'apposita tasca.

Le oloturie, o cetrioli di mare, sono animali press'a poco cilindrici, a vivaci colori, lunghi da pochi centimetri a due metri. Come i crinoidi, hanno una simmetria a cinque raggi in età adulta (e una simmetria bilaterale in fase larvale). La bocca si apre all'estremità anteriore del corpo in mezzo a un ciuffo di tentacoli. Curiosamente, l'aspirazione e espirazione dell'acqua per gli scambi respiratori avviene attraverso l'ano. Tranne alcune specie ermafrodite, tutte le altre hanno sessi separati. L'oloturia piú comune dei nostri mari è lunga 30 cm, ha lo spessore di 6 cm, è di colore rosso-viola. Gli oloturoidi hanno muscoli molto sviluppati che permettono di strisciare sul fondo; alcuni si nascondono nella sabbia. Singolari sono i mezzi di difesa delle oloturie: certe specie espellono i visceri addosso al nemico, confondendolo, altre secernono veleno, altre ancora si automutilano: il tratto anteriore dell'animale è capace di rigenerare i tratti posteriori.

Anche i ricci di mare hanno simmetria bilaterale in fase embrionale ma simmetria pentaraggiata in fase adulta, come del resto le stelle di mare. Il riccio di mare ha forma

Le stelle di mare e i ricci di mare hanno simmetria bilaterale in fase embrionale, e simmetria a cinque raggi in fase adulta.
Sopra: una stella serpentina *Ophiura texturata*, che reca disposti sulle lunghe braccia aculei brevi e aderenti al corpo.
A fronte: il riccio *Aetericentrotus mammillatus* su una madrepora.
Sotto: stelle marine in riproduzione, fotografate a venti metri di profondità nelle acque del Pacifico, presso le coste cilene.

sferica o a focaccia, la bocca si apre nella faccia inferiore del corpo, l'ano in quella superiore. Hanno sessi separati, il corpo irto di aculei; sono capaci di perforare e scavare anche la roccia, nella quale praticano delle gallerie. Le uova vengono fecondate nell'acqua, ma in certe specie la femmina le ripara fra i propri aculei. Le stelle di mare hanno invece il corpo appiattito, e le cinque braccia molto sviluppate. Il numero delle braccia è però variabile, e può arrivare fino a 50; sono percorse da canali acquiferi. L'epidermide possiede cellule sensitive tattili e chimiche, gli occhi sono collocati all'estremità delle braccia. Alcune specie hanno colori vivaci, alcune possiedono aculei. Le dimensioni sono variabili, arrivano fino a 40 centimetri. Generalmente le stelle di mare sono predatrici agguerrite: in alcuni casi estroflettono lo stomaco per digerire il cibo fuori dal corpo, e lo insinuano nelle aperture del corpo della preda; riescono a aprire i bivalvi. Nelle gelide acque delle regioni polari la madre annida le uova fecondate sul fondo, e le copre col proprio corpo. Braccia molto più sottili e lunghe delle stelle di mare hanno le stelle serpentine o ofiure.

Gli altri animali deuterostomi hanno simmetria bilaterale non solo in fase larvale ma anche in fase adulta: i più primitivi sono gli enteropneusti, animali vermiformi, di lunghezza fra i tre centimetri e i due metri e mezzo; nei nostri mari sono rappresentati dal balanoglosso.

Verso la colonna vertebrale: tunicati e acrani

Tutti gli altri deuterostomi bilateri che vivono nei mari sono compresi fra i cordati: dai più primitivi, i tunicati e gli acrani, ai più evoluti, cioè i vertebrati.

I tunicati sono chiamati così in quanto rivestiti di una tunica che può avere l'aspetto di gelatina o di cuoio: non è né un guscio né una corazza, ma un tessuto vivo. La bocca si apre all'estremità anteriore del corpo, e la cavità faringea presenta delle fessure laterali attraverso le quali entra e esce l'acqua. I tunicati hanno un cuore e un sangue contenente pigmenti respiratori: mentre in tutte le altre specie il metallo contenuto nel pigmento respiratorio è il ferro, nei tunicati, alquanto eccentrici, è il vanadio. Si tratta di animali ermafroditi, ma le uova e gli spermatozoi dello stesso individuo maturano in momenti diversi: ciò assicura che, all'esterno dei loro corpi, la fecondazione avverrà tra elementi seminali di individui diversi. Le ascidie adulte sono sedentarie, tozze, di colori vivaci e splendenti, la robusta muscolatura permette loro di modificare la forma del corpo. C'è chi ritiene che le ascidie, e più in generale i tunicati, non sarebbero espressione di un'evoluzione ma piuttosto di una involuzione, di una degenerazione. Un indizio ne sarebbe questa circostanza: mentre tutti gli altri animali possiedono una quantità di DNA tanto maggiore quanto maggiore è la loro complessità, i tunicati fanno eccezione a questa regola; molto più complessi delle meduse per la differenziazione dei tessuti e degli apparati, possiedono tanto DNA quanto le meduse.

Un altro cordato, l'anfiosso, ha invece tutto l'aspetto di un "passo avanti" sulla strada dell'evoluzione: è un acranio, nel senso che il cranio non è differenziato (il nome "anfiosso" significa "animale a due punte" proprio per la mancata differenziazione tra le due estremità) ma possiede una corda dorsale elastica, al disotto della quale scorre il tubo neurale che costituisce il sistema nervoso centrale; esso si dilata anteriormente a formare la vescicola cerebrale. Ha sessi separati, una vera e propria circolazione sanguigna. Un esserino insignificante d'aspetto, della lunghezza massima di 7 cm, ma probabilmente è da un esserino simile che hanno avuto origine i vertebrati.

Sopra: un'ascidia, cordato del sottotipo tunicati.
In basso: schema dell'organizzazione dell'anfiosso,
un cefalocordato forse simile ai remoti stadi
evolutivi che precedettero i vertebrati.

Vertebrati senza bocca:
lamprede e missine

I vertebrati piú primitivi ancora presenti
nei mari allo stadio attuale dell'evoluzione
sono le lamprede e i missinoidi, chiamati anche "ciclostomi" perché, privi di mascella
e mandibola, hanno una bocca circolare, a
ventosa, che permette loro di vivere paras-
sitariamente succhiando il sangue dei pesci.
Il parassitismo è, evidentemente, un'abitu-
dine assunta in tempi relativamente recenti:
è probabile che, all'origine, questi animali
si nutrissero per filtrazione dell'acqua. Le
lamprede hanno un ciclo vitale molto complesso: nascono – lunghe pochi millimetri – nelle melme d'acqua dolce, dove vi-

vono filtrando l'acqua per un periodo da tre
a sette anni, e crescono fino a 17 cm; quando
le larve (chiamate ammoceti) si sono trasformate in adulti, migrano verso il mare; dal
mare poi, raggiunta la piena maturità, tornano alle acque dolci, dove si riproducono.
Il maschio, con la ventosa, muove le pie-
truzze per scavare un nido nuziale dove ha
luogo l'accoppiamento: il corpo maschile avvolge il corpo femminile cosí che gli spermatozoi vengono emessi proprio a ridosso
delle uova, via via che queste fuoriescono;
in tal modo la fecondazione è molto piú probabile di quanto sia nelle specie che abbandonano all'acqua le proprie cellule seminali.
Dopo l'emissione delle cellule seminali l'adulto muore. La lampreda di mare, o pesce flau-
to, può raggiungere un metro di lunghezza:
nessuna meraviglia, quindi, se attacca anche
animali di grande taglia, come le balene. In
Europa, a causa degli inquinamenti di origine
industriale che uccidono le larve presenti nelle acque dolci, le lamprede stanno estin-
guendosi.

Altri ciclostomi sono le missine, che però
solo occasionalmente sono parassite dei pesci: per lo piú vivono nel fango dei fondali,
scavando il fango col muso e nutrendosi dei
piccoli organismi o dei resti che esso contiene. La parte anteriore del corpo è per
solito immersa, il corpo invece sbandiera;
quando l'animale è nel nascondiglio lasciando affiorare il naso (l'olfatto è molto sviluppato), il fondale appare disseminato di col-
linette con minuscoli crateri. Come in molti
animali scavatori, anche nelle missine gli
occhi sono regrediti: però gli altri organi di
senso sono cosí efficienti che, se si trasporta
una missina anche a diversi chilometri di
distanza dalla sua tana nel fango, quasi sempre riesce a ritrovarla.

ORGANIZZAZIONE DI UN ANFIOSSO

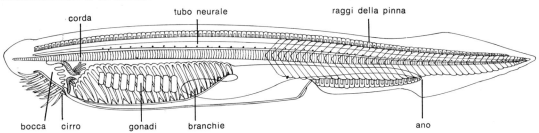

corda — tubo neurale — raggi della pinna

bocca — cirro — gonadi — branchie — ano

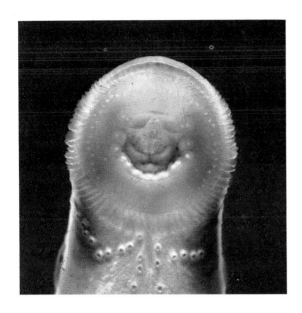

Sopra: la "bocca" d'una lampreda, della classe ciclostomi. Questi vertebrati, che non hanno mascelle e il cui scheletro è cartilagineo, sono forme relativamente primitive, nel senso che la loro struttura è simile a quella di forme molto antiche, ma presenta anche "soluzioni", come la potente bocca a ventosa, risultanti da un'ulteriore evoluzione.

Sotto: uno squalo in mare aperto, al largo delle coste della Polinesia. Gli squali sono pesci cartilaginei dotati di potenti mascelle.

Pesci cartilaginei

Successivamente ai ciclostomi comparvero, nell'evoluzione dei vertebrati, i pesci, che sono "gnatostomi", hanno cioè una bocca non piú circolare ma dotata di mandibola. I pesci piú primitivi ebbero scheletro non osseo ma cartilagineo. I pesci cartilaginei, o condritti, popolano ancora con un grande numero di specie i nostri mari, e comprendono gli squali, le razze, le chimere.

Gli squali fanno parte dei selaci, e le razze dei batoidei (animali di profondità): selaci e batoidei hanno, dietro gli occhi, un'apertura chiamata "spiracolo", dalla quale entra l'acqua per la respirazione; molti possiedono ruvide placche, o addirittura spine: lo squalo smeriglio, per esempio, è cosí ruvido che, a toccarlo, sembra smerigliato. Sono piú pesanti dell'acqua in quanto mancano della vescica natatoria della quale sono invece provvisti i pesci ossei, e per non precipitare sul fondo sono costretti a nuotare in continuità. perciò hanno elaborato tecniche di nuoto molto complesse. Il corpo dei selaci ha un movimento ondulatorio col massimo impulso che proviene dalla pinna caudale, le pinne pettorali sono delle superfici portanti, come ali, che fungono da timoni di profondità, e in taluni casi una spinta supplementare viene fornita dall'acqua che esce dalle branchie sotto pressione. Mentre l'ondulazione del corpo

Sopra: la torpedine occhiuta (*Torpedo torpedo*), pesce cartilagineo raiforme dotato di organi elettrici.
In basso: l'aquila di mare (*Myliobatis aquila*).
A fronte: sui bambini polinesiani incombe, appena pescato, un pesce martello (genere *Sphyrna*).

dei selaci avviene sul piano orizzontale, quella delle razze avviene sul piano verticale. I pesci cartilaginei possono essere ovipari oppure ovovivipari, o anche vivipari (gli ovovivipari si sviluppano nel corpo materno senza riceverne altro nutrimento se non quello che è stato accantonato inizialmente nell'uovo, i vivipari invece ricevono il nutrimento dalla placenta, come i mammiferi). L'attitudine predatoria si manifesta già prima della nascita: ancora nel grembo materno i piccoli

dello squalo toro si azzannano; solo il piú forte, che riesce a divorare i fratelli, vedrà la luce: avrà già, in quel momento, la lunghezza di un metro. Nei confronti dell'uomo non è pericoloso: non lo è nemmeno il cagnaccio dei nostri mari, *Carcharias ferox*, nonostante il nome di "squalo feroce".

Il piú pericoloso per gli uomini è lo squalo bianco o pescecane, che talora giunge alla lunghezza di dodici metri. Voracissimo, attacca gli altri squali, i leoni marini, i delfini, le testuggini, e anche le imbarcazioni. Anche lo smeriglio è pericoloso; tuttavia tra lo smeriglio e l'uomo il predatore è l'uomo, che dà la caccia allo smeriglio non solo per le ottime carni ma per la pelle che impiega per lucidare. Altri squali forniscono carne e pelli che vengono impiegate in luogo del pellame bovino. Lo squalo elefante, lungo fino a 14 m, non è mai pericoloso: per nutrirsi filtra da 1000 a 1500 tonnellate d'acqua ogni ora, e si alimenta del plancton e di larve. Sembra che si alimenti solo durante la stagione estiva. È viviparo (alla nascita misura m 1,5), si muove in grandi branchi che contano da 50 a 250 individui. Nei nostri mari lo squalo piú pericoloso è la verdesca, o squalo azzurro.

I rajformi, che comprendono le razze, hanno il corpo appiattito, con la bocca sulla superficie inferiore e gli occhi sulla superficie superiore. Nel Mediterraneo sono presenti il pesce sega, il pesce violino, il pesce chitarra. Sono rajformi anche le torpedini, nelle quali il capo si fonde con le pinne pettorali a formare un disco. Gran parte del disco è occupata dagli organi elettrici, muscoli trasformati che sono dotati di un polo negativo inferiore e di un polo positivo superiore; lanciano scariche elettriche di 2000 Watt alla tensione di 200 Volt, con le quali mettono in fuga i nemici e tramortiscono le prede.

Nel Mediterraneo vivono la razza chiodata, dal dorso irto di aculei, la razza farfalla con un aculeo solo, le aquile di mare e i colombi di mare, cosí chiamati perché nel nuoto le larghe pinne pettorali vengono mosse come ali nel volo. I mobulidi "volano" nell'acqua a bocca spalancata, catturando in questo modo grandi quantità di plancton e animali di piccole dimensioni. Il piú grande di questi animali è la manta, nella quale gli apici delle pinne pettorali possono distare tra loro anche sette metri.

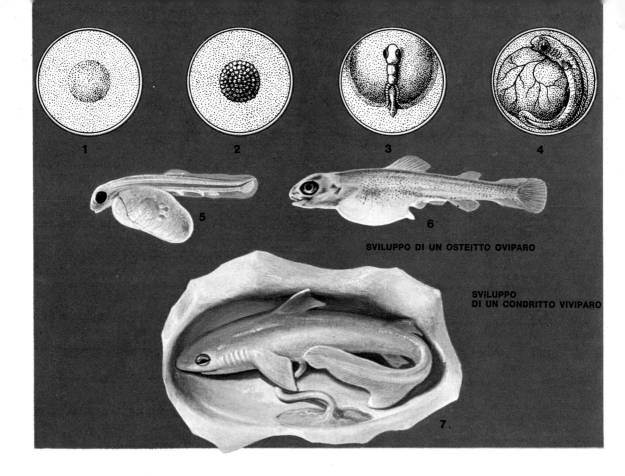

SVILUPPO DI UN OSTEITTO OVIPARO

SVILUPPO DI UN CONDRITTO VIVIPARO

Pesci ossei

I pesci ossei, gli osteitti, hanno scheletro osseo; sono dotati, quasi tutti, di una vescica natatoria collegata, oppure no, alla faringe: essa diminuisce il peso in rapporto al volume del corpo, e pertanto agevola il galleggiamento anche a riposo. Il cranio degli osteitti è formato di piú ossa, secondo un disegno generale che verrà poi conservato in tutti gli altri vertebrati. Anche le vertebre sono ossificate, e se ne dipartono quattro sporgenze: le superiori si saldano a formare il canale neurale che protegge il midollo spinale, le inferiori, nella regione anteriore del corpo, non si saldano e anticipano quella che sarà negli altri vertebrati la disposizione delle coste. Esistono pinne impari (dorsale, caudale, anale) e pinne pari, pettorali e ventrali. Le pinne pari si articolano su due cinti: il cinto pettorale nel quale si riconoscono la scapola, il coracoide, la clavicola, e il cinto pelvico. Anche qui troviamo anticipazioni significative dei futuri sviluppi evolutivi. Sono riconoscibili il pancreas e il fegato. Gli occhi differiscono poco da quelli dei condritti e sono molto evoluti; sui lati del corpo la linea

Sopra: i pesci ossei (osteitti) possono essere, come i pesci cartilaginei (condritti), ovipari o vivipari. Da 1 a 6: riproduzione ovipara di un osteitto col sacco del tuorlo che contiene i materiali nutritivi. In 7, riproduzione vivipara di un condritto: utero di squalo contenente un embrione con cordone ombelicale e placenta.

laterale è un canalino contenente cellule sensorie che avvertono ogni minima perturbazione dell'acqua. Molto sviluppati il senso del gusto e dell'olfatto, funzionali sia alla ricerca del cibo sia alla fuga dai pericoli: una sostanza che fuoriesce dalla pelle di un pesce ferito crea il fuggi-fuggi. Generalmente i sessi sono separati (raro l'ermafroditismo), la fecondazione è esterna: talora invece esiste viviparità. Mentre negli squali, come si è visto, le pinne pettorali hanno la funzione di timoni di profondità, negli osteitti la caduta in profondità è impedita dalla vescica natatoria: perciò le pinne pettorali cambiano funzione (stabilizzano contro il rollio) e per gli stessi motivi viene a mancare nei pesci ossei quella tendenza all'appiattimento del capo che fra i pesci cartilaginei trova la massima espressione nelle razze.

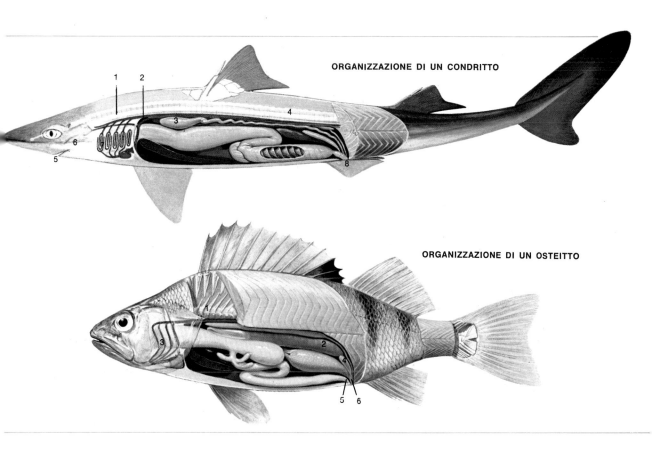

ORGANIZZAZIONE DI UN CONDRITTO

ORGANIZZAZIONE DI UN OSTEITTO

In alto: schema dell'organizzazione di un condritto: 1, vertebre; 2, aorta dorsale; 3, testicolo; 4, midollo spinale; 5, bocca; 6, faringe; 7, fessure branchiali; 8, apertura cloacale.
Sopra: schema dell'organizzazione di un osteitto: 1, vertebre; 2, vescica natatoria; 3, branchie; 4, vescica urinaria; 5, ano; 6, sbocco genitale.

Le vibrazioni e le variazioni di pressione dell'acqua vengono percepite da organi sensitivi distribuiti sulla superficie corporea (linea laterale).

I pesci cartilaginei hanno circa 3000 specie diverse, i pesci ossei circa 20 000; inoltre vi sono specie numerosissime: si calcola, per esempio, che esistano mille miliardi di sole aringhe.

Certi pesci raggiungono grandi dimensioni, come gli storioni che possono raggiungere i quattro metri (nei nostri mari i due metri); quattro metri misura il luccio alligatore dell'America del Sud, detto anche – ma impropriamente – "squalo d'acqua dolce" (perché abita alle foci dei fiumi). Il tarpone atlantico, lungo fino a m 2,5, può spiccare balzi in aria fino a sei metri, per fuggire il pericolo o anche solo per giocare.

Le migrazioni, forme di comunicazione

Fin dai tempi di Aristotele gli europei si chiedono da dove vengano le loro anguille, delle quali non è possibile, in Europa, studiare la riproduzione. Solo nel 1922 si scoperse che l'anguilla europea si riproduce nel Mar dei Sargassi, fra le Bermude e le Antille. Là avviene la deposizione delle uova e degli spermatozoi, dopo di che gli adulti muoiono. Le piccolissime larve, lunghe pochi millimetri, si abbandonano alla Corrente del Golfo che in tre anni le porta alle coste atlantiche dell'Europa; quando vi giungono sono lunghe sette centimetri. Qui inizia la metamorfosi: pur rimanendo trasparenti, gli animali imparano a nuotare attivamente, acquistano capacità visive e si dirigono verso le acque dolci, raggiungendo la propria sede a sette anni di età. Dopo un periodo che varia da nove a quindici anni subiscono un'altra trasformazione, cessano di nutrirsi, intraprendono la migrazione in senso inverso per ritrovare il Mar dei Sargassi, deporre le uova e gli spermatozoi, morire.

I pesci più importanti per la nutrizione umana sono le aringhe. Quelle dell'Atlantico

133

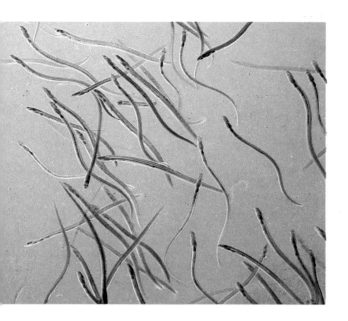

Sopra: anguille nello stadio giovanile di cieche.
Il lento processo di metamorfosi dura vari anni e,
inizialmente, porta a una diminuzione di lunghezza.
Sotto: anguilla adulta.

migrano dai fiordi norvegesi, dove nascono,
al Mare Glaciale Artico; poi tornano ai fiordi per la riproduzione. Le aringhe del Pacifico occupano l'area che va dallo Stretto di
Bering alla California, ma le loro migrazioni
sono piú brevi: dalla fascia costiera al mare
aperto, e viceversa. Il secondo posto nella
scala dell'importanza economica del pescato
spetta alle sardine, che come le aringhe sono
clupeiformi: se ne pesca ogni anno piú di

mezzo milione di tonnellate. Altri clupeidi
sono le alose, che nelle migrazioni seguono
un criterio opposto a quello delle anguille:
vivono ordinariamente nel mare, per riprodursi risalgono i fiumi. Sono clupeidi, e molto
importanti economicamente in tutti i paesi
del mondo, anche le acciughe.

Gli osteoglossi e i mormiriformi hanno
una dentatura che occupa non solo le mascelle ma anche il palato e la lingua. I mormiriformi, tra i quali il gimnarco del Nilo,
hanno organi elettrici che emanano deboli impulsi: non impulsi cosí intensi da mettere
in fuga il nemico, ma tali da creare un campo
elettrico le cui perturbazioni vengono avverti-
te dall'animale; anche la comunicazione tra i
sessi sembra avvenire mediante impulsi elettrici e variazioni del campo.

Anche i salmonidi sono migratori: il salmone europeo nasce nei fiumi, si trasferisce
al mare, fa ritorno ai fiumi. Salmoni provenienti da fiumi diversi si ritrovano nei me-
desimi pascoli marini, ma quando è giunta
la maturità sessuale si separano per raggiungere ciascuno il proprio luogo di nascita:
sembra che a guidarli sia l'olfatto. La femmina scava una fossa nella quale depone le
uova; dopo che i maschi vi hanno deposto
gli spermatozoi la ricopre con ghiaia. I salmonidi, pesci che dividono la vita tra il mare
e le acque dolci, in Europa sono ormai scomparsi o stanno scomparendo, per l'inquinamento industriale dei fiumi.

Alcuni salmoniformi degli abissi, piccoli
di dimensioni, hanno organi luminosi, che

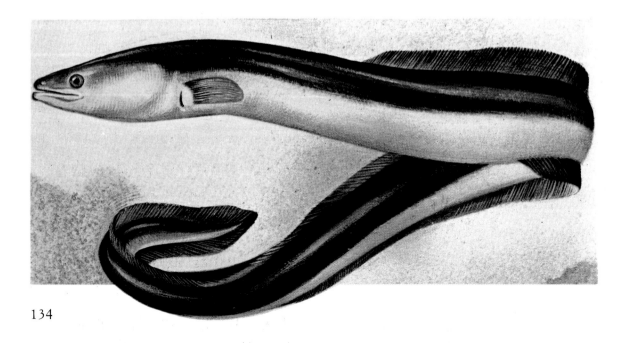

sembra emanino luce in funzione di comunicazione con i compagni di specie.

Tra i cipriniformi vi sono specie che hanno invece, con molta probabilità, forme di comunicazione sonora ad altissima frequenza, di cui si servono per tenersi uniti in banchi. Appartengono ai cipriniformi i pesci volanti: che realmente "volano" (per brevi tratti) e non si limitano a planare. Battono infatti con grande rapidità le pinne pettorali, inserite su uno sterno carenato come quello degli uccelli. Molti altri cipriniformi e ciprinidi abitano le acque dolci.

Tra i gadiformi molti sono utili per l'alimentazione umana: i merluzzi, i merlani, il nasello.

Le cure per i piccoli

I gasterosteidi hanno i fianchi coperti di sottili lamine ossee: fatto assolutamente eccezionale fra i pesci, hanno molte cure per la prole. Sono stati particolarmente studiati nel loro comportamento gli spinarelli, molto diffusi sia nei mari che nelle acque dolci. Quando si allungano le giornate, in primavera, ha inizio la maturazione sessuale e in pari tempo la migrazione verso i fiumi: il maschio acquista colori rutilanti, che una volta giunto al luogo degli amori renderanno vistose le sue danze di guerra nei confronti dei rivali, e le sue danze di corteggiamento nei confronti della femmina. Il maschio prepara il nido, vi spinge la femmina, vi depone lo sperma dopo che sono state deposte le uova. In seguito custodisce il nido contro tutti gli estranei, anche contro la stessa madre, vi convoglia continuamente acqua fresca, e infine, quando gli avannotti sono nati, sorveglia che non si allontanino, eventualmente ve li riporta tenendoli in bocca.

È un gasterosteo anche l'ippocampo, o cavalluccio di mare, dalla forma molto strana: il capo e il tronco formano un angolo retto, il muso è tubulare, la coda avvolta a spirale, il corpo rivestito di placche ossee; il maschio ha un marsupio nel quale accoglie e feconda le uova: i piccoli ne escono dopo quattro settimane. Per questo comportamento veramente eccezionale, sin dall'antichità, l'ippocampo è stato scelto come simbolo della devozione maschile.

Tra i percoidei si annoverano le cernie, un tempo abbondanti nei nostri mari e oggi in pericolo per l'entusiasmo col quale danno

Sopra: il balzo di un salmone in risalita.
Sotto: lo spinarello è un raro caso di pesce che prepara un vero e proprio nido dove la femmina può deporre le uova che vengono poi fecondate.

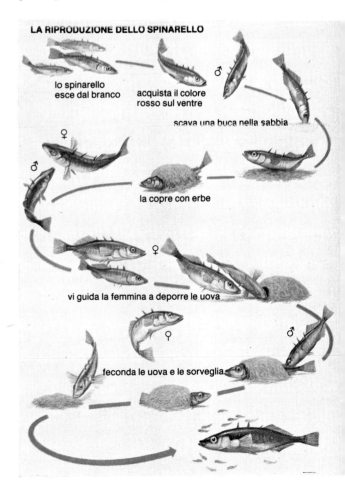

LA RIPRODUZIONE DELLO SPINARELLO

lo spinarello esce dal branco

acquista il colore rosso sul ventre

scava una buca nella sabbia

la copre con erbe

vi guida la femmina a deporre le uova

feconda le uova e le sorveglia

Sopra: ippocampo tropicale. In questi pesci, detti
cavallucci di mare, il maschio ha una borsa ventrale
dove la femmina depone le uova e dove i piccoli
si trattengono dopo la schiusa.
A fronte, sopra: mattanza di tonni a Favignana,
nelle Egadi.
A fronte, sotto: i "badijuni" dell'Oceano Indiano
pescano le tartarughe di mare servendosi delle
remore, pesci dotati di un disco adesivo derivato da
una trasformazione della pinna dorsale. Le remore
vengono abituate a vivere legate a una sagola
lunghissima che le vincola all'imbarcazione: quando
viene avvistata la tartaruga, la remora le viene
scagliata contro e, quando ha aderito al guscio, viene
recuperata assieme alla preda.
Sotto: un esemplare del genere *Tilapia*. In questi
pesci le uova fecondate vengono tenute in bocca fino
alla schiusa (incubazione orale).

loro la caccia i pescatori subacquei, e alcuni
pesci da acquario dalle splendenti livree; in
certe specie, per esempio tra i "re delle triglie", sia il maschio che la femmina tengono
in bocca le uova per covarle. Le remore hanno un disco adesivo col quale si attaccano
a grandi animali (squali, testuggini) facen-
dosi trasportare; a volte si fanno trainare
dalle navi. Sono percoidei anche il dentice,
l'orata, l'ombrina; alcuni tipi di ombrine
fanno segnali sonori: grugniscono, bronto-
lano. Sembra che, durante la seconda guerra
mondiale, le stazioni d'ascolto americane abbiano scambiato per brontolii di animali marini i rombi dei motori dei sommergibili
giapponesi, e che questo errore abbia contribuito al successo dell'attacco giapponese a
Pearl Harbour. Percoidei sono anche le triglie; le triglie di scoglio, oltre a carni di squisito sapore, hanno anche uno splendido colore rosato che nell'agonia acquista sfumature
cangianti; nei banchetti dell'antica Roma si
portavano in tavola triglie vive, per offrire ai
convitati lo spettacolo suggestivo della loro
morte.

Sono percoidei anche i ciclidi, pesci dei
quali è particolarmente interessante il comportamento nei confronti della prole. La *Tilapia mossabica* tiene in bocca prima le uova
fecondate, poi i piccoli già in grado di nuotare, e li alimenta con cibi premasticati, come
fanno certi uccelli. In molte specie i due sessi
collaborano nell'allevamento dei piccoli e nella custodia del nido; hanno livree splendide,
probabilmente con significato intimidatorio;
hanno un alto grado di aggressività verso i
compagni di specie, che però per solito ritua-
lizzano, riducendola a un cerimoniale. Hanno
insomma comportamenti differenziati e complessi che forniscono un materiale di studio
molto interessante.

Tra i percoidei si contano anche molti altri
pesci, dai cefali ai muggini ai pericolosi bar-
racuda, piú temibili degli squali, dai ghioz-
zi agli scombri; fra gli scombridi va annove-
rato il tonno, forse il piú grande pesce dei
nostri mari (lungo fino a cinque metri). I
tonni migrano fra il Mediterraneo e l'Atlantico, vengono sottoposti a caccia spietata:
sospinti nelle tonnare, sono massacrati a ran-
dellate (mattanza). Assai pregiato è l'aggres-
sivo pesce spada, che si trova in diversi mari
e che si riproduce solo nel Mar dei Sargassi
e nel Mediterraneo.

Dai fossili viventi
alla conquista della terraferma

Alcuni pesci conservano invariata la loro forma da duecento milioni di anni, e sono perciò definiti "fossili viventi": tra questi il celacanto chiamato *Latimeria chalumnae*, che nel 1938 venne pescato davanti alle coste del Sud Africa; a quel primo esemplare ne fecero seguito altri, negli anni successivi. La latimeria è lunga fino a un metro e mezzo, ha la coda divisa in tre lobi, le pinne sfrangiate; fa parte dei pesci crossopterigi, forme arcaiche, poco evolute, per lo piú estinte, che però presentano grande interesse in quanto si ritiene che da esse abbiano tratto origine gli anfibi, e quindi i rettili e tutti gli altri vertebrati. Non è però alla latimeria che si attribuisce questo ruolo, bensí ai ripidisti, specie che si erano trasferite dai mari alle acque dolci, e che vi si estinsero.

Circa 350 milioni di anni fa questi crossopterigi d'acqua dolce iniziarono il processo evolutivo che doveva condurre alla nascita dei tetrapodi ("animali a quattro piedi": vale a dire, tutti i vertebrati terrestri). Esisteva una specie di "pre-adattamento", cioè una condizione che avrebbe favorito l'adattamento alle nuove condizioni ambientali: infatti passare dall'acqua alla terraferma significa ri-

Sopra: un celacanto, la *Latimeria chalumnae*. I pesci di questa specie sono considerati "fossili viventi" perché la loro evoluzione si è arrestata circa 200 milioni di anni fa. Altri crossopterigi, estinti, iniziarono invece il processo evolutivo che ha dato origine ai vertebrati terrestri.

nunciare alla pressione idrostatica che sostiene il corpo, e significa dunque arrischiare di appiattirsi al suolo; i crossopterigi potevano evitare questo pericolo in quanto le loro pinne non erano, come negli altri pesci, fissate al tronco per tutta la lunghezza, bensí articolate con un peduncolo, cosí da poter essere impiegate come "zampe" per sostenere il peso della parte anteriore del corpo. Un indizio della derivazione dei tetrapodi dai crossopterigi si ritrova anche nel fatto che, mentre altri pesci avevano pinne a molti raggi, sottili, i crossopterigi avevano pinne con cinque raggi robusti, articolati come abbozzi di dita.

Altra condizione di "pre-adattamento" era la vescica natatoria ad alveoli, pronta a trasformarsi in polmone, nonché la presenza di narici comunicanti con la cavità orale: due disposizioni che avrebbero consentito di abbandonare la respirazione branchiale per attuare la respirazione polmonare. Cosí i pesci dalla pinna a fiocco, o a remo (crossopterigi)

Sotto: ricostruzione di un *Eusthenopteron*, crossopterigio a cui si attribuisce la conquista della terraferma. Le sue pinne pettorali e ventrali avevano raggi di sostegno inseriti su una struttura ossea simile a un arto. Tale disposizione permetteva all'animale di sollevare il corpo e di muoversi anche all'asciutto.

conquistarono un mondo precluso ai pesci dalle pinne raggiate (actinopterigi): oggi gli actinopterigi dominano i mari con decine di migliaia di specie e centinaia di miliardi di individui agili, veloci, efficienti, talora sfolgoranti di bellezza, mentre i crossopterigi sono pochi, in via di estinzione, e relegati nei piú profondi abissi: ma i loro discendenti hanno conquistato la terraferma e, con la conquista del nuovo mondo, hanno anche intrapreso la via che doveva portare al massimo sviluppo dell'intelligenza. La pinna a remo del crossopterigio contiene l'abbozzo della mano dell'uomo.

Il ritorno al mare: mammiferi tra le rive e le onde

Alcuni dei discendenti piú evoluti dei crossopterigi ritrovarono poi, a distanza di centinaia di milioni di anni, le vie del mare: sono i mammiferi marini.

I pinnipedi sono mammiferi carnivori. Le otarie orsine (callorini dell'Alaska, orsi marini artici) nel 1870 erano circa quattro milioni, nel 1914 dopo decenni di caccia spietata erano solo 200 000, ma da qualche tempo il loro numero sta aumentando per le misure di tutela che sono state assunte da varie nazioni. In primavera i maschi esploratori giungono alle isole Pribilof, e ispezionano la località. Se constatano che non vi sono pericoli si allontanano a nuoto e poi tornano con i maschi anziani; cominciano allora le grandi battaglie per la conquista del posto vicino a riva: gli animali, lunghi due metri e pesanti intorno ai due quintali, si infliggono reciprocamente orribili ferite; i maschi giovani arrivano piú tardi, e generalmente non riescono ad assicurarsi che i posti in ultima fila. Conquistati i posti, i maschi non si muovono piú, nemmeno per cercare il cibo: infatti chi si allontana perde il posto, e chi perde il posto perde l'occasione di conquistare le femmine. Le femmine arrivano puntualmente il 14 giugno, e allora riprende tra i maschi la grande battaglia in cui ciascuno tenta di organizzarsi un harem numeroso. Quando sono costituiti e stabilizzati i gruppi, le femmine partoriscono i cuccioli, che accudiscono continuamente per una settimana. Dopo di che si accoppiano, e ricominciano a scendere in mare per pescare: tornando sempre a riva per allattare i piccoli. I maschi dopo gli accoppiamenti si allontanano, e sulla terraferma rimangono soltanto le femmine con i piccoli, che in settembre saranno già in grado di nuotare, allora tutti gli animali si allontaneranno, per navigare fino alla primavera successiva.

Esistono altre specie di otarie, lungo le coste del Sudamerica, della California, delle Galapagos, del Sudafrica, dell'Australia. Sulla terraferma le otarie trottano o galoppano con disinvoltura, in acqua sono ottime nuotatrici, si rotolano, spiccano grandi balzi. Sono animali intelligenti, apprendono volentieri i giochi che l'uomo insegna. Piú grandi e robuste delle otarie orsine sono le otarie leonine, o leoni marini; piú grandi ancora sono i trichechi, tra i quali i maschi possono arrivare a pesare 1500 chilogrammi. Benché siano cosí pesanti, anche i trichechi oltre a nuotare possono muoversi sulla terraferma, perché i loro arti a pinna sono lunghi e molto mobili. Hanno zanne a crescita perenne, lunghe da 50 a 70 centimetri. A differenza delle otarie, i trichechi si accoppiano e partoriscono in mare: anch'essi, però, allevano i piccoli sulla terraferma, o meglio sul ghiaccio. Questi grandi animali sono in via di estinzione a causa della caccia che viene data loro.

Le foche sono adattate alla vita marina piú delle otarie o dei trichechi, e perciò sono meno adatte alla vita su terraferma. Si dà la caccia – per la bella pelliccia bianca ed esente da macchie – ai neonati: la mattanza delle foche neonate è una delle pagine piú nere della storia della ricerca del profitto contro ogni sentimento di solidarietà con gli animali. Da parte di vari enti ecologisti si sono promosse azioni contro questa pratica. La realtà, purtroppo, è che il bracconaggio sussiste tutt'ora.

Le foche monache popolavano un tempo il Mediterraneo: non erano migratrici, ma vivevano in colonie stabili davanti alle isole sulle quali si recavano per partorire. Animali sensibilissimi, le femmine gravide, disturbate soprattutto dai suoni, arrivano sempre piú di frequente ad abortire. La specie è ormai prossima all'estinzione.

Nell'Antartide vive la foca di Weddell, che nuota a grande profondità sotto le distese di ghiaccio, e quindi non può orientarsi con la vista: è capace di emettere ultrasuoni, e di percepirne l'eco. Per respirare affiora e spezza la lastra di ghiaccio.

Enormi sono gli elefanti marini, che giun-

Sopra: una colonia di otarie (*Otaria flavescens*) sulle coste della Patagonia, in Argentina; gli animali fuggono in mare, spaventati dall'arrivo dell'uomo. Sotto: un gruppo di trichechi (*Odobenus rosmarus divergens*), grandi carnivori pinnipedi che possono arrivare al peso di 1500 chili. Questi animali sono minacciati di estinzione a causa della caccia che viene loro data. La foto è stata ripresa in Alaska.

Sopra: in Patagonia, una femmina di elefante marino (genere *Mirounga*). Gli elefanti marini vivono nelle acque artiche e antartiche. Le femmine si portano a terra per il parto. Nelle lotte fra maschi, il maschio più forte conquista l'harem più numeroso.
A destra: un eschimese della zona dello Stretto di Bering trascina una foca che ha catturato. La caccia a questi pinnipedi ne ha ridotto molto il numero.

gono alla lunghezza di sei metri e mezzo; si accoppiano e partoriscono sulle isole antartiche. Anche le foche della Groenlandia, come pure la foca grigia e la foca comune, corrono rischio di estinzione, in parte per il massacro che ne fanno i cacciatori, ma in parte anche per l'inquinamento. Infatti le grandi quantità di DDT che sono finite negli oceani negli anni scorsi, anche se ufficialmente ormai tali insetticidi sono al bando, hanno causato danni irreparabili al metabolismo di questi grandi animali e quindi anche alla loro fecondità.

Mammiferi tuffatori di profondità

I pinnipedi, come abbiamo visto sin qui, sono adatti sia alla vita sulla terraferma che alla vita in alto mare, anche se non sono adattati altrettanto bene a tutti e due i modi di vivere. Diversa è la situazione dei cetacei: benché mammiferi, essi possono vivere soltanto nel mare: devono quindi essere andati incontro a processi di adattamento che ne hanno modificato la fisiologia in una maniera che ancora non è ben nota.

Ci si chiede come mai la balenottera possa immergersi a 350 metri, e il capodoglio fino a 900 metri, senza inconvenienti, mentre per l'uomo è impossibile immergersi sotto i 120 metri; si suppone che per il cetaceo l'immersione sia meno pericolosa in quanto ha, in proporzione, polmoni molto più piccoli dell'uomo: circa la metà. È molto più ridotto quindi il fenomeno della compressio-

ne dei polmoni e dell'ingresso di aria nel sangue, aria che poi durante la risalita forma delle "bolle", cioè degli emboli gassosi che bloccano la circolazione del sangue. Tuttavia il cetaceo in immersione rimane in apnea per intervalli molto lunghi: la balenottera fino a 40 minuti, il capodoglio fino a 90 minuti. Come possono farlo, se – per il ridotto volume polmonare – la loro scorta d'aria è, in proporzione, tanto piú piccola di quella di un uomo che si immerge in apnea?

Può darsi che diversi meccanismi concorrano a conferire ai cetacei queste straordinarie possibilità. Già abbiamo visto, all'inizio di questa storia, che un tempo il glucosio veniva impiegato come fonte energetica anche in assenza di ossigeno, nei processi di fermentazione: tutti gli organismi piú evoluti hanno conservato questa capacità, che però utilizzano marginalmente, in quegli sforzi che vengono compiuti "in debito di ossigeno", cioè nei tempi iniziali degli sforzi stessi; il lavoro in debito di ossigeno, compiuto grazie all'impiego del glucosio senza il normale processo di respirazione, non può essere protratto perché accumula nei muscoli acido lattico. Può darsi che nei cetacei la capacità di contrarre debito di ossigeno, cioè di utiliz-

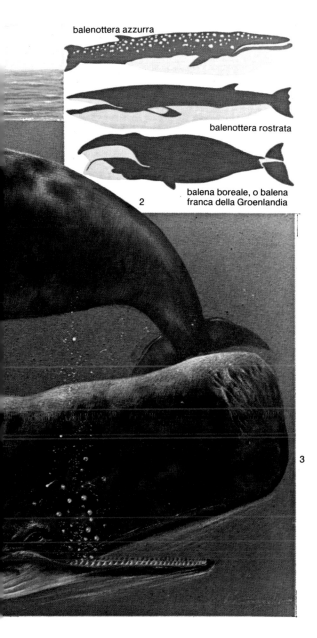

balenottera azzurra

balenottera rostrata

balena boreale, o balena
franca della Groenlandia

2

3

In alto: una balenottera azzurra (*Balaenoptera musculus*), una balenottera rostrata (*Balaenoptera acutorostrata*), e una balena boreale o balena franca della Groenlandia (*Balaena mysticetus*).
Sopra: 1, megattera (*Megaptera novaeangliae*); 2, balena glaciale (*Eubalaena glacialis*); 3, balenottera comune (*Balaenoptera physalus*); 4, capodoglio (*Physeter catodon*). La balenottera azzurra è il piú grande e massiccio animale mai vissuto sul pianeta: raggiunge i 30 metri di lunghezza e le 130 tonnellate di peso.

zare energeticamente il glucosio "rinviando" l'assunzione di ossigeno, sia maggiore che negli organismi degli altri mammiferi. Inoltre la scorta di ossigeno per l'immersione, che nell'uomo viene fatta sotto forma di scorta d'aria nei polmoni, nei cetacei viene accumulata diversamente; anche nell'uomo solo una frazione (il 34 per cento) dell'ossigeno presente nel corpo si trova nei polmoni: nei cetacei questa frazione è inferiore (è il 9 per cento): maggiori quantità di ossigeno sono immagazzinate nella mioglobina, proteina che costituisce le masse muscolari. Per di piú, il singolo atto respiratorio rinnova solo il 10 per cento dell'aria contenuta nei polmoni di un mammifero terrestre, mentre nel cetaceo ne rinnova il 90 per cento. Questo avviene con espirazioni sotto forte pressione, che fanno uscire dagli sfiatatoi nuvole di vapore alte fino a sei metri; gli sfiatatoi sono le narici, che negli embrioni dei cetacei hanno una collocazione anteriore (come negli altri mammiferi) solo all'inizio dello sviluppo, e poi si spostano verso la sommità del capo e superiormente. In fase embrionale sono presenti gli abbozzi dei quattro arti: successivamente gli arti anteriori diventano piccole pinne prive di funzione, gli arti posteriori regrediscono completamente. Il movimento del nuoto avviene solamente per la spinta della robusta coda: vengono raggiunte grandi velocità, fino alla velocità massima di 50 km/h per le balenottere. Sono in corso studi sull'epidermide del delfino per accertare quali ne siano le caratteristiche che evitano il formarsi di turbolenze e quindi agevolano il nuoto.

Il problema della conservazione dei livelli fisiologici della temperatura è risolto dal pannicolo adiposo abbondante, che però varia secondo la stagione.

L'accoppiamento dei piú grandi cetacei è preceduto da un'immersione a testa in giú, dalla quale i due individui riemergono verticalmente, con la testa in alto, e le due pareti addominali in contatto: la penetrazione ha luogo, dunque, mentre gli animali sono in aria, per pochi secondi. La gravidanza è molto lunga (fino a 16 mesi in certe specie) e il piccolo nasce molto maturo: cioè di grandi proporzioni rispetto al corpo materno, e pronto a apprendere il nuoto. È un adattamento importante, perché se i neonati fossero inetti quanto i cagnolini o i gattini le madri, in alto mare, non saprebbero proteggerli. Non per nulla i pinnipedi, che vivono benissimo in mare, per allevare i piccoli partoriscono a riva.

I misticeti comprendono le balene e le balenottere: le balene si nutrono nuotando a bocca aperta nei banchi di gamberetti, e separando i gamberetti dall'acqua; le balenottere invece ingurgitano tutto, acqua e cibo, per spremere successivamente l'acqua fuori dalla bocca.

Gli uomini hanno sempre dato la caccia alle balene, ma la caccia è diventata distruttiva soprattutto nel secolo scorso, per i progressi tecnici della navigazione e dell'arpionamento. Alcuni decenni di caccia senza limitazioni avevano ridotto quasi all'estinzione diverse specie; da quando sono state introdotte delle limitazioni, le specie stanno lentamente ricostituendo i loro effettivi.

La balenottera azzurra, con i suoi 30 metri di lunghezza e 130 tonnellate di peso, è il piú grande animale che sia mai vissuto sulla terra. Nonostante la mole enorme, balene e balenottere giocano, caprioleggiano, fanno grandi balzi fuori dall'acqua.

Mentre i misticeti sono un gruppo piuttosto omogeneo, gli odontoceti comprendono specie alquanto differenti l'una dall'altra. Caratteristiche comuni sono l'asimmetria del cranio e l'assenza dell'olfatto.

Il capodoglio, lungo fino a 18 metri, si nutre a preferenza di grandi cefalopodi che vivono in profondità, e si immerge fino a piú di 900 metri per andare a caccia. Tra gli odontoceti si annoverano inoltre i platanisti, o delfini d'acqua dolce, intelligenti e miti, i narvali, le focene che dai mari risalgono i fiumi, e i delfini.

I delfini: leggende e realtà

Le leggende hanno sempre parlato del delfino come di un animale capace di comunicare con l'uomo, e persino di capirne il linguaggio; si raccontava, per esempio, di delfini che avevano salvato dei naufraghi, o che per gioco si erano lasciati cavalcare dai bambini. Nel secolo scorso queste leggende vennero trattate, dagli scienziati, con un certo disprezzo. Tuttavia a poco a poco si fece strada qualche interrogativo inquietante: qual è il significato del grande volume che il cervello del delfino possiede? Qual è il significato delle sue circonvoluzioni, piú numerose e profonde di quelle del cervello umano? La semplice e grezza osservazione anatomica lasciava qualche spazio per l'ipotesi di un animale dalla grande intelligenza. Ma dovettero trascorrere parecchi decenni prima che si riuscisse a cominciare a capire il posto che il delfino occupa nel regno animale.

Alcune difficoltà che si dovettero superare erano di ordine tecnico: si tratta di animali che hanno bisogno di impianti con grandissime masse d'acqua, che possano venire rinnovate con rapidità al fine di non lasciare gli animali a livelli cosí bassi da riuscire pericolosi (il solo fatto di vedere il livello diminuire getta il delfino in uno stato di profonda preoccupazione e di vero panico). Ma c'erano altre difficoltà, di ordine culturale: nel secolo scorso il rapporto fra lo scienziato e gli animali era un rapporto in un certo senso chiuso alla comprensione, perché partiva dal presupposto che l'intelligenza fosse una caratteristica esclusiva della specie umana, partiva cioè da una sorta di contrapposizione tra l'uomo da un lato e "gli animali" dall'altro. Nel nostro secolo – in gran parte per merito degli etologi, cioè degli studiosi del comportamento animale – questi presupposti rigidi hanno iniziato a cadere: non si pensa piú che l'intelligenza sia patrimonio esclusivo dell'umanità, ma si cercano prove di intelligenza nelle diverse specie (si è riscontrato, per esempio, che lo scimpanzé può costruire delle semplici, ma corrette, frasi inglesi), e si è disponibili al concetto di forme di intelligenza tra loro diverse. È un atteggiamento che possiamo definire senz'altro "piú democratico", e al tempo stesso piú realistico. Nel secolo scorso l'osservazione psicologica dell'animale veniva effettuata in laboratorio, senza alcuna preoccupazione di collocare l'animale in situazioni simili a quelle di natura: per esempio, venivano osservati da soli animali che in natura non conoscono la solitudine ma vivono sempre in compagnia dei propri simili. Si osservava l'animale in rapporto ai congegni fabbricati dall'uomo (attrezzi, labirinti eccetera) e all'uso che sapeva farne, non lo si osservava in base ai suoi comportamenti spontanei. Nel nostro secolo invece lo studioso degli animali sa di dovere studiarli nel loro rapporto reciproco, nel loro ambiente naturale: emblematica a questo riguardo è la celebre foto dello scienziato austriaco Lorenz che, per studiare le anitre, sta

Una coppia di tursiopi (*Tursiops truncatus*, sopra), e un altro di questi cetacei delfinidi (sotto) che accorre al richiamo dell'addestratrice. I delfini sono oggetto di studi per la loro particolare "intelligenza".

immerso nella palude, guardando gli animali dal loro stesso livello e non "dall'alto". Questo atteggiamento, che in un certo senso può essere ritenuto più umile, è stato ed è molto fecondo di risultati: non contrappone l'uomo al mondo animale, ma lo considera parte integrante di quel mondo, gli apre le porte di un rapporto amichevole con una cerchia sempre più vasta di esseri viventi, gli fa capire che non c'è vero rispetto per l'uomo se non c'è rispetto per la vita nel suo insieme.

In questa prospettiva il naturalista Lilly, che si china sulle vasche dei delfini cercando di parlare con loro, e che cinquant'anni fa sarebbe stato compatito come un mistico, è oggi invece considerato uno scienziato capace e di grande valore.

Quasi agghiaccianti sono le notizie sulla possibilità di impiegare delfini opportunamente addestrati per far "recapitare" bombe in luoghi che hanno importanza strategica; alcuni delfini sono anche stati utilizzati per sminare determinati bracci di mare. Naturalmente tali applicazioni delle ricerche etologiche sono ben viste e caldeggiate dagli alti gradi militari.

LE RISORSE DEL MARE

**I tesori della spiaggia e
della piattaforma continentale**

La piattaforma continentale è la fascia sommersa che si estende dalla linea di costa fino a 200 metri di profondità: ha una larghezza media di 78 chilometri e una superficie complessiva enorme. Con 25 milioni di chilometri quadrati essa costituisce il 7 % circa dell'intera superficie oceanica e ha un'area quasi pari a quella di Europa e Sud America sommate insieme. La maggiore ricchezza della piattaforma continentale è il petrolio, di cui però parleremo piú avanti. Ma oltre all'oro nero essa offre all'uomo molte altre cose.

I materiali piú comuni sono le ghiaie e le sabbie da costruzione. All'epoca attuale c'è un bisogno enorme di tali materiali, per costruzioni di edifici, impianti industriali, strade, aeroporti eccetera. Nei Paesi piú avanzati si calcola che il consumo annuo, in continuo aumento, equivalga a oltre cinque tonnellate per abitante! Prelevare tali materiali sulle aree emerse comincia a diventare un problema di difficile soluzione. Infatti i costi dei terreni, in cui aprire le cave, sono spesso proibitivi, o addirittura non ci sono terreni disponibili per lo scavo, perché è piú redditizio usare tali aree per l'agricoltura o per gli insediamenti, ciò anche senza considerare il lato ecologico, la deturpazione dell'ambiente. Prelevare sabbie o ghiaie dai corsi d'acqua si è già dimostrato estremamente dannoso per l'influenza che questa operazione ha sul regime del fiume: lo scavo sulle sue sponde o nel suo letto ne modifica la dimensione e, in particolare, la pendenza. Se questa aumenta, aumenta anche la velocità della corrente e quindi la sua forza erosiva; se lo scavo si verifica in altre parti si determinano invece delle contropendenze cui può conseguire il rigurgito o lo straripamento.

Una spiaggetta della riviera amalfitana con sabbia grossa e ghiaia. Le spiagge possono essere ricche riserve di sostanze utili. Lungo varie coste le spiagge sono formate da sabbie di minerali pregiati, se non addirittura preziosi quali oro e diamanti. Spiagge diamantifere si trovano lungo talune coste dell'Africa occidentale e dell'Africa sudorientale. In altri casi le spiagge sono immense riserve di materiali meno pregiati ma utilissimi all'industria: minerali duri usati come abrasivi, quarzo per l'industria vetraria, rutilo usato come pigmento bianco.

Nci fondi della piattaforma ci sono invece risorse immense, qua e là, di sabbie e di ghiaie. Queste ultime sono il residuo di fiumi "fossili" che esistevano quando la piattaforma era emersa come conseguenza del ritiro del mare per le glaciazioni. Al successivo aumento del livello del mare, che è cresciuto di circa 150 metri dopo l'ultima glaciazione, questi fiumi sono stati man mano ricoperti dai fini sedimenti marini e dall'acqua stessa del mare. Le sabbie marine costituiscono addirittura parte dei sedimenti attuali, derivati dal trasporto fluviale e dall'erosione delle coste ad opera del moto ondoso. I metodi geofisici e le perforazioni permettono di individuare questi alvei sepolti e sommersi.

L'unico vero problema che sussiste nel caso delle ghiaie e delle sabbie marine da utilizzare come materiale da costruzione è che sono salate; il sale contenuto infatti disturba, sia che si tratti di materiale inerte da usare per esempio nelle massicciate, sia di materiale che entra nella composizione di malte e di calcestruzzi. Nel primo caso infatti il sale può, dilavato dalle acque meteoriche o circolanti, inquinare il terreno agricolo o la falda acquifera del sottosuolo; nel secondo caso invece il sale ostacola o impedisce la presa della calce o del cemento, compromettendo l'efficienza della struttura in cui il materiale viene impiegato.

Per la dissalazione sono stati fatti diversi tentativi e il problema principale è sempre lo stesso: far sí che il sale disciolto durante le operazioni di "lavaggio" di questi materiali sia trasportato rapidamente in mare e non si depositi invece sui terreni circostanti: le ghiaie e le sabbie salate sono state poste in foci fluviali o anche sul terreno, presso le coste, in modo che l'acqua salmastra derivata dal dilavamento di questi materiali ad opera dell'acqua del fiume o della pioggia potesse defluire piú rapidamente possibile al mare. Si tratta comunque di problemi complessi, che impongono di volta in volta attenti studi e attente scelte territoriali; altrimenti il danno può essere maggiore di quello provocato dalle comuni cave di ghiaia e sabbia nel letto dei fiumi. Il problema della dissalazione interviene naturalmente anche nel caso dell'utilizzazione di materiali meno comuni sui quali ci soffermeremo piú avanti; ma in questi casi spesso il compenso economico è tale da consentire processi di lavaggio anche di un certo costo, che non sono, normalmente, sopportabili per i materiali inerti da costruzione.

Nel campo delle sabbie comuni sono da citare, come materia prima per importanti lavorazioni, le sabbie calcaree e le sabbie quarzose. Le sabbie calcaree possono derivare dalla disgregazione di rocce calcaree che si affacciano su talune coste o che sono incise dai fiumi: dalla continua elaborazione provocata dal rotolamento, ciottoli o blocchi di roccia vengono via via ridotti di dimensioni fino a trasformarsi prima in granelli di sabbia, poi in particelle ancora piú fini come quelle del limo e, poi, a dissolversi. In altri casi le "sabbie" calcaree derivano da frammenti di conchiglie che, in talune zone, possono essere straordinariamente abbondanti. Queste sabbie calcaree sono preziose per produrre calce e cemento, come nelle regioni in cui le rocce del continente sono di natura vulcanica e mancano delle normali materie

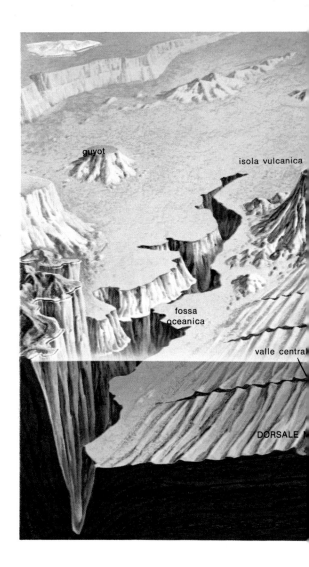

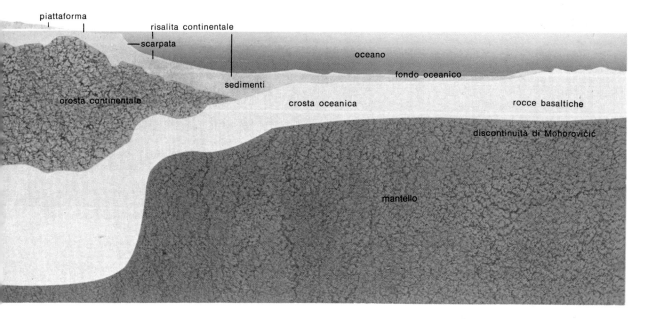

picchi sottomarini

risalita continentale

guyot

faglie trasformi

scarpata continentale

atollo

piattaforma continentale

atollo

canyon sottomarino

...ANICA

A fronte: schema di una sezione trasversale di fondo oceanico che indica le principali strutture che vi si trovano, nonché i rapporti col continente e col sottofondo oceanico.
Sopra: rappresentazione delle principali forme del fondo oceanico. Al centro si distende la dorsale medio-oceanica, un grande corrugamento lungo oltre 64 000 chilometri e caratterizzato da una profonda valle centrale. Ai margini dell'oceano si distendono, invece, le fosse oceaniche. Dominano poi ovunque le strutture vulcaniche che possono emergere a formare isole vulcaniche o atolli corallini oppure rimanere sommerse a formare vulcani sottomarini attivi oppure spenti (picchi sottomarini). Alcuni di questi picchi hanno la sommità perfettamente piatta, testimonianza di una loro antica emersione: sono i guyot. Di fondamentale interesse è la dorsale medio-oceanica, perché da essa fuoriescono materiali magmatici che costruiscono progressivamente nuova crosta terrestre e fanno espandere i fondi oceanici. Di significato opposto sono le fosse oceaniche, ove la crosta sprofonda nel mantello.

prime per questi prodotti e cioè calcari e marne. Nel caso, ad esempio, dell'Islanda, un'isola vulcanica in cui mancano altre fonti di calce, il carbonato di calcio necessario per ottenere la calce o per fabbricare il cemento viene ricavato da depositi sottomarini di gusci di conchiglie, situati presso le coste e a non grande profondità.

Le sabbie quarzose, invece, se sono pure e abbondanti sono assai pregiate poiché dalla loro fusione, con l'aggiunta di opportuni additivi, si ottiene il vetro. Se non sono pure possono comunque essere utilizzate per fabbricare malte piú dure e resistenti di quelle fatte con calce e sabbia calcarea.

L'accennato fenomeno dei granuli di carbonato di calcio che vengono successivamente ridotti fino al completo dissolvimento, obbliga a spiegare cosa sono e come si for-

149

mano i sedimenti sabbiosi. Questi infatti si formano attraverso processi di disgregazione, di selezione e di trasporto, legati sia alla durezza ed alla resistenza del materiale sia alla sua densità. Materiali molto duri danno sabbie persistenti, che non si dissolvono o si dissolvono lentamente; materiali molto densi danno sabbie che si separano facilmente da altri granuli. Se la densità dei granuli, diversi per composizione chimica o per natura mineralogica, è pressoché eguale, il gioco delle correnti e del moto ondoso non riesce a separare, a frazionare cioè, i vari componenti, tanto che resta una sabbia mista, di difficile utilizzazione specifica.

Le sabbie, calcaree o quarzose, sono uno dei prodotti estremi di un processo di disgregazione che è cominciato molto lontano, sul

continente: le piogge, il freddo, le acque correnti hanno distaccato frammenti rocciosi dalle montagne e li hanno trascinati fino al mare. Durante questo percorso i pezzi di roccia si sono ulteriormente spezzati e levigati fino a quando non sono giunti al mare. Qui le onde e le correnti costiere li hanno trascinati magari molto lontano dalla foce del fiume attraverso il quale sono giunti al mare. Durante tutto questo viaggio i granuli sono stati selezionati: quelli meno resistenti sono scomparsi perché si sono disciolti; quelli piú leggeri sono stati portati piú lontano, mentre quelli piú pesanti si sono fermati prima. Ecco perché alcune spiagge sono costituite soprattutto da granuli di un certo tipo: il mare stesso li ha scelti e separati dagli altri. Naturalmente questo è possibile sol-

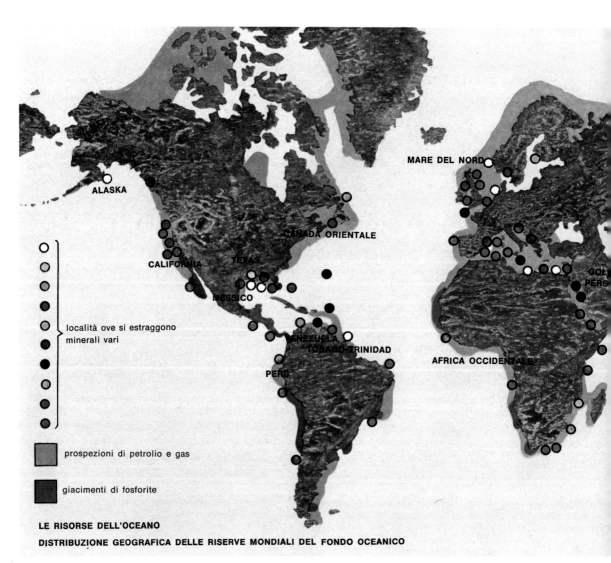

località ove si estraggono minerali vari

prospezioni di petrolio e gas

giacimenti di fosforite

LE RISORSE DELL'OCEANO
DISTRIBUZIONE GEOGRAFICA DELLE RISERVE MONDIALI DEL FONDO OCEANICO

tanto quando i granuli originari avevano proprietà fisiche (densità, soprattutto) abbastanza diverse perché il mare potesse fare la sua scelta.

Un caso straordinario di elaborazione da parte del mare è quello della glauconite, un materiale particolare che non si forma sui continenti e la cui origine è legata alle argille che i fiumi trasportano in grande quantità. Le argille sono costituite da granuli molte volte piú piccoli di quelli delle sabbie; l'acqua del mare le attacca profondamente, distruggendone spesso la struttura cristallina

L'oceano non è soltanto una riserva di esseri viventi e di sostanze organiche, ma anche di innumerevoli sostanze inorganiche che si trovano disciolte o deposte sui fondali o sotto di essi.

piú profonda. Dopo che i resti di questo granulo si sono depositati sul fondo, la struttura cristallina del minerale argilloso può ricostituirsi, dando luogo però a forme diverse da quelle originarie. Cioè, dopo che un'argilla è stata distrutta dal dilavamento fluviale, se ne forma un'altra. In questo processo le argille di nuova formazione possono anche assorbire elementi disciolti nel mare formando una riserva di questi. Un bell'esempio di quanto andiamo dicendo è dato appunto dalle glauconiti. Questi materiali argillosi, che si trovano sulla piattaforma anche lontano dalle coste, hanno colore azzurro verdastro (come indicato dal nome) e contengono una buona percentuale di potassio, tanto da poter essere utilizzati per l'estrazione del potassio oppure, previo lavaggio per dissalazione, esser usati come fertilizzanti.

Tornando alle sabbie converrà osservare che a volte, per la inalterabilità del materiale e per la sua densità, col concorso dell'azione delle correnti e del moto ondoso si possono avere delle nette separazioni di taluni componenti per cui si determinano, sia presso la spiaggia che al largo, adunamenti che a volte possono costituire autentici giacimenti secondari, cioè di tipo detritico. Tali adunamenti hanno interesse in quanto non esistono, sulle terre emerse vicine, adunamenti degli stessi minerali in concentrazione tale da essere sfruttabili. Minerali rari sono soprattutto interessanti in depositi sabbiosi detritici. Taluni minerali rari, per esempio oro, possono trovarsi anche tra le ghiaie dei fiumi fossili sepolti sotto i sedimenti marini, che abbiamo già menzionato in precedenza.

I minerali che si sfruttano nelle sabbie marine, o relativamente ai quali sono in atto ricerche, sono diversi; dato il loro alto interesse industriale li menzioneremo, insieme con l'uso che se ne fa, citando anche alcune località dove essi si trovano e vengono già coltivati. Si tratta di sabbie, talora ad alto grado di purezza, talvolta miste ma che comunque è conveniente trattare, dato l'interesse dei minerali contenuti. In qualche caso il minerale interessante si trova mescolato anche a bassissima concentrazione con altra sabbia inutile (è il caso per esempio dell'oro o dei diamanti), ma il suo valore è tale che il complesso del sedimento viene comunque lavorato.

Qualche volta le sabbie utili si trovano presso la spiaggia o anche sulla spiaggia, oppure si trovano piú al largo; in genere si giudica che sia economica la coltivazione di questi giacimenti fino a profondità di una cinquantina di metri. Le sabbie vengono scavate mediante draghe o mediante aspirazione. Un problema, non sempre trascurabile, a tal punto è, come nel ben noto caso della ipotizzata coltivazione dei noduli di manganese, l'inquinamento determinato dalla torbidità provocata dalle operazioni di scavo.

Tra i minerali che vengono estratti dal mare nei fondali della piattaforma citeremo la cassiterite, minerale di stagno di estrema importanza pratica, che, nelle terre emerse, si trova in poche località. Da queste esso può venir dilavato dalle acque circolanti ed esser portato in mare dove resiste data la sua grande inalterabilità. Uno dei maggiori produttori mondiali di cassiterite è la Malesia; lungo taluni tratti della costa malese vi sono cospicui depositi detritici di cassiterite che, dato l'elevato pregio di tale minerale, vengono coltivati. Piccole tracce di cassiterite, purtroppo di nessun valore economico, si trovano anche in Italia lungo

Le sabbie delle spiagge o del fondo marino costiero, anche fino a profondità di una cinquantina di metri, possono esser coltivate se contengono, in una certa percentuale, minerali pregiati o se sono costituite da minerali poveri ma utili (quarzo, magnetite). Lo scavo si fa con benne o con altre macchine.

le coste toscane e laziali. Forse si tratta di cassiterite proveniente dal piccolissimo giacimento toscano di Monte Valerio, che verosimilmente era stato coltivato ancora dagli Etruschi.

Un altro minerale molto poco inalterabile, presente in molte rocce, sia pur in piccola quantità, è lo zircone, da cui si ricava il metallo zirconio, usato nella moderna tecnologia. Se la sua concentrazione in certe sabbie è sufficientemente elevata, esso può venire estratto in maniera rimunerativa.

Pure il quarzo è sufficientemente inalterabile da rimanere nelle sabbie. Esso però viene coltivato dalle sabbie solo se queste sono sabbie quarzose praticamente pure, altrimenti la separazione non è conveniente. Abbiamo già detto che sabbie quarzose pure servono nella fabbricazione del vetro; esse possono essere usate però anche nella fabbricazione di refrattari. Le ricerche finora effettuate per quanto riguarda le spiagge italiane non hanno portato al ritrovamento di sabbie quarzose sufficientemente pure da essere utilizzate nell'industria. Come refrattari sono pure ricercati dei minerali che talvolta si trovano concentrati in taluni depositi detritici marini: questi minerali sono il corindone e la sillimanite.

Un pregevole minerale che talvolta si trova con altissime concentrazioni nelle sabbie è il rutilo, biossido di titanio, da cui si estrae appunto il titanio che è un metallo utile nella moderna tecnologia. La grande importanza del rutilo è però quella di costituire, opportunamente trattato e ridotto in polvere finissima, un pigmento bianco molto ricoprente. Oggigiorno ormai sono praticamente scomparse, tra i pigmenti bianchi, le cosidette "biacche", di piombo o di zinco, sostituite dal biossido di titanio che si presta assai di piú ad esser incorporato nei moderni diluenti sintetici. Nelle sabbie dei mari italiani si trova quasi dappertutto il rutilo ma in concentrazioni dell'ordine dell'1 per cento o meno, del tutto insufficienti per ogni interesse industriale. Sabbie di rutilo praticamente pure si trovano invece presso talune coste dell'Australia, dove esse vengono intensamente coltivate, tanto che l'Australia è attualmente il massimo produttore mondiale di questa pregiata materia prima. Anche l'ilmenite contiene titanio, oltre che ferro, e può venir usata sia come minerale di titanio che di ferro, sia pure attraverso processi di scomposizione alquanto complicati, che non sempre rendono economica la lavorazione e quindi l'estrazione della ilmenite. Tuttavia in talune località ci sono depositi detritici di sabbie ilmenitifere ad alta concentrazione. Il piú importante minerale di ferro che si trova sotto forma di sabbie marine è la magnetite. Questo minerale, come dice il nome, è magnetico e ciò consente il suo facile rilevamento, anche sottomarino, col magnetometro. La magnetite è nera e pesante, tanto che si distingue facilmente sulle spiagge, dove si trova. Se è in quantità abbondante può costituire un ottimo minerale di ferro. In Italia ci sono sabbie ferrifere sul litorale laziale, presso Anzio e Nettuno; tali sabbie, contenenti anche piccole quantità di sabbie radioattive, di zircone e tracce di oro, sono state oggetto di qualche coltivazione in passato. Anche nelle Puglie, presso Manfredonia, vi è un piccolo adunamento di sabbie ferrifere, di troppo limitata estensione però per essere utilizzabile. Analogamente alle sabbie di magnetite si possono avere anche depositi di sabbie di ematite, che è pure un minerale ferroso.

Radioattive sono le sabbie di monazite. Si tratta di un minerale raro, contenente elementi del gruppo delle terre rare e torio. Imponenti depositi di sabbie monazitiche si trovano in tratti delle coste del Brasile. In Italia tracce di monazite si trovano, come detto, sul litorale laziale e calabro.

Un altro minerale resistente, che si conserva nelle sabbie, è il granato. Se lo si trova in buona quantità esso viene raccolto ed usato come ottimo abrasivo.

Anche la cromite è un'importante sabbia utilizzabile da depositi costieri e sottomarini. Alla cromite è spesso associato, in tracce, il platino, che quindi può pure venir ricavato da sedimenti marini.

Altri minerali che si possono coltivare dalle sabbie costiere o sottomarine sono oro,

Lo sfruttamento di minerali dal fondo marino, anche in profondità (idrocarburi) si fa con pozzi. In qualche caso però (schema qui sotto) ci sono miniere di regioni costiere che continuano verso il fondo del mare e nelle quali il minerale viene raggiunto con gallerie che partono dal continente o da isole.

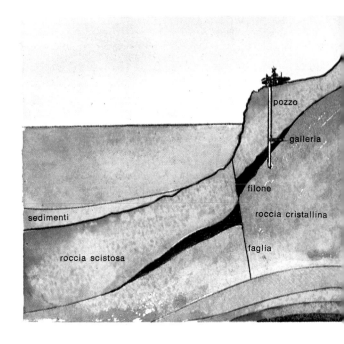

pozzo

galleria

filone

roccia cristallina

sedimenti

faglia

roccia scistosa

diamanti (lungo le coste dell'Africa del Sud-ovest), e apatite.

L'individuazione di sabbie, con concentrazioni di minerali utili, è già avvenuta su varie coste, oltre che nelle località che abbiamo menzionato. Vari siti interessanti sono stati individuati sulle coste dell'Alaska, della Siberia, del Giappone, della Nuova Zelanda. In vari casi si tratta, come detto, di adunamenti che vengono già sfruttati, abbondantemente e proficuamente. In altri casi si tratta di depositi lasciati come riserva. Lungo altre coste invece continua ancora la ricerca. In Italia tutte le coste ed il fondo in prossimità di queste sono stati setacciati in un programma di ricerca patrocinato anni fa dal Consiglio Nazionale delle Ricerche, ma i risultati sono stati quelli, insignificanti, che abbiamo menzionato. Può darsi che ricercando piú al largo si trovi qualcosa di piú, ma il problema non è stato ancora risolto.

Oltre a minerali trasportati dall'esterno ci sono anche prodotti che si formano nel mare: tali sono ad esempio i fosfati, che derivano dagli organismi; si tratta per lo piú di noduli o di incrostazioni, che possono contenere oltre il 30 per cento di fosfati. Adunamenti di fosfati si trovano in abbondanza presso le coste del Cile, del Perú, del Messico, del Sudovest degli Stati Uniti. Modesti depositi fosfatici si trovano al largo del Salento.

Un'altra risorsa dei fondi marini prossimi alle coste è data dalla continuazione di miniere continentali. La coltivazione di tali miniere sottomarine è possibile in qualche caso, anche se molto spesso ci sono grandi difficoltà per i lavori a causa dell'acqua che può penetrare nei giacimenti. Diversi minerali possono essere estratti da sotto il fondo marino. Di questi il piú facilmente estraibile è lo zolfo dato che basta iniettare nei pozzi acqua calda o vapore per liquefarlo e provocarne la risalita in superficie: in questo caso la presenza di acqua nel giacimento non impedisce l'estrazione. Miniere sottomarine di ferro e carbone esistono in vari paesi (Canada, Finlandia, Giappone).

Pur senza alcuna possibilità di coltivazione, a causa dell'acqua, pare tuttavia accertato, riguardo ai giacimenti italiani, che le mineralizzazioni dell'Isola d'Elba e quelle sarde del Sulcis continuino anche sotto il fondo marino.

Oro nero dal mare: il petrolio

La produzione di idrocarburi dai fondi marini supera già oggi il 20 per cento del totale, ma si pensa che nel futuro si arriverà al 30 per cento e forse anche oltre. Gli idrocarburi si formano in bacini marini, per lo piú in bacini semichiusi come il Mar Nero, dalla trasformazione della sostanza organica derivata da organismi morti e depositatisi sul fondo. Complicati processi chimici che avvengono all'interno dei sedimenti danno luogo a questa trasformazione. Perché ci sia l'accumulo di idrocarburi occorre che il sedimento sia sufficientemente poroso ma nel contempo sia ricoperto da altri sedimenti piú fini, costituenti una copertura impermeabile. Perciò la formazione e la raccolta di idrocarburi è legata essenzialmente a fattori ambientali.

Gli spessori dei sedimenti devono essere notevoli, per poter contenere quantità di idrocarburi interessanti. Per tale motivo particolare attenzione è rivolta alle piattaforme continentali, dove lo spessore dei sedimenti può essere di parecchi chilometri. La mineralizzazione dei fondi oceanici veri e propri sembrerebbe essere meno interessante, non tanto per l'assenza di una tecnologia industriale che permetta l'estrazione degli idrocarburi, quanto per il minore spessore dei sedimenti e forse anche per l'assenza di quelle vicissitudini ambientali che portano all'accumulo degli idrocarburi. Ciononostante la nave oceanografica *Glomar Challenger* – di cui parleremo piú avanti – perforando il fondo del Golfo del Messico ha trovato petrolio sotto fondali posti a oltre 3500 m di profondità. Si tratta però, pur con profondità comparabili con quelle degli oceani, di un bacino semichiuso, dove è piú probabile avvenga l'accumulo. Anche riguardo al fondo del Mediterraneo si fanno ipotesi sulla presenza di accumuli di idrocarburi. Tuttavia, come si è detto, il problema non è ancora attuale; per ora le ricerche sono limitate alla piattaforma e fino a profondità non molto superiori ai 100 metri. Tuttavia, col progresso tecnologico, riguardante in particolare le piattaforme o le navi usate per la perforazione, si pensa di poter giungere in maniera relativamente facile a profondità di 400 m o anche di piú, andando ad interessare non solo la piattaforma ma anche la scarpata. Le profondità di perforazione sotto il fondo oceanico giungono invece ad alcune

Un'importantissima risorsa sottomarina è data dagli idrocarburi, liquidi o gassosi. Questi composti di idrogeno e carbonio, come mostra il disegno sotto, sono contenuti entro sedimenti permeabili limitati verso l'alto da coperture impermeabili che ne impediscono la fuoriuscita. Gli idrocarburi si sono formati sul fondo di antichi bacini marini, per la decomposizione di organismi un tempo viventi nelle acque oceaniche. La sostanza organica, trasformandosi, ha generato idrocarburi che, per ragioni di densità, sono migrati verso l'alto, raccogliendosi in zone limitate, mentre, al di sopra si sono deposti sedimenti impermeabili. L'acqua che impregnava i sedimenti è rimasta al fondo del giacimento come acqua fossile. Numerosi sono i giacimenti di idrocarburi coltivati in mare. Quello della Laguna di Maracaibo (sopra), in Venezuela, è stato uno dei primi "campi petroliferi marini".

migliaia di metri, a seconda delle circostanze.

Che si potesse trovare petrolio anche sotto il fondo marino era già stato rilevato, alla fine del secolo passato, presso le coste della California. L'estrazione industriale cominciò però appena ai tempi della seconda guerra mondiale e da allora si estende sempre di piú. All'inizio si lavorava a pochi chilometri dalla costa e con fondali di pochi metri. Oggi, tra gli oltre 15 000 pozzi scavati in mare aperto, alcuni si trovano ad oltre 100 chilometri dalla costa.

La ricerca in mare di petrolio, o in genere di idrocarburi (molti pozzi danno solo idrocarburi gassosi), si inizia con l'esplora-

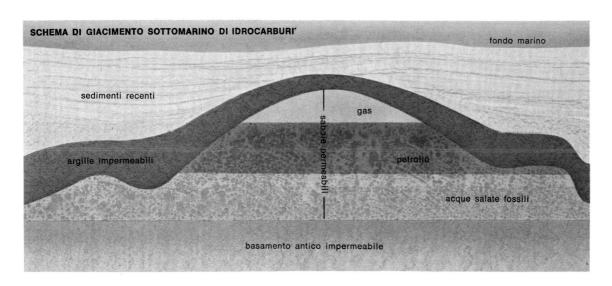

SCHEMA DI GIACIMENTO SOTTOMARINO DI IDROCARBURI'

fondo marino

sedimenti recenti

gas

argille impermeabili

sabbie permeabili

petrolio

acque salate fossili

basamento antico impermeabile

zione geofisica cioè con indagini gravimetriche e sismiche, cui accenniamo piú avanti; si prosegue quindi con la perforazione e con l'esame litologico e paleontologico delle rocce, fisico e chimico dei campioni di terreno estratti. Ovviamente le perforazioni vengono eseguite dove l'indagine geofisica ha messo in evidenza strutture potenzialmente capaci di essere mineralizzate ad idrocarburi. Le perforazioni, che molte volte sono sterili, servono comunque a controllare la natura delle formazioni e spesso danno dati che permettono di affinare le conoscenze di certe zone e conducono alla fine a risultati positivi. I costi di perforazione sono enormi e perciò si fanno precedere le indagini geofisiche (pur esse costose, ma di tutto un altro ordine di grandezza rispetto ai pozzi), onde circoscrivere la perforazione alle zone piú indiziate.

In questo modo si sono esplorate via via varie zone di piattaforma, ma altre vaste zone sono ancora da esplorare, per cui le potenzialità reali sono state per ora semplicemente stimate.

La ricerca e la coltivazione di idrocarburi nel mare è iniziata nel Golfo del Messico e presso le coste venezolane, nella laguna di Maracaibo; si sono poi estese successivamente a tratti di costa dell'Argentina, al Golfo Persico, all'Adriatico, al Mare del Nord, al Mar della Cina, alle coste dell'Australia, con successi maggiori o minori.

L'operazione Mare del Nord

Lo sfruttamento di idrocarburi nel Mare del Nord comincia il 17 settembre 1965 a bordo della *Sea Gem*, un traliccio d'acciaio del peso di 5650 tonnellate che, attraverso 10 lunghe gambe, giaceva immobile in mare aperto a una sessantina di chilometri dalle coste inglesi. Già da qualche anno le maggiori industrie petrolifere avevano scommesso sulla presenza di petrolio o metano sul fondo del Mare del Nord e si erano cosí divise questa regione in modo da esplorarla sistematicamente. C'erano tutte: la Shell, la Esso, la Caltex, la Gulf, la British Petroleum. Ma le quattro perforazioni fino ad allora effettuate non avevano dato alcun risultato. La *Sea Gem* si ergeva su un fondale profondo 24 metri e affondava la sua trivella nel cuore delle rocce. Un cuore duro: lo scalpello riusciva a penetrare non piú di 60 cen-

COLTIVAZIONE DI IDROCARBURI NEL MARE DEL NORD

(petrolio: in rosa; gas: in celeste)

OCEANO ATLANTICO

Orcadi

Ebridi

SCOZIA

IRLANDA DEL NORD

Mar d'Irlanda

IRLANDA

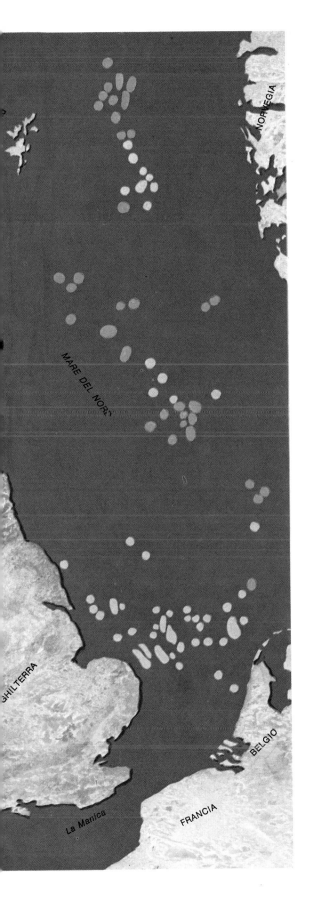

Il Mare del Nord con le zone di competenza dei vari Paesi.

In questi ultimi decenni sono state compiute interessanti scoperte di idrocarburi nel Mare del Nord. La piattaforma continentale su cui si estende questo mare si è dimostrata molto ricca di accumuli di idrocarburi. Alle indagini geofisiche e alle perforazioni esplorative sono seguite le installazioni di isole artificiali con i pozzi. Anche l'Italia ha compartecipazioni nello sfruttamento dei giacimenti nel Mare del Nord.

timetri all'ora mentre di norma poteva affondare anche di 30 metri in un'ora. Ciononostante era arrivato a circa 2250 metri; 3600 metri era il suo limite massimo. I tecnici erano ormai rassegnati al quinto fallimento quando il fango di perforazione cominciò a gorgogliare. Erano bolle di gas metano che provenivano da oltre 2000 metri nel fondo marino. Il pozzo fu ultimato il 9 dicembre: dalla sua bocca ormai uscivano oltre 280 000 metri cubi di gas al giorno.

Il Mare del Nord è quasi tutto un mare di piattaforma e la piattaforma conserva ancora resti di spiagge, traccia dell'epoca in cui essa era emersa (Dogger Bank ad esempio). Nel Mare del Nord, suddiviso in aree di competenza tra i vari Paesi rivieraschi: Norvegia, Danimarca, Germania, Olanda, Belgio, Regno Unito, ma con interessi anche di altre nazioni (vi compartecipa ad esempio l'Italia), le ricerche di idrocarburi sono iniziate negli anni 1963-'64 ed i primi ritrovamenti avvennero – come si è detto – nel 1965. Scoperte di giacimenti di idrocarburi, sia liquidi che gassosi o misti, si sono susseguite e sono tuttora in atto: esse hanno messo in evidenza una enorme potenzialità di questo mare. Paesi che fino a pochi anni fa mai avrebbero pensato di diventare produttori di petrolio sono divenuti autosufficienti se non addirittura esportatori, come è il caso della Norvegia, che ha, oltre alla piattaforma del Mare del Nord, vastissime aree di piattaforma al Nord, verso le isole Spitzbergen e attorno a questo arcipelago.

Lo sfruttamento sistematico dei giacimenti del Mare del Nord da parte della Norvegia è in atto dal 1971 e ha permesso a questa nazione, nel giro di quasi venti anni, di raggiungere l'autonomia per quanto riguarda il fabbisogno di idrocarburi, e anche di esportarne traendone ingenti profitti.

L'area del bacino di competenza della Gran Bretagna (giacimenti di Statfjord, Brent, Forties, Piper, Ninian) ha fornito

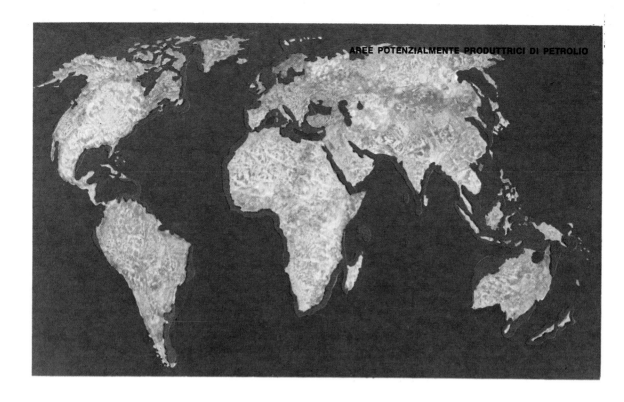

annualmente piú di 100 milioni di tonnellate di petrolio (indicativamente 122 milioni di tonnellate nell'85). I giacimenti di gas naturale piú interessanti sono quelli di West Sole, Leman, Hewett, Indefatigable, Viking (qualche decina di miliardi di metri cubi annui). Queste risorse non consentono alla Gran Bretagna di raggiungere l'autonomia, ma contribuiscono per circa 1/4 al fabbisogno nazionale.

Altre aree petrolifere

Oltre ai noti grandi ritrovamenti del Golfo del Messico e delle coste venezuelane, altre zone ricchissime si sono rivelate in talune coste dell'Australia, in particolare, nello Stretto di Bass (tra Australia e Tasmania), e nell'isola di Barrow, di fronte alla costa nordoccidentale del continente. Già nel 1973 il fabbisogno nazionale era coperto dagli idrocarburi estratti dalla piattaforma continentale prospiciente lo stato di Victoria per piú del 60%. Indicativamente nell'85 questi giacimenti hanno fornito piú di 12 miliardi di metri cubi di gas naturale. Altri importanti ritrovamenti sono stati fatti presso le coste dell'Asia sudorientale, in particolare sul lato malese del Mar della Cina meridionale. Intensa è l'attività di ricerca nella vasta area di piattaforma del Mare Glaciale Artico su cui si affacciano le coste della Norvegia, della Groenlandia (danese), del Canada, degli USA (Alaska) e dell'URSS. Notevole è l'investimento di capitali anche per le prospezioni sulle coste dell'Antartide e sulle piattaforme circostanti.

Esaminiamo la situazione italiana, che non è entusiasmante. Nella piattaforma dell'Adriatico (questo mare, fino al Gargano, è tutto di piattaforma) sono state effettuate numerosissime ricerche con decine di perforazioni. Si è rinvenuta qualche sacca di gas naturale, ma il petrolio è pochissimo. Anche in altre zone costiere si sono condotte indagini: un giacimento che appare interessante è quello al largo di Crotone, nello Ionio. Indicativamente la quantità di petrolio estratta in territorio nazionale (i piú importanti giacimenti sono quelli presso Gela, in Sicilia) è stata, nell'86, di circa 2 milioni e mezzo di tonnellate contro i quasi 73 milioni di tonnellate importati: la quota fornita dai giacimenti marini italiani è di fatto assai poco importante.

La ricerca di idrocarburi nel fondo marino è una tematica assai complessa, che ha portato allo studio di nuovissime tecnologie per gli impianti di perforazione, di estrazio-

A fronte: ormai su scala mondiale sono state
individuate zone marine con potenziali accumuli
di idrocarburi. Questa cartina mette in risalto
le zone principali ad eccezione dell'Antartide, che
attualmente è oggetto di interessanti ricerche.
In questa pagina sono illustrate alcune attrezzature
per la ricerca degli idrocarburi in mare.
Sopra, a sinistra: la testa di un pozzo in corso
di perforazione.
Sopra: una grande piattaforma di perforazione in
una veduta panoramica.
A sinistra: la trivella della sonda *Scarabeo II*
dell'ENI, in azione nel Mare Adriatico.
Sotto: pozzi petroliferi nel Golfo Persico.

La necessità di costruire mezzi idonei alla
perforazione di pozzi in mare aperto ha creato
un nuovo capitolo e ha imposto nuove tecnologie
alle costruzioni navali. In qualche caso si tratta di
costruzioni relativamente semplici: piattaforme fisse
(sopra) o torri che si appoggiano, mediante sostegni
di lunghezza regolabile, al fondo marino (sotto).
Sono attrezzature impiegabili in acque non troppo
profonde. In altri casi, come nel disegno a fronte,
si tratta di vere e proprie navi, sia pure dalla forma
inconsueta, che galleggiano e possono quindi
consentire la perforazione a profondità piú notevoli.
Tali galleggianti vengono ancorati al fondo; in
versioni piú sofisticate la nave-piattaforma si
autoposiziona, rispetto a riferimenti fissi sul fondo
ed esattamente ubicati, mediante la riflessione di
echi ultrasonori che consentono di dare di momento
in momento la distanza della piattaforma dai
riferimenti. Un computer corregge la posizione
e impartisce i comandi utili ai motori.

ne e per la costruzione di oleodotti e gasdot-
ti sottomarini, atti a recare alla costa il minerale estratto, oppure boe di attracco in alto
mare per il diretto carico di petroliere. Gli
impianti di perforazione e di estrazione devono poter sopportare ogni ingiuria del mare. Per questo devono essere costruiti in
maniera speciale e con materiali speciali.
Oltre alla parte puramente ingegneristica si
deve considerare lo studio dell'ambiente,
che deve essere noto nella maniera piú perfetta sia per quanto riguarda la morfologia del fondo, su cui vanno posati gli impianti, sia per quanto riguarda lo sviluppo delle correnti o del moto ondoso, che
possono devastare gli impianti. Anche il
servizio di previsione meteooceanografica delle tempeste deve essere accurato, tanto da
far evacuare gli impianti di perforazione, in
occasione delle tempeste piú violente, che
potrebbero causare perdite di vite umane.
Nonostante questi accorgimenti purtroppo
si sono già avuti gravi incidenti a causa di
tempeste violente. Il Mare del Nord è spesso soggetto a forti burrasche, specialmente
in inverno; il Golfo del Messico, i mari
della Cina sono frequentemente investiti dagli uragani tropicali.

Proprio per queste problematiche l'oceanografia, che nei decenni passati era una
scienza basata piuttosto sulla interpretazione
dei fenomeni e sulla loro descrizione, si è
estesa ora su branche applicative che hanno
la stessa importanza delle tecniche sviluppate dall'ingegneria per la soluzione dello
stesso problema: il reperimento di nuove risorse energetiche e materiali.

Ovviamente anche altre discipline sono
interessate al problema della ricerca e del
trasporto del petrolio marino. Per esempio,
un incidente dovuto al maltempo o ad altre cause difficilmente controllabili provoca l'immissione in mare di quantità anche
ingenti di olii minerali. Dopo varie pro-
poste per l'eliminazione di questi idrocarburi, accidentalmente versati alla superficie
del mare, si è visto che è conveniente far
demolire questi inquinanti per opera di batteri, che possono utilizzare idrocarburi come nutrimento. Parallelamente è sorta la
coltivazione di batteri, in appositi impianti,
con alimentazione da idrocarburi. Alla fine i
batteri trasformano gli idrocarburi in proteine, con un processo che può esser visto co-

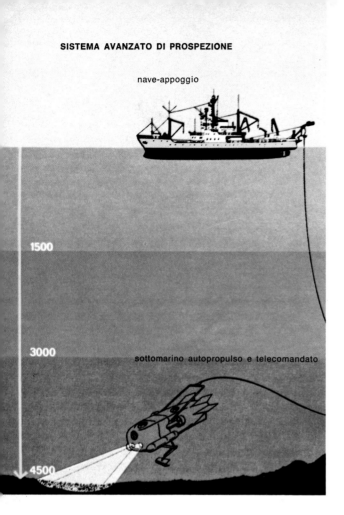

nave-appoggio

1500

3000

sottomarino autopropulso e telecomandato

4500

Avanzato sistema di prospezione progettato dalla Tecnomare. Esso prevede l'uso di uno speciale sottomarino autopropulso e telecomandato per effettuare operazioni di esecuzione troppo delicata se realizzate da bordo di una nave.

me opposto a quello che produce gli idrocarburi. Queste proteine servono per mangimi di animali da allevamento.

Con la necessità del lavoro in mare – occorre procedere a saldature subacquee di tubi, a riparazioni, a ricuperi – sono sorti nuovi veicoli sottomarini e nuove professioni, come quella del tecnico sommozzatore. Queste nuove professioni si sono avvalse di procedure che erano praticate a scopo sportivo (pesca subacquea) o bellico. I veicoli sottomarini hanno pure approfittato di esperienze messe a punto in guerra o per l'esplorazione scientifica degli abissi marini. Naturalmente il lavoro dell'uomo in mare è un lavoro delicatissimo (e per questo anche molto bene remunerato), ma la permanenza dell'uomo in condizioni di pressione inusi-

tate, le conseguenti modifiche alla respirazione ed alla circolazione implicano attenti studi di fisiologia e di medicina, per cui anche la medicina si è arricchita, sempre per il problema che stiamo esaminando, di una nuova branca.

La parte piú delicata ed impegnativa, anche per l'immenso costo, nel campo della ricerca e coltivazione degli idrocarburi in mare è però quella dei mezzi di perforazione. A tale scopo si adoperano sia piattaforme che navi. In genere si raggruppano anche le navi nella categoria delle piattaforme intendendo che queste possono essere suddivise in piattaforme sommergibili, autoelevabili, semigalleggianti e galleggianti. Ognuno di questi tipi può venir usato a scopi particolari. Le piattaforme sommergibili e autoelevabili sono, per cosí dire, della prima generazione, le semigalleggianti e le galleggianti le piú sofisticate e quelle che permettono la perforazione alle maggiori profondità. Le piattaforme sommergibili hanno la trivella di perforazione montata su cassoni galleggianti, una specie di pontoni; giunto sul posto da perforare il cassone affonda riempiendosi di acqua e la torre di perforazione resta saldamente fissata al fondo; piú in alto, alla superficie, c'è la piattaforma di lavoro vera e propria. Le piattaforme autoelevanti hanno dei sostegni, specie di gambe, che possono allungarsi a cannocchiale; giunte sul posto di lavoro emettono i sostegni e si fissano sul fondo. Le piattaforme semigalleggianti invece sono fissate su specie di bulbi che, quasi fossero dei sommergibili, stanno ad una certa profondità e sostengono l'impianto; il tutto, se il mare è sufficientemente basso, viene saldamente ancorato in modo che la sonda sia posizionata fissa. In mare profondo, o con piattaforme galleggianti, si mantiene la posizione con sistemi di posizionamento automatico. La piattaforma è munita di vari motori, anteriori, posteriori, laterali, con i quali può correggere di momento in momento la sua posizione, che viene rilevata di continuo mediante fasci di ultrasuoni emessi da uno strumento preventivamente fissato al fondo. Tutto il lavoro di rilevamento degli ultrasuoni e di azione sul motore avviene automaticamente con un calcolatore installato a bordo che tiene conto anche dell'inclinazione: solo grazie a questo l'operazione è possibile.

Sopra: un gigantesco mezzo semovente per scavi sottomarini, il TM-102 progettato e costruito dalla Tecnomare di Venezia. Il veicolo viene controllato dalla superficie per mezzo di un computer installato a bordo di una nave-appoggio.

Sotto: alcune fasi del lavoro in mare con sommozzatori che effettuano lavori di saldatura sottomarina con la fiamma ossiacetilenica (a sinistra) e una camera pressurizzata della S.S.O.S. (*Sub Sea Oil Services*) (a destra).

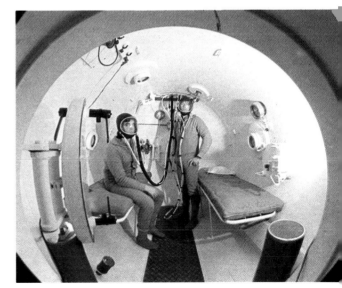

Le ricchezze degli abissi e i noduli di manganese

Una risorsa potenzialmente enorme dei fondali oceanici è costituita dai cosiddetti noduli di manganese, ciottoli di minerali che, insieme con le "argille rosse", coprono vastissime aree dei fondali piú profondi di tutti gli oceani. Contengono rame, cobalto e nichel in quantità superiore ai giacimenti continentali; nel solo Oceano Pacifico ve ne sono attualmente almeno 1600 miliardi di tonnellate e continuano a formarsene circa 6 milioni di tonnellate all'anno. L'abbondanza è tale che sono stati rilevati anche piú di 10 kg per metro quadrato di tali noduli in talune parti di fondo oceanico.

Sia le argille rosse che i noduli di manganese hanno composizione chimica simile, benché con variazioni da luogo a luogo. I costituenti principali dei noduli sono silicati ed idrossidi di ferro, alluminio e manganese; per questi costituenti non avrebbero interesse minerario. La grande importanza come risorsa mineraria dei noduli di manganese è che essi contengono, in percentuali apprezzabili, talora superiori a quelle di talune miniere, oltre ai citati metalli pregiati anche tracce non imponderabili di titanio, zirconio, molibdeno e piombo; inoltre tracce di altri elementi, tra cui anche l'uranio.

Il ritrovamento dei noduli di manganese fu una delle sensazionali scoperte avvenute con la celebre crociera della nave *Challenger* tra il 1873 ed il 1876, ma le conoscenze sulla reale estensione ed importanza di questa riserva è avvenuta solo negli ultimi decenni. I noduli esistono alla superficie del fondo oceanico sopra i sedimenti, ma se ne trovano anche dentro ad essi. Come si è detto la riserva di noduli di manganese si accresce di anno in anno. La formazione di nuovo materiale deriva da elementi portati nell'oceano dai fiumi o estratti dalle rocce che costituiscono il fondo oceanico, oppure apportati direttamente dalle eruzioni sottomarine. Sono elementi che, nel processo di autoconservazione delle caratteristiche chimiche dell'acqua oceanica, non possono rimanere allo stato di soluzione e quindi precipitano. Aggregazione di particelle di silicati e microturbolenze delle correnti abissali fanno sí, per processi ancora ignoti, che si formino i granuli e non semplici accumuli di materiale sciolto come le argille rosse.

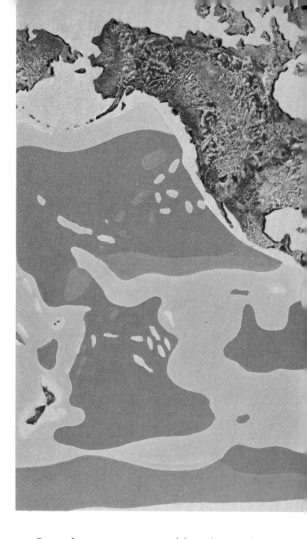

Granuli con maggiori abbondanze di uno o dell'altro metallo pregiato sono distribuiti in aree particolari. Cosí ad esempio nell'Oceano Pacifico ci sono aree con prevalenza di rame e nichelio a Nord del parallelo 30° Nord, dalle coste americane fino al meridiano 180° Est e a Sud del parallelo 20° Nord praticamente fino all'Antartide, all'incirca tra i meridiani 100° e 140° Ovest. Granuli piú arricchiti in cobalto si trovano a Nord-Est della Nuova Guinea, in un'area che è piú vasta dell'Australia. In altre zone invece i noduli sono di minor interesse perché impoveriti di metalli pregiati. Si sa già insomma, nell'eventualità di uno sfruttamento di questa risorsa, dove procedere all'estrazione dei noduli e dove invece trascurare la ricerca.

Riguardo alle argille rosse le riserve sono ancora piú imponenti anche se per ora l'interesse di coltivazione mineraria sia rivolto piuttosto ai noduli di manganese. Le argille rosse ricoprono gli oceani per una superficie di 102 milioni di chilometri quadrati; si stima

DISTRIBUZIONE DEI SEDIMENTI OCEANICI

| fanghi calcarei | argille rosse | fanghi silicei | depositi terrigeni |

che il deposito abbia uno spessore medio di 200 metri tanto che la massa a disposizione sarebbe (al netto dell'acqua) di circa 20 milioni di miliardi di tonnellate.

Le riserve di taluni metalli dei fondi oceanici sono immense, tanto da protrarre per migliaia di anni l'esaurimento delle disponibilità, anche se per taluni elementi nelle riserve minerarie dei continenti le scorte basteranno soltanto per qualche decina di anni. Con progetti che oggi sanno di fantascienza si può pensare addirittura di produrre energia con questi metalli, per esempio coltivando batteri che vivano (come i ferrobatteri) a spese dell'ossigeno combinato con taluni metalli.

Se si prendessero in considerazione anche le riserve contenute nelle argille rosse, la disponibilità aumenterebbe ancora in maniera vertiginosa, come si vede dalla tabella qui accanto.

Nei fondi oceanici sono stati inoltre individuati anche altri tipi di formazioni che

Nella planimetria è mostrata la distribuzione dei sedimenti di fondo oceanico, tra cui le argille rosse. Queste sono considerate importanti risorse minerarie del fondo, anche se non di immediata utilizzazione.
Dall'estensione del deposito si vede che si tratta di una riserva davvero importante.

Disponibilità di elementi nelle argille rosse in miliardi di tonnellate			
Alluminio	920 000	Nichel	3 200
Manganese	125 000	Rame	7 400
Titanio	78 000	Zirconio	1 800
Vanadio	4 500	Piombo	1 500
Ferro	650 000	Molibdeno	450
Cobalto	1 600		

UNA DELLE SOLUZIONI PIÙ AVANZATE PER LA RACCOLTA DEI NODULI DI MANGANESE

potrebbero rivestire qualche utilità. All'interno dei sedimenti, oltre che in superficie, si trovano delle concrezioni, noduli o semplicemente cristalli, di barite; tali formazioni contengono come impurità vari elementi in traccia ed alcune parti per milione (in peso) di uranio e di torio. Al largo delle coste pacifiche dell'America meridionale sono state accertate percentuali fino al 10 per cento, sull'insieme dei sedimenti, di aggregati baritici.

Il problema tecnologico del prelievo di questi materiali non è insolubile anche se si deve andare a profondità di 5000 metri o oltre. Si progetta di effettuare la raccolta sia da una nave di superficie, mediante draghe o aspiratori, sia con veicoli sottomarini telecomandati. Forse, se esistesse solo il problema tecnologico, esso sarebbe già stato risolto, oppure la sua soluzione non sarebbe lontana.

Sui fondi oceanici sono in atto, ad opera di batteri, che si trovano in enorme quantità, imponenti trasformazioni chimiche che, con la demolizione della sostanza organica, ridonano all'oceano specialmente i fosfati che, come sappiamo, sono indispensabili alla vita. I fosfati vengono portati dal fondo verso la superficie dalle correnti ascensio-

Riserve di metalli nei noduli di manganese dell'Oceano Pacifico			
elemento	ammontare in miliardi di tonnellate	durata in anni della riserva	durata in anni delle riserve continentali
Magnesio	25	600 000	illimitata
Alluminio	43	20 000	100
Titanio	9,9	2 000 000	illimitata
Vanadio	0,8	400 000	illimitata
Manganese	358	400 000	100
Ferro	207	2 000	500
Cobalto	5,2	200 000	40
Nichelio	14,7	150 000	100
Rame	7,9	6 000	40
Zinco	0,7	1 000	100
Gallio	0,015	150 000	—
Zirconio	0,93	100 000	100
Molibdeno	0,77	30 000	500
Argento	0,001	100	100
Piombo	1,3	1 000	40

A fronte: un progetto (Tecnomare) per la raccolta dei noduli di manganese. Una struttura dotata di attrezzi mobili riceve dalla nave-appoggio, attraverso un cavo, l'energia necessaria per operare sul fondo. Sopra: noduli che vanno da 3,8 a 4,8 cm raccolti nell'Oceano Indiano dall'Università di Columbia. A destra: ammassi di noduli raccolti dall'Università di Hawaii.

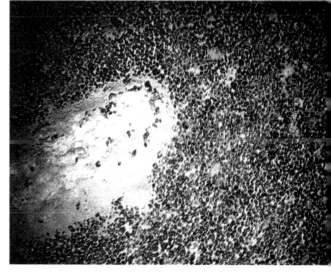

nali. Si teme tuttavia che con lo sconvolgimento del fondo causato dal dragaggio o dall'aspirazione, e la conseguente torbidità provocata, si rompano delicatissimi equilibri biologici che potrebbero ripercuotersi in veri e propri disastri ecologici nelle parti piú superficiali degli oceani, là dove viene sintetizzata la vita.

Sotto: trasporto meccanizzato di sale nelle saline di Massaua (Eritrea).
A destra: le saline di Trapani. Il sale, che si ricava dal mare fin dai primordi dell'umanità, non serve solo all'alimentazione, ma è un'importante materia prima. Oggi molte saline sono organizzate industrialmente e producono ingenti quantità di sale che viene esportato dai paesi costieri.
A fronte: cloro e sodio possono essere ricavati elettroliticamente dall'acqua marina.

Materiali utili sciolti nell'acqua

L'acqua del mare è già sottoposta a notevoli sfruttamenti da parte dell'uomo e molti altri se ne prevedono per il futuro. Se prescindiamo dalla pesca – di cui si parla in un altro capitolo – è l'acqua stessa a fornire molte sostanze. La piú importante di queste è il sale, cloruro di sodio, usato fin dall'apparizione dell'uomo sulla Terra. È una sostanza indispensabile alla vita (è stato usato perfino come moneta e lo è ancora oggi da talune popolazioni primitive). Ma anche nella moderna civiltà industriale rimane una sostanza di capitale importanza. Esso viene usato, come già in passato, per la conservazione di carni e di altri alimenti, per la preparazione dei prodotti caseari, per la conservazione e il trattamento delle pelli. Nella industria chimica esso è di enorme importanza perché dal sale si ricavano i suoi costituenti cloro e sodio. Sottoponendo ad elettrolisi (il processo di decomposizione chimica per mezzo della corrente elettrica di una sostanza disciolta o fusa) una soluzione di cloruro sodico, come si fa nei pro-

cessi industriali moderni, si ottiene cloro gassoso, che viene raccolto e dal quale si prepara successivamente l'acido cloridrico, essenziale materia prima della chimica. Il sodio invece reagisce con l'acqua dando la soda caustica, che è pure un'importante materia prima; la soda caustica serve nella preparazione dei saponi, della soda comune (carbonato di sodio) e in moltissime altre produzioni. L'idrogeno, che si ottiene con la produzione della soda caustica, si può far combinare direttamente col cloro ottenendo l'acido cloridrico.

Il sale si ricava dal mare, nei Paesi relativamente caldi, facendo evaporare l'acqua in opportuni bacini vasti e di piccola profondità (saline) ad opera del calore solare. Forte insolazione e vento abbastanza teso favoriscono una rapida evaporazione. Per l'evaporazione la densità dell'acqua aumenta sempre di piú, l'acqua si concentra ed i vari elementi contenuti disciolti, allo stato di ioni, si combinano in sali e precipitano. A seconda delle condizioni di concentrazione, cioè man mano che passa il tempo dall'inizio dell'eva-

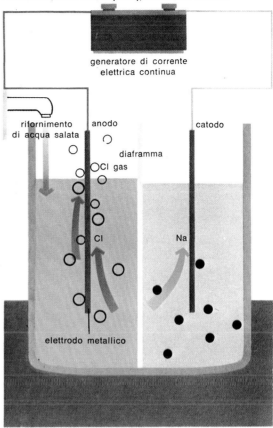

generatore di corrente elettrica continua

rifornimento di acqua salata

anodo

catodo

diaframma

Cl gas

Cl

Na

elettrodo metallico

porazione, si ha il deposito dei vari sali; l'acqua a diversa concentrazione viene successivamente passata in vasche diverse, intercomunicanti in modo da poter separare i sali che precipitano e ottenere il sale (cloruro di sodio) quasi puro. Appena estratto dalle saline esso può esser usato tal quale per l'alimentazione, oppure può esser raffinato con ulteriori procedimenti. A causa del clima non tutti i Paesi hanno saline; l'Italia ne ha di vastissime, come quelle presso Barletta e Trapani. Alcuni Paesi hanno però miniere di salgemma, che è pure di origine marina, derivando da antichi bacini di mare evaporati naturalmente.

Non solo il salgemma è un importante minerale prodotto dall'evaporazione di mari, ma anche il cloruro potassico, di cui pure esistono grandi giacimenti separati o mescolati al salgemma. Questi minerali potassici sono importantissime fonti di potassio, che, per lo più come carbonato, è indispensabile nell'agricoltura come fertilizzante. Pure il gesso e lo zolfo derivano, dopo aver subito anche azioni secondarie, dall'evaporazione

naturale dell'acqua di mare. Sono insomma risorse fossili, non del mare attuale ma di mari del passato.

Nel processo di evaporazione che avviene nelle saline, si formano vari altri sali, oltre al sale comune, che trovano preziose applicazioni; anche il cloruro di potassio che si forma, benché non in grande quantità, trova impiego come quello estratto dalle miniere. L'altro importantissimo elemento che si ricava dall'acqua di mare è il magnesio. Sali di magnesio hanno varie applicazioni nella chimica, ma il magnesio metallico è essenziale nella moderna tecnologia perché è il costituente di importantissime leghe leggere. Si può ricavare magnesio dalle saline, elaborando i sali di magnesio che precipitano in alcune fasi dell'evaporazione, oppure si ricavano composti di magnesio con il trattamento diretto dell'acqua di mare senza evaporarla. L'evaporazione è indispensabile per ricavare il cloruro di sodio: la sua solubilità è infatti molto forte, come quella di quasi tutti i sali di sodio. Non sarebbe economico insomma procedere ad altri tipi di estrazione del sodio (come

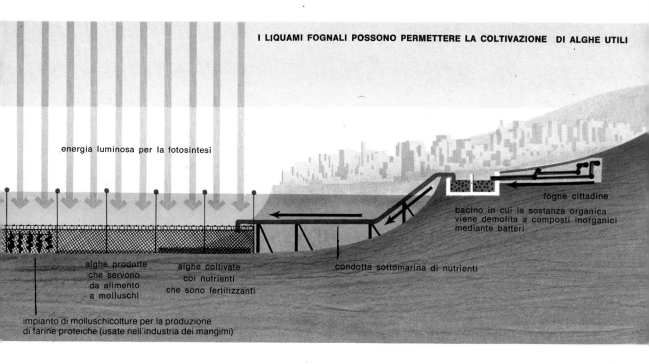

energia luminosa per la fotosintesi

fogne cittadine

bacino in cui la sostanza organica
viene demolita a composti inorganici
mediante batteri

alghe prodotte
che servono
da alimento
a molluschi

alghe coltivate
coi nutrienti
che sono fertilizzanti

condotta sottomarina di nutrienti

impianto di molluschicolture per la produzione
di farine proteiche (usate nell'industria dei mangimi)

cloruro) dall'acqua di mare. La salina, tra l'altro, è una forma di utilizzazione della energia solare.

Il magnesio si può invece ricavare per precipitazione perché ha composti poco solubili. Se si tratta ad esempio l'acqua di mare con latte di calce si ha la precipitazione dell'idrato di magnesio, che può venir raccolto per semplice filtrazione. Successivamente questo viene trattato con acido cloridrico ottenendo il cloruro di magnesio che, seccato, si impiega per la preparazione del magnesio metallico. (Il cloruro di magnesio viene portato a circa 700 °C e fuso; a questo liquido si pratica l'elettrolisi e si ricava il metallo.)

Dalle saline infine si ricavano ancora altri prodotti, quali bromuri, che forniscono il bromo; questi prodotti sono però in quantità assai minori degli altri citati, e non vengono ricavati nelle saline piú piccole.

L'uomo ricava dal mare, indirettamente, anche sostanza organica. Abbiamo già detto che prescindiamo qua dalla pesca, ma non si può trascurare, parlando di risorse del mare, la coltivazione di alghe per la produzione degli alginati, che sono diventati materie prime essenziali dell'industria alimentare: gelatine, marmellate, gelati, sono tutti preparati a base di alginati, che vi possono entrare anche in quantità assai grande.

Esistono, presso talune coste, delle vere piantagioni sottomarine artificiali in cui si producono alghe che di tempo in tempo vengono raccolte come si fa con le coltivazioni sulla superficie terrestre. Occorrono fondali non troppo profondi, perché l'illuminazione giunge abbondante cosí da determinare fotosintesi, inoltre occorre che vi siano abbondanti nutrienti: la fertilizzazione artificiale ad esempio è stata tentata in qualche piccolo bacino semichiuso, tanto che si propone addirittura di usarla per sottrarre nutrienti, portati dagli impianti fognali, quali innescanti di processi inquinanti; non è pensabile però di fertilizzare grandi aree marine con nutrienti artificiali, perché ne occorrerebbero quantità enormi, dato che le correnti tendono a disperderli, e quindi i costi sarebbero enormi. Per avere buone aree di coltivazione di alghe occorre trovare ambienti naturalmente adatti, cioè con condizioni ecologiche tali da esser ricchi di nutrienti minerali come nitrati, fosfati eccetera.

E veniamo adesso alle risorse potenziali del mare. Già si pensa, ad esempio, di coltivare alghe o batteri in grado di concentrare elementi in traccia. Sappiamo già, lo abbiamo detto parlando di questi componenti, che gli organismi marini, e tra questi le alghe, concentrano anche molte migliaia di volte, nel proprio organismo, elementi che si trovano nel mare in tracce cosí piccole che spesso non è neanche possibile rilevarli con l'analisi chimica. Se si potessero coltivare simili organismi, sarebbe possibile estrarre dall'acqua di mare le immense riserve di metalli pregiati e di altri elementi che si trovano dispersi in concentrazioni piccolissime ma in realtà, date le dimensioni dell'oceano, in quantità enormi. Si pensi ad esempio all'oro. Questo elemento ha bassissime concentrazioni nell'acqua di mare, appena, secondo le stime, una media di 0,000004 milligrammi per litro d'acqua. Poiché un chilometro cubo contiene mille miliardi di litri è facile calcolare che un chilometro cubo di acqua di mare contiene 4 chilogrammi di oro. Ma il volume totale degli oceani è di 1370 milioni di chilometri cubi: se si potesse estrarre tutto l'oro contenuto negli oceani si disporrebbe di 5480 milioni di chilogrammi di oro. In lire attuali un chilogrammo di oro costa oltre quattro milioni, il valore totale dell'oro degli oceani è quindi di oltre 20 milioni di miliardi! Con simili cifre da capogiro si può ben pensare come vi fosse stato, dopo la prima guerra mondiale, un tedesco che pensava di estrarre oro dal mare per pagare i debiti di guerra della Germania! Non se ne fece però niente per mancanza di un processo efficiente di estrazione.

Molto piú reale è il discorso riguardo all'uranio. Questo si trova nel mare assai piú concentrato dell'oro e la sua concentrazione è pari a quella di metalli molto piú comuni, quali il rame. La concentrazione media dell'uranio nell'acqua di mare si stima in 0,003 milligrammi per litro. Si consideri ora una corrente relativamente modesta, come tante correnti costiere che interessano i mari italiani, che abbia una velocità di soli 3 cm al secondo, sia larga 30 km e si estenda in profondità per 200 m: la portata di questa corrente sarà di 180 000 metri cubi al secondo. La portata è enorme ma si pensi che talune correnti oceaniche hanno portate ben maggiori; la Corrente del Golfo per esempio trasporta oltre 50 milioni di m³/s e ancora piú forti sono alcune correnti dell'Oceano Pacifico. Con la portata indicata si avrebbe un transito di 540 grammi di uranio al secondo; se solo una millesima parte di questi potesse in qualche modo venir fissata, si potrebbero produrre circa 47 chilogrammi al giorno di uranio puro.

A fronte: schema di coltivazione di alghe sfruttante i residui minerali di scarichi urbani, che fungono da nutrienti. L'acqua viene cosí depurata in un interessante progetto di lotta agli inquinamenti.
Sopra: raccolta di alghe lungo le coste di Hokkaido, usate per alimentazione ed in farmacologia. Anche le ostriche perlifere si nutrono di alghe, il cui sviluppo viene favorito nelle colture artificiali.
Sotto: una pescatrice subacquea giapponese deposita le ostriche nella reticella.

corrente marina
contenente uranio
disciolto

rete con
resine
fissatrici
dell'uranio

laboratorio

In laboratorio le resine sono eluite e l'uranio è estratto in soluzione molto più concentrata che nel mare. Dalla soluzione si ricava l'uranio metallico con processi chimici e metallurgici.

la centrale nucleare è alimentata da uranio fornito dall'oceano

L'uranio è singolarmente abbondante in mare, pur nell'ambito degli elementi in traccia. Vari progetti, come quello schematizzato qui sopra, sono stati messi a punto per fissare l'uranio del mare.

Processi di concentrazione avvengono anche naturalmente attraverso vie che non conosciamo ancora. In depressioni del fondo del Mar Rosso, per esempio, si sono notati strati d'acqua in cui singoli elementi chimici sono assai piú concentrati che nella norma: per esempio ferro, rame, manganese, zinco e piombo vi sono contenuti in quantità da 1000 a 50 000 volte superiori che nell'acqua di mare normale. Parte di questi elementi si depositano e impregnano i sedimenti circostanti che diventano cosí assai piú ricchi di zinco e rame di molte miniere continentali.

Ci sono molti ricercatori che studiano la possibilità di individuare alghe o batteri fissatori di elementi in traccia o altri dispositivi, anche chimici, per fissare questi elementi. Con l'uranio sono già stati fatti esperimenti tali da poter pensare ad un prossimo effettivo ricupero economico di uranio dall'acqua di mare.

Anche riguardo a sostanze biologiche che si trovano nel mare si pensa a forme di sfrut-

tamento e di utilizzo. Nel plancton sono presenti vitamine, ormoni, perfino antibiotici, con i quali i vegetali, che li sintetizzano, tendono a equilibrare l'azione dei batteri. Sono sostanze che si trovano anche disciolte nell'acqua presso il plancton e che interessano molto i farmacologi per la possibilità di utilizzarle per l'uomo.

Pure i nutrienti naturalmente presenti nell'acqua di mare, oltre a quelli derivati da inquinamento da scarichi urbani, costituiscono una risorsa di cui si è fatto qualche tentativo di utilizzo per alimentare acquicolture. In talune zone costiere le acque superficiali sono povere o prive di nutrienti, mentre questi si trovano in notevole concentrazione a profondità di qualche centinaio di metri. Pompando queste acque in superficie ed immettendole in appositi bacini di coltura si aumenta la produzione di vegetali planctonici e di conseguenza degli animali planctonici, provvedendo cosí alla formazione del nutrimento dei pesci o di altri animali che vengono coltivati a scopo di alimentazione umana.

Un'ulteriore, importantissima risorsa ottenibile dall'acqua degli oceani è l'acqua stessa, resa dolce per dissalazione. Talune regioni costiere e talune isole sono a clima talmente arido che non esiste nei pressi acqua dolce superficiale né sotterranea. L'unica risorsa è allora costituita dall'acqua del mare, che deve venir dissalata. La dissalazione può avvenire per evaporazione e successiva condensazione; in qualche caso l'evaporazione può avvenire per il calore solare: l'acqua salata viene fatta scorrere entro volte trasparenti, su fondo scuro, che assorbe la radiazione e riscalda l'acqua evaporandola. La condensazione avviene al contatto con le pareti, raffreddate dall'aria. Impianti di questo tipo sono stati costruiti in Israele e utilizzati per l'agricoltura in zone costiere. Per alimentazione umana l'acqua dolce viene ottenuta per distillazione, elettrodialisi, osmosi inversa e anche con altri sistemi.

La distillazione è un processo molto noto. Si porta l'acqua all'ebollizione, si fa raffreddare il vapore in opportune serpentine e si raccoglie l'acqua dolce. Si può ricuperare come sottoprodotto il sale. Il procedimento è ovviamente costoso dato che implica notevole consumo di energia per l'ebollizione; conviene tanto di piú quanto l'acqua è di per se stessa calda. La osmosi inversa si

Impianti di dissalazione dell'acqua marina nel Kuwait. Le torri bianche forniscono acqua potabile ad alto grado di purezza, quelle scure acqua per uso industriale o per irrigazione.

compie in celle in cui una membrana semipermeabile (collodio, cellofan) separa l'acqua salata dall'acqua dolce. Per la pressione osmotica l'acqua dolce tenderebbe a passare oltre la membrana andando a diluire l'acqua salata. Ma se sulla parte della cella che contiene l'acqua salata si applica una pressione superiore alla pressione osmotica, si ha il processo inverso: l'acqua dolce contenuta nell'acqua salata passa la membrana e va dalla parte dell'acqua dolce, aumentandone la quantità. Nell'elettrodialisi la separazione dell'acqua dolce avviene separando gli ioni – che come abbiamo detto sono particelle materiali dotate di una carica elettrica – attraverso membrane con l'ausilio di campi elettrici.

Energia dal mare

Le onde alzavano ed abbassavano lo stantuffo: cosí l'acqua di mare poteva essere spinta fino al livello dove si trovava l'acquario. Questa, realizzata presso il Museo oceanografico di Monaco, è stata forse la prima forma di utilizzazione dell'enorme quantità di energia di cui il mare dispone. Ogni cosa che si muove possiede una certa quantità di energia: il mare si muove per le onde, per le maree e per le correnti. Il problema è trovare il modo di catturare quest'energia. Oggi esistono non solo numerosi progetti abbastanza realistici ma addirittura diversi impianti che dimostrano come l'energia del mare non sia piú soltanto un sogno.

Cominceremo ad esaminare il problema dell'utilizzo del moto ondoso. È evidente che una boa saldamente fissata al fondo, cava verso il basso e parzialmente riempita di acqua avrà il livello dell'acqua interna continuamente variabile sotto l'azione dell'onda, ammesso che le sue dimensioni siano confrontabili a quelle dell'onda. Poiché la boa è fissa, non può cioè alzarsi ed abbassarsi, alle variazioni di livello interne corrisponderanno compressioni e depressioni dell'aria sovrastante all'acqua e racchiusa dal recipiente stesso della boa.

Attraverso un ugello inserito nella parte superiore della boa si potrà perciò avere un flusso d'aria in pressione, oscillante però in maniera non molto regolare. Si tratta infine di utilizzare l'energia connessa con questo flusso di aria, energia che deriva da quella dell'onda ed infine dal vento che ha generato l'onda. Per la differente densità dell'aria rispetto all'acqua, l'energia è circa mille volte piú concentrata nell'onda che non nel vento: da qui deriva la convenienza dell'impiego di un motore ad onde piuttosto che di un motore a vento.

L'aria che fluisce dall'ugello può agire su una turbina che aziona un motore elettrico. Questo fornisce energia elettrica in maniera troppo irregolare per essere utilizzata nei normali impianti elettrici. Allora questa energia elettrica può venir gradualmente immagazzinata in accumulatori che, dopo caricati, possono fornire energia elettrica in maniera regolare e continua. Il faro dell'isola di Ashika, all'entrata della baia di Tokio, è alimentato dal 1966 in questo modo, con energia elettrica generata dalle onde. In Giappone, infatti, fari su isole, boe di segnalazione e boe meteooceanografiche sono autoalimentati, grazie al prelievo di energia dalle onde: già si stanno realizzando impianti di maggiore dimensione per altri usi. Dato il

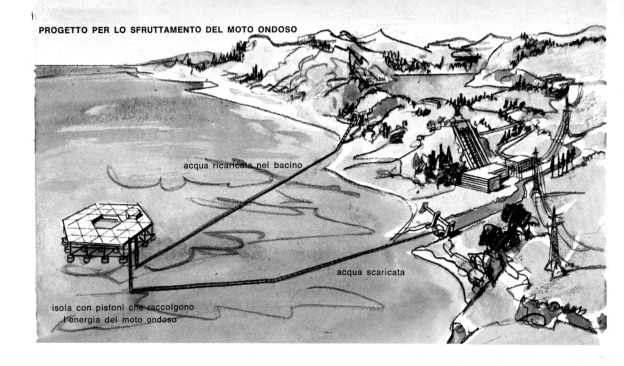

acqua ricaricata nel bacino

acqua scaricata

isola con pistoni che raccolgono
l'energia del moto ondoso

grandissimo sviluppo costiero, e l'entità del moto ondoso che lo investe, si è stimato che se tutta l'energia delle onde che incide sul Giappone si potesse trasformare in energia elettrica, il Giappone non avrebbe bisogno di altre fonti di energia ma potrebbe anche esportare energia elettrica sul continente.

L'energia elettrica sviluppabile dal moto ondoso si può riferire alla lunghezza di fronte d'onda, e cioè della costa investita, o alla superficie di mare agitato dalle onde. La potenza ricavabile in media – che varia con l'altezza dell'onda – è sui 0,2-0,6 chilowatt per metro lineare di fronte d'onda o per metro quadrato di superficie marina.

Naturalmente per i maggiori sfruttamenti delle onde non è pensabile di agire col caricamento di batterie. Si pensa allora di com-

Sopra: progetto Tanferna di utilizzazione dell'energia del moto ondoso per ricostituire la riserva e aumentare la produttività di un bacino idroelettrico. Ci sono altri progetti per sfruttare il moto ondoso. Nel sistema Salter (in basso a sinistra) l'energia viene ricavata dalla rotazione dei galleggianti mossi dalle onde. Analogo principio è sfruttato nel sistema della catena di zattere oscillanti, le chiatte Cockrell (in basso a destra). A fronte: onde a Capo Agulhas, Sudafrica.

primere aria in grandi serbatoi sottomarini, con la preliminare energia "irregolare" ottenuta dagli ugelli. Da questi si provocherebbe un deflusso regolare di aria che consentirebbe, mediante altre turbine, di produrre infine l'energia elettrica normale. Questi grandi serbatoi potrebbero anche costituire delle isole galleggianti, in grado di ospitare va-

CONVERSIONE DI ENERGIA DI ONDE MARINE

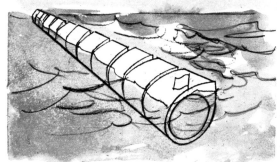

galleggianti (camme di Salter) che ruotano mossi dall'onda
dalla rotazione si ricava l'energia

galleggianti (chiatte di Cockrell) che oscillano raccogliendo
l'energia dell'onda e smorzandola

ri impianti (reattori nucleari per esempio) che non è conveniente costruire sulla terraferma. Oppure si pensa di innalzare l'acqua, con l'energia preliminare, in bacini elevati; si sfrutterebbe poi la caduta come nella produzione di energia idroelettrica. Addirittura la stessa acqua già "caduta" dal bacino idroelettrico verrebbe risospinta in alto dalla energia ondosa preliminare con la conseguenza del suo riutilizzo, equivalente ad un aumento della capacità del bacino o della piovosità utilizzata. Altri progetti prevedono invece di sfruttare l'energia irregolare, preliminarmente ottenuta dalle "boe ad onde", per decomporre elettroliticamente l'acqua del mare, ottenendo, tra l'altro, idrogeno da utilizzare come combustibile – l'idrogeno infatti brucia nell'ossigeno fornendo acqua ed energia! – e quindi anche per la produ-

in fase di bassa marea. Alternativamente nei due sensi si produce energia elettrica per caduta dell'acqua, come nei bacini idroelettrici. La produzione di energia non è costante per il moto alterno delle maree ma sfruttando il movimento nei due sensi si riesce a produrre una certa compensazione. Mentre l'energia dal moto ondoso può essere ottenuta ovunque, anche se in quantità differenti, a causa appunto dello sviluppo delle onde, la marea può essere sfruttata solo in determinate condizioni restrittive. Occorre che ci siano maree ampie. Le piú comuni altezze di marea, sotto il metro come in gran parte del Mediterraneo, o di 2-3 metri come lungo varie coste, non sarebbero redditizie in una centrale mareomotrice; si stima che appena da escursioni superiori ai cinque metri sia conveniente estrarre energia dalle maree.

zione di energia termoelettrica. I problemi del rendimento, che è basso, interessano relativamente, dato che l'energia all'origine, se si trascura il costo di ammortamento degli impianti, non costa niente! Si tratta in ogni caso di problemi molto impegnativi che, quando saranno completamente risolti, consentiranno di guardare con meno ansia al destino delle risorse energetiche.

L'energia delle maree può venire ricuperata accumulando acqua in opportuni bacini in fase di alta marea e scaricandola in mare

Questo ovviamente limita moltissimo le possibilità di impianto di centrali mareomotrici. Occorre inoltre disporre di una baia o di un estuario sufficientemente ampio per avere un invaso rilevante, ma nel contempo con imboccatura sufficientemente stretta per non rendere economicamente impossibile la costruzione della diga che deve chiudere il bacino. Se la baia o l'estuario ospitano porti la problematicità può esser ancor maggiore conseguendone anche l'abbandono definitivo del progetto.

CIBO DAL MARE

Le origini della pesca

La pesca è, con la caccia, una delle attività primarie dell'uomo; questi, infatti, dopo la fase della raccolta di bacche, frutta, radici, molluschi, eccetera, si accorse che poteva cacciare gli animali terrestri e pescare quelli acquatici servendosi di "armi" che andò via via perfezionando.

La prima fase di questa attività fu la cattura con le mani, attuata ancora oggi da molti pescatori in tutte le parti del mondo. Successivamente l'uomo si accorse che poteva raggiungere il pesce con più facilità e senza bagnarsi, scagliando dalla riva bastoni acuminati che, perfezionati, divennero le attuali fiocine. Più tardi adottò il sistema delle lenze innescate. Questa tecnica, rimasta in uso durante i millenni, viene oggi usata sia dai pescatori di professione che da quelli sportivi. Se vogliamo vedere da vicino gli ami usati dai nostri progenitori, possiamo farlo osservando sia i reperti rinvenuti negli antichi insediamenti sia gli ami che fino a pochi decenni fa erano in uso presso gli eschimesi e altre popolazioni. Dalla lenza e dalla fiocina lentamente i popoli primitivi idearono altri sistemi di pesca, quali reti e nasse che nelle loro caratteristiche principali giunsero immutate fino ai nostri giorni. A riprova di ciò basta esaminare con una certa attenzione alcune pitture egizie in cui sono rappresentati i sistemi di pesca (nasse, reti a circuizione) che sono tuttora in uso.

Non sempre però quello che si riusciva a pescare dalle rive era sufficiente alle necessità dei popoli rivieraschi che cominciarono ad avventurarsi sulle acque, dapprima su semplici tronchi d'albero dai quali, in seguito, si arrivò alle piroghe e altre imbarcazioni. Nel contempo i sistemi di pesca non subirono sostanziali modificazioni e rimasero pressoché invariati rispetto a quelli descritti dagli an-

tichi Egizi. Della pesca praticata presso i Romani ci resta la testimonianza nei bassorilievi e nei mosaici e soprattutto quella del rinvenimento sul fondo lungo le coste del Mediterraneo di pesi di terracotta la cui funzione era di mantenere le reti aderenti al fondo.

Fino agli inizi di questo secolo la pesca non fece grossi progressi, legata com'era a sistemi di navigazione (vela e remi) che non permettevano uno svolgimento agevole di questa attività. Per questo motivo si continuò a praticare la pesca lungo le coste, nelle lagune e anche nelle acque interne, e sempre

in modo artigianale. L'avvento del motore diede impulso alla pesca che poté affrancarsi dalle coste e assumere carattere industriale.

Sistemi di pesca

Ricordiamo brevemente i vari sistemi di pesca che possono essere divisi in quattro grossi gruppi: pesca a strascico, pesca con reti da circuizione, pesca con reti da posta; il quarto gruppo comprende vari sistemi tra i quali ricorderemo solo i piú importanti.

Pesca a strascico. In questa categoria vengono compresi tutti quei metodi di cattura dei pesci e degli organismi acquatici in genere fatta con rete a forma di un grosso sacco, la quale viene trascinata da pescherecci di varia stazza a seconda delle dimensioni della rete stessa.

Si possono distinguere fondamentalmente due tipi di rete: quella di fondo e quella di mezz'acqua. La rete di fondo viene trascinata appunto sul fondo e usata sia dai piccoli pescatori costieri che dai grossi pescherecci che operano sui banchi di pesca dell'Atlantico. La rete di mezz'acqua viene trascinata spesso da due pescherecci ed è destinata alla cattura del "pesce azzurro" che si sposta in grossi branchi appunto a mezz'acqua e che sfuggirebbe all'azione delle reti di fondo.

Questi tipi di rete sono attualmente tra quelli piú usati, in quanto essendo di grandi dimensioni possono catturare ingenti quantità di pesce. Spesso si procede alla lavorazione del pescato o a bordo degli stessi pescherecci oppure sulle cosiddette "navi fattoria", che hanno il compito di raccogliere il prodotto della pesca di una flottiglia e di trasformarlo in prodotto finito, cioè in quelle confezioni che noi troviamo sui banconi da surgelati nei supermercati e nei negozi di generi alimentari. Il pesce, quindi, in breve tempo – pochi minuti o pochissime ore – viene lavorato e surgelato. Questo processo permette di mantenere pressoché inalterate le caratteristiche del prodotto fresco, cioè le sue proprietà nutritive e il suo sapore.

Esistono altri sistemi di pesca a strascico oltre a quelli classici che abbiamo menzionato cioè per esempio quello con i rapidi o ramponi, che sono dei grossi rastrelli muniti di un sacco o altri usati localmente per la raccolta di varie specie di pesci, molluschi o crostacei.

Pesca con reti da circuizione. Quando un branco di pesce viene individuato o a vista o per mezzo di un ecoscandaglio, il peschereccio molto rapidamente gira attorno al branco calando velocemente una rete dotata sulla parte superiore di galleggianti e su quella inferiore di pesi. Compiuto il giro il branco è cosí rinchiuso in una trappola da cui non può piú uscire. A questo punto il fondo della rete viene chiuso come un sacco, agendo su un cavo che scorre attraverso grossi anelli che sono attaccati sul fondo della rete. Piano piano il sacco viene avvicinato al peschereccio e il suo contenuto viene issato a bordo o manualmente o, come avviene attualmente per reti di grosse dimensioni, mediante una pompa aspirante. Le dimensioni di questa rete possono essere molto variabili poiché con questo metodo vengono pescati sia piccoli branchi di acciughe, sia grossi branchi di tonni o di aringhe in mare aperto. Talvolta nelle notti senza luna vengono usate delle fonti luminose (lampare) per attirare i pesci in prossimità del peschereccio; ormai però questo sistema sta cadendo in disuso.

Pesca con reti da posta. Sono reti di varie dimensioni che, calate in modo opportuno,

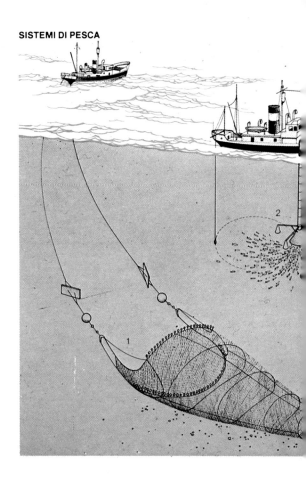

Sopra: vari sistemi di pesca. Da sinistra a destra: 1. pesca con rete a strascico; 2. cattura mediante campo elettrico generato da due elettrodi immersi

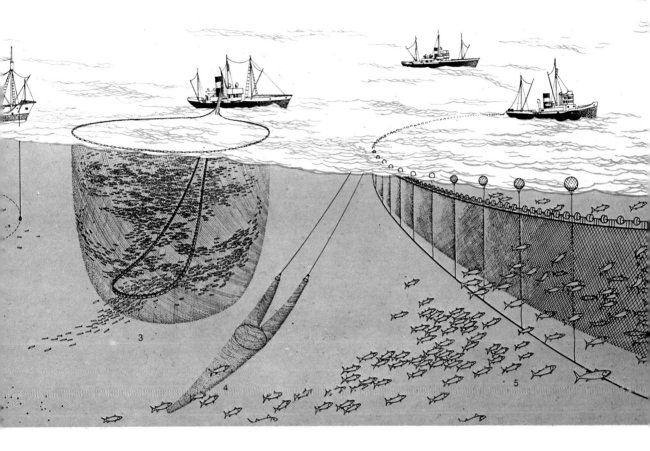

nell'acqua che costringe i pesci a dirigersi verso una pompa che li risucchia nella stiva del peschereccio; 3. pesca con rete a circuizione; 4. pesca con rete pelagica; 5. pesca con rete vagantiva.
Sotto: rete a circuizione nelle acque dell'Adriatico, al largo del promontorio del Gargano.

sbarrano la strada al pesce che resta impigliato nelle maglie. Esistono fondamentalmente due tipi di rete e cioè quelle semplici e quelle trimagliate. Le reti trimagliate sono costituite da tre teli di cui quello centrale ha maglie molto fitte e quelli laterali hanno maglie molto larghe. Il pesce urta contro la rete a maglie piú fitte che, sotto questa pressione, si insinua tra le maglie di una delle reti esterne formando una specie di sacco dal quale il pesce è completamente avvolto. Inoltre i movimenti che il pesce fa per divincolarsi lo imprigionano ancora di piú. La grandezza delle maglie della rete esterna è variabile ed adattabile alla pesca di varie specie non solo di pesci ma anche di molluschi (seppie, per esempio) e crostacei.

Le reti semplici sono poste in vari modi e sbarrano la via al pesce che vi si impiglia con gli opercoli branchiali. Un tipo di rete sem-

Sopra: pescatori sulle coste del Golfo del Bengala.
Sotto: viene calato il palangrese: lancio di un amo.
Il cavo si sfila controllato dalla mano sinistra.

plice è la rete alla deriva che non è fissa ma è trascinata lentamente dalla corrente; ha comunque una estremità fissata ad un'imbarcazione in lentissimo movimento. Questa rete viene usata per la pesca del pesce azzurro.

Pesca con altri sistemi. Ricordiamo solo quelli piú importanti e singolari. I palangresi sono costituiti da lunghi cavi di nylon che portano a distanze determinate fili di nylon con all'estremità ami innescati. Questi complessi di ami (1000 e anche piú) vengono calati sul fondo o a qualche distanza da esso e ritirati dopo un certo periodo di tempo. Con questo sistema si possono pescare quei pesci che hanno abboccato durante il periodo di permanenza dell'attrezzo in mare. Questo sistema di pesca viene usato nelle acque costiere e addirittura anche nelle lagune. Recentemente i Giapponesi, famosi ed abilissimi pescatori, hanno adottato un palangrese lungo anche decine di chilometri e dotato di molte migliaia di ami per la cattura di grossi tonni. Sembra che questo sistema di pesca del tonno dia migliori risultati di quelli ottenuti con i mezzi tradizionali come le tonnare o le reti a circuizione.

Un interessante sistema è attualmente in uso per la pesca dei molluschi nelle acque costiere. In particolare viene usato per la raccolta di cannolicchi e di vongole la cui importanza commerciale – legata alle tecniche di conservazione, inscatolamento e surgelamento – è andata via via aumentando in questi ultimi anni. Si tratta della cosiddetta "idraulica", un'imbarcazione che reca a prua una gabbia metallica larga quanto la barca stessa, sostenuta da due braccia mobili formate da due tubi fissati a poppa del battello. Questa specie di rastrello a due manici o di ruspa viene calato sul fondo – arandolo – e mentre l'imbarcazione si muove lentamente, attraverso i tubi viene pompata acqua sotto pressione nell'interno della gabbia metallica. In tal modo viene smossa ed eliminata dalla gabbia la sabbia in cui si annidano i molluschi.

Esistono evidentemente molti altri sistemi di pesca che vanno dalla pesca con la fiocina, col cormorano, la raccolta con la mano e con altri sistemi piú o meno primitivi fino a quelli modernissimi e sofisticati come la cattura con un campo elettrico generato da due elettrodi immersi nell'acqua; ciò stimola i pesci a nuotare verso una pompa che li risucchia.

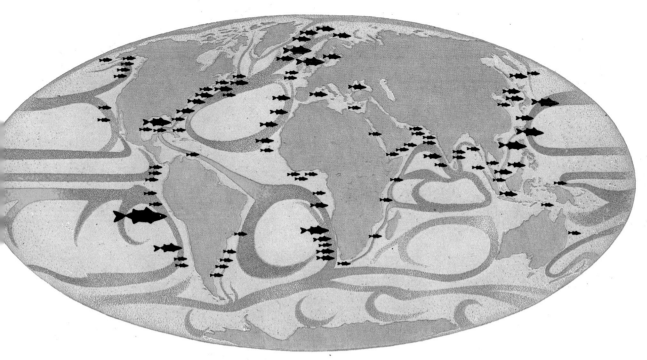

Pescare di piú o di meno?

Come abbiamo detto per pesce azzurro si intende l'insieme di molte specie, tra cui le acciughe, le sardine, gli spratti e le aringhe. Al pesce azzurro appartengono anche altre specie che però non sono di grande importanza economica. Questo tipo di pesce viene detto anche pesce pelagico perché, al contrario di altre specie, dette bentoniche, non contrae mai rapporti con il fondo; infatti non vi si posa mai, non vi depone le uova e non si nutre degli organismi che vi stanziano. Anzi, la sua vita si svolge nel mare aperto a mezz'acqua, dove vengono deposte le uova che, una volta fecondate, entrano a far parte del plancton. Le specie pelagiche producono una grande quantità di uova, di cui solo una parte riesce a sopravvivere e a formare, dopo la fase larvale, l'individuo adulto, adatto cioè alla riproduzione. Tuttavia il numero dei sopravvissuti, diversamente da quanto accade per altri animali marini oggetto di caccia intensissima (per esempio le balene), è sufficiente a mantenere costante la consistenza della popolazione. Se, dunque, ci sono casi in cui la pesca andrebbe limitata, ce ne sono altri in cui addirittura sarebbe opportuno effettuarla con maggiore intensità, per sfruttare una risorsa che altrimenti andrebbe perduta. L'acciuga per esempio vive in media due anni e quindi se non viene pescata muore di vecchiaia e cade sul fondo. Nell'ambito di

Sopra: distribuzione della pesca nei mari e andamento delle principali correnti (in rosso quelle calde, in blu quelle fredde). Le massime concentrazioni di pesce si hanno sulle coste atlantiche dell'America settentrionale, su quelle pacifiche dell'America meridionale, nell'Atlantico settentrionale e lungo le coste orientali dell'Asia.

una corretta politica di sfruttamento, la morte per vecchiaia delle acciughe costituisce un vero spreco anche se si considera che la sostanza organica derivata dalla decomposizione degli animali morti può venir utilizzata direttamente dai cosiddetti "mangiatori di cadaveri" oppure trasformata dai batteri in sali minerali che costituiscono il fertilizzante del mare. In un mare povero di questi fertilizzanti la morte per vecchiaia del pesce e la produzione di sali minerali che ne deriva possono rappresentare un fatto vantaggioso. Invece in un mare ricco, come per esempio l'Adriatico, che riceve l'apporto di sali nutritivi anche da molti fiumi tra cui il Po, un simile destino rappresenta ai fini della pesca un vero spreco; sarebbe perciò opportuno prelevare il pesce azzurro in quantità maggiore per permettere all'uomo di utilizzare appieno le risorse a sua disposizione. È evidente però che non si può far questo senza conoscere, almeno in modo approssimativo, la quantità di pesce esistente. Possiamo infatti pensare a un certo gruppo di pesci o a tutti i pesci di un determinato mare come a un conto in

banca. Il pesce esistente rappresenta il capitale in deposito. Gli interessi sono rappresentati dalle nuove nascite e dall'accrescimento dei giovani. Le morti, la predazione, le malattie rappresentano l'inflazione, cioè la perdita di valore che ogni capitale subisce con il passare del tempo. A questa inflazione si aggiungono i prelievi che sono rappresentati dallo sforzo di pesca dell'uomo. Affinché il nostro capitale rimanga inalterato nella banca, è necessario che la somma dei prelievi e dell'inflazione e cioè, per riportarci al nostro caso, lo sforzo di pesca, le morti e la predazione non superino mai le nuove nascite. È importante quindi per l'uomo conoscere, almeno entro certi limiti, tutte queste operazioni bancarie per evitare una bancarotta che in termini di scienza di pesca viene chiamata "sovrapesca" o *overfishing*.

Anche per la pesca vale la legge economica della domanda e dell'offerta. Per capire meglio questo problema sarà opportuno questa volta fare l'esempio di un tipico pesce bentonico e cioè la sogliola che è oggetto di pesca molto intensa, perché molto richiesta sul mercato per il suo squisito sapore. Per questo motivo è evidente che i pescatori tendono a catturare questo pesce e che lo sforzo di pesca è tanto più consistente quanto maggiore è la richiesta dei consumatori. Con l'andare degli anni la popolazione di sogliole diminuisce di numero ed anche la taglia media degli esemplari che vengono catturati si riduce. Questi sono i risultati dell'*overfi-*

shing che rendono scarsamente remunerativa la pesca effettuata, anche se lo sforzo di pesca è molto rilevante. A questo punto i pescatori si vedono costretti a rivolgere la loro attenzione ad altre specie oppure a mettere i pescherecci in disarmo. Questa stasi permette alla popolazione di sogliole di recuperare terreno quantitativamente fino al ristabilimento di quel capitale di cui si è detto sopra. È evidente che in taluni casi la ripresa può essere difficile ed estremamente lenta. Ciò dipende dalle caratteristiche biologiche del pesce e dall'ambiente in cui esso vive, nonché dal numero di pescatori che, malgrado tutto, continuano a pescarlo.

Esiste pure il fenomeno contrario detto anche "sottopesca" che si verifica in mari che per un certo periodo non sono stati oggetto di sfruttamento. Fenomeni di sottopesca si verificarono e vennero studiati in occasione della prima e della seconda guerra mondiale, durante le quali per un certo periodo di tempo non si era potuto pescare. Si osservò un aumento considerevole di pesci predatori (in particolare pescicani) che avevano mantenuto le popolazioni degli altri pesci entro limiti quantitativi forse inferiori a quelli che si sarebbero avuti con un elevato e costante sforzo di pesca.

La pesca ed i problemi ad essa connessi sono oggetto di studio intenso da parte di ricercatori di varie discipline. C'è tutta una gamma di studiosi che va dall'ingegnere navale, che progetta i pescherecci, all'esperto di conservazione di prodotti alimentari, al matematico statistico, all'esperto commerciale, al biologo marino. In particolare il biologo marino ha un ruolo sempre più importante, perché sulle sue ricerche si basano e si baseranno ancora di più nel futuro tutte le attività pescherecce. Egli infatti è spesso in grado di suggerire quali siano i quantitativi massimi pescabili, cioè i prelievi di cui abbiamo detto sopra, e i periodi migliori in cui la pesca arreca meno danno alle specie.

L'acquicoltura

L'acquicoltura è una attività che consiste nell'allevamento intensivo o semintensivo in acque relativamente poco estese di organismi acquatici animali e vegetali. Possiamo distinguere una maricoltura, un'acquicoltura in acque dolci e un'acquicoltura in acque salmastre o vallicoltura. Nel nostro caso si tratterà, naturalmente, di maricoltura e vallicoltura. È evidente che in tutti e tre gli ambienti possono venir allevati pesci, molluschi, crostacei, alghe ed altri organismi ancora.

La maricoltura

Come abbiamo detto, per maricoltura si intende la coltivazione intensiva o semintensiva di organismi marini o anche di pesci di acqua dolce che possono sopravvivere in acque marine. La maricoltura si può suddividere in piú branche.

La molluschicoltura. Già nel secolo scorso ci si accorse che, almeno per certe specie di molluschi, risultava molto piú facile e meno dispendioso allevarli che andarli a raccogliere e che il prodotto dell'allevamento, anche dal punto di vista del sapore, era spesso superiore a quello del prodotto selvatico. Le attenzioni dei primi allevatori si rivolsero verso specie che sono tuttora oggetto di intenso

A fronte: "campi" di ostriche perlifere nell'isola Samal presso Mindanao (Filippine).
Sopra: ostriche in allevamento.
Sotto: allevamento di frutti di mare in Bretagna.

l'acqua opportuni collettori, fra cui i piú usati ancora oggi sono pile di tegole previamente immerse in un bagno di calce. Su queste tegole si attaccano le giovani ostriche che, quando hanno raggiunto il diametro di qualche millimetro, vengono levate per mezzo di appositi attrezzi e fissate su una struttura definitiva che servirà loro da supporto per tutta la fase di accrescimento (due anni per una ostrica comune) fino al momento della vendita. I supporti sono di vari tipi e sarebbe molto lungo descriverli tutti. È interessante il trattamento cui vengono sottoposte le ostriche dagli allevatori prima della vendita per accontentare il consumatore francese il quale preferisce che le carni del mollusco siano di colore verdastro: i molluschi vengono posti in bacini con acque ricche di un'alga (la diatomea *Navicula ostrearia*) la cui ingestione da parte delle ostriche provoca l'inverdimento dei loro tessuti.

In Italia l'ostrica è allevata solo in pochi stabilimenti, poiché il mercato italiano non assorbe che piccoli quantitativi di questo mollusco. Attualmente è stata introdotta negli allevamenti italiani una nuova specie di ostrica (*Crassostrea gigas*) e cioè l'ostrica giapponese, che ha il pregio di raggiungere nella laguna di Grado dimensioni commerciabili in sette, otto mesi.

La piú importante specie oggetto di allevamento in Italia è la cozza o mitilo (*Mytilus galloprovincialis*) che è un mollusco molto apprezzato dal consumatore italiano. Il novellame viene raccolto su opportuni collettori (di solito pezzi di corda) e viene posto in particolari calze di rete. Queste calze vengono attaccate a cavi tesi tra pali infissi nel fondo del mare o tra grossi bidoni galleggianti opportunamente ancorati. Periodicamente le cozze vengono ripulite dalle alghe e dagli altri organismi che vi si attaccano ed il loro numero per calza viene ridotto a mano a mano che si accrescono. Dopo otto, nove mesi raggiungono la taglia commerciale che è di 6-7 cm.

Sia le ostriche che i mitili devono venir consumati o cucinati vivi, poiché alla loro morte segue un deterioramento molto veloce, che può causare disturbi anche gravi a chi li mangi. Quando vengono levati dall'acqua, essi chiudono le valve e rimangono in vita anche per molti giorni. Per avere la certezza che un mollusco sia vivo è sufficiente che esso

Sopra: anche i granchi delle lagune sono oggetto di pesca. In attesa di esser posti in commercio vengono rinchiusi in grossi panieri di legno detti "vieri".
A fronte: tre fasi della catena alimentare per la produzione di avannotti di pesce pregiato.
Il fitoplancton viene prodotto in grosse quantità in sacchi di nylon (in alto); il fitoplancton serve di nutrimento allo zooplancton allevato in vasche di grande capienza (al centro); a sua volta (sotto) lo zooplancton viene somministrato alle larve dei pesci ottenute con la fecondazione artificiale.

allevamento e precisamente i mitili e le ostriche, queste ultime soprattutto in Francia.

Per quanto riguarda le ostriche (*Ostrea edulis*) gli allevatori si procurano il novellame o seme, e cioè le piccole ostriche di qualche millimetro di diametro, immergendo nel

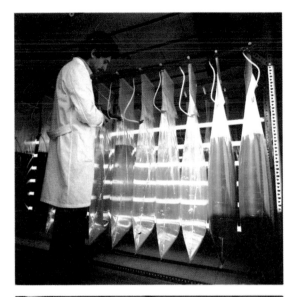

abbia le valve chiuse o, se le ha aperte, che le chiuda in seguito ad una stimolazione, per esempio toccandolo.

Attualmente in varie parti del mondo vengono effettuati esperimenti di allevamento di altre specie di molluschi che hanno una bassa mortalità, che sono resistenti ai parassiti, che – come l'ostrica giapponese – si accrescono molto velocemente e che, fatto fondamentale, sono graditi al consumatore. Spesso, come diremo in modo piú preciso a proposito degli allevamenti ittici, si tenta di "fabbricare" il mollusco partendo dai riproduttori e allevando le larve ed i giovani in grossi centri di ricerca e produzione. In questo modo si è riusciti già a produrre il novellame di vongola verace (*Tapes decussatus* e *Tapes semidecussatus*) e di altri molluschi di notevole importanza commerciale.

La crostaceicoltura. Questa attività in Europa è ancora in fase sperimentale, mentre in altre parti del mondo, e specialmente in Giappone, è una attività di "routine" che ormai non dà piú problemi agli allevatori. Qui si possono trovare grandi distese di mare occupate dalle strutture degli allevamenti del gambero, i quali producono quantità rilevantissime di questi crostacei. Questo allevamento viene ormai effettuato anche a livello artigianale da una o poche famiglie su tratti di mare relativamente piccoli. L'allevamento dei gamberi presenta grossi inconvenienti per quanto riguarda l'alimentazione durante gli stadi giovanili. Le larve infatti cambiano continuamente dieta e questi cambiamenti devono essere ben conosciuti per evitare grosse morie. È importante anche poter produrre l'alimento adatto e poterne disporre al momento giusto. Queste difficoltà sono ormai state superate dagli allevatori giapponesi non solo da un punto di vista tecnico e scientifico ma anche da quello economico.

In Italia l'allevamento dei crostacei è ancora in fase di studio nei laboratori, dove si sta cercando la specie piú adatta che abbia un veloce accrescimento e che non presenti grandi difficoltà per l'alimentazione.

La pescicoltura. Anche la pescicoltura in mare è una attività che sta appena iniziando dalle nostre parti mentre in altri paesi è molto sviluppata. Generalmente vengono costruiti dei grossi recinti di rete in cui si rinchiude il pesce, il quale o usufruisce del cibo (piccoli pesci e crostacei) che ha a disposizione oppure viene nutrito artificialmente con pesce azzurro o con mangimi artificiali. È possibile anche costruire degli ampi recinti flottanti, in cui il ricambio d'acqua è meglio garantito. Il ricambio, infatti, è un fattore estremamente importante in tutte le acquicolture, poiché, oltre a consentire una ossigenazione ottimale e un sufficiente apporto di cibo, evita l'insorgere e il propagarsi di malattie infettive negli organismi allevati. Gabbie flottanti vengono usate oggigiorno particolarmente in Giappone. In queste gabbie sono allevate specie ittiche che presentano una velocità di accrescimento e un coefficiente di conversione ottimali. Anche in Europa sono stati fatti esperimenti di questo tipo ed anche in questo caso le ricerche sono giunte ad uno stadio piuttosto avanzato.

Come abbiamo detto precedentemente, in mare possono venire allevate anche specie di acqua dolce che, in tal modo, acquistano un sapore piú deciso e forse piú gradito al consumatore. Nel Mare del Nord è normale, ad esempio, l'allevamento della trota in acque marine che sono là molto meno salate del normale e sufficientemente fredde per evitare l'insorgere di certe malattie nei pesci oggetto di allevamento.

Altre attività di maricoltura. Molte specie sono state e sono oggetto di allevamento in mare. Ricorderemo solo la coltivazione di alghe, da cui si ricava l'agar che è una sostanza usata nelle fabbriche di medicinali e di conserve alimentari.

La vallicoltura

In Italia la vallicoltura è un'attività molto antica. Da molti secoli essa ha avuto sviluppo nel Polesine, nelle lagune di Venezia e in genere nell'Adriatico settentrionale e in altre zone lagunari.

Una valle da pesca tradizionale, pur con variazioni locali, è un tratto di laguna chiuso da un argine con alcune aperture dotate di chiavica, che consente l'entrata e l'uscita dell'acqua, e di un sistema di canali che fanno capo ad uno piú importante, il quale dispone di un sistema di reti – detto lavoriero – in cui il pesce passando viene rinchiuso. Il movimento del pesce, e quindi il suo passaggio attraverso il lavoriero, viene provocato dall'apertura di una chiavica situata nei pressi del lavoriero.

I pesci tradizionalmente allevati nelle valli da pesca sono anguille (*Anguilla anguilla*), orate (*Sparus auratus*), cefali (genere *Mugil*) e spigole o branzini (*Dicentrarchus labrax*). La produzione però è piuttosto bassa, se si pensa che una valle di tipo tradizionale può rendere 100-120 kg di pesce per ettaro. Questo sistema è tuttavia abbastanza redditizio poiché richiede una manutenzione poco costosa e un approvvigionamento annuo di avannotti di spigole, cefali e orate e di ragani di anguilla, pescati in mare aperto o nelle lagune con reti speciali (tratte).

Attualmente si tende a trasformare queste valli da pesca tradizionali in valli a produzione intensiva (centinaia di quintali di produzione per ettaro). È evidente che in questo caso i costi di impianto sono molto elevati poiché è necessario, vista la densità del pesce per unità di superficie, un intensissimo e continuo ricambio d'acqua ed una alimentazione adeguata. Il problema maggiore però consiste nell'approvvigionamento del novellame: in questo caso non è piú sufficiente la pesca degli avannotti ma bisogna stabilire vere e proprie catene di montaggio in capannoni per la produzione massiccia di avannotti.

Descriviamo in modo succinto questa catena di montaggio. La prima fase consiste nella produzione di alghe unicellulari, che viene fatta in grandi sacchi di nylon, contenenti acqua di mare opportunamente fertilizzata con concimi chimici. Queste alghe, a loro volta, nutrono organismi planctonici (rotiferi e crostacei), i quali, infine, serviranno di nutrimento alle larve del pesce. Queste si ottengono con la fecondazione artificiale, in seguito a trattamento dei riproduttori mediante ormoni. Questa pratica, tuttavia, non è valida per tutte le specie: per alcune (orate) non dà ancora risultati molto brillanti, mentre per altre (branzino) dà dei risultati eccezionalmente buoni. Essa richiede comunque un notevole dispendio di mezzi, di energie e di ricerche.

La produzione di avannotteria in grandi quantità e a basso costo potrà favorire lo sviluppo della pescicoltura valliva intensiva, sviluppo che dovrà però venir regolamentato anche per evitare indesiderabili scompensi ambientali nelle lagune. In ogni caso l'acquicoltura dovrà essere nel futuro una attività altrettanto importante quanto quella della pesca, anzi forse ne costituirà l'alternativa sia dal punto di vista dell'occupazione che da quello della produzione di proteine.

A destra: gli avannotti ormai "svezzati" sono posti in vasche circolari di notevoli dimensioni in attesa di venir "seminati" nelle valli da pesca. Le valli da pesca tipiche, ad esempio, delle lagune dell'Alto Adriatico producono pesce pregiato. Le produzioni attuali non sono rilevanti e quindi sono poco remunerative; si tende perciò a trasformare le valli tradizionali in allevamenti a carattere intensivo o semi intensivo con produzioni paragonabili a quelle che si ottengono nelle acque interne.

Sotto: una veduta aerea delle Valli di Comacchio con i lavorieri. Fino a pochi anni fa i lavorieri erano fatti di cannucce di laguna, che tuttavia presentavano non pochi inconvenienti. Infatti, oltre ad una costante necessità di manutenzione (col passare del tempo marcivano), non avevano grosse capacità di cattura. Al giorno d'oggi questi lavorieri vengono sostituiti gradualmente da opere in cemento che garantiscono una lunga durata e una migliore cattura del pesce.

L'OCEANOGRAFIA, LA SCIENZA DEL MARE

Le origini dell'oceanografia

Le piú antiche conoscenze del mare furono di tipo geografico e tali perdurarono fino in epoca moderna, al momento delle grandi esplorazioni geografiche iniziate con la scoperta dell'America. Tuttavia, nel corso di queste ricerche geografiche, emergevano di tanto in tanto, per la necessità stessa della navigazione e della lotta contro le avversità del mare, quelle constatazioni o quegli accorgimenti di carattere fisico che dovevano dar luogo, praticamente a partire da un secolo fa con la crociera della nave *Challenger*, alla nascita dell'oceanografia, scienza nuovissima. Oltre che per conoscenze geografiche gli antichi esploravano il mare per trarne alimento o sostanze redditizie nei commerci.

Da documentazioni babilonesi si sa che almeno dal 4500 a.C. l'uomo già si immergeva nelle profondità del mare per procurarsi la madreperla, assai pregiata e ricercata per uso ornamentale, a cui si attribuivano anche poteri magici. Cosí pure fin da tempi molto antichi i Fenici raccoglievano sul fondo marino il murice, il mollusco dal quale estraevano una sostanza fortemente colorata con la quale ottenevano la famosa porpora, colorante allora preziosissimo e sul quale i Fenici basavano una tutt'altro che inconsistente parte dei loro traffici.

Evidentemente quando la navigazione non fu piú soltanto a remi, bensí introdusse la vela, si raggiunse un traguardo di estrema importanza: le velocità che si potevano ottenere con la vela sarebbero state impensabili con il remo. Ma l'uomo allora dovette cominciare ad interessarsi dei venti e del regime dei venti nonché dell'azione del vento sulla nave e sul mare.

Soprattutto presso i popoli orientali la conoscenza del regime dei venti era fondamentale per poter sfruttare l'alternanza dei

L'oceanografia come scienza nasce nel XIX secolo, ma l'uomo fin dall'antichità ha esplorato il mare per le sue necessità. Qui sono rappresentate due navi commerciali fenicie con una sola vela.

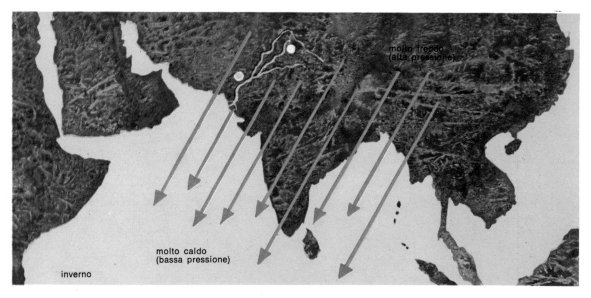

molto freddo
(alta pressione)

molto caldo
(bassa pressione)

inverno

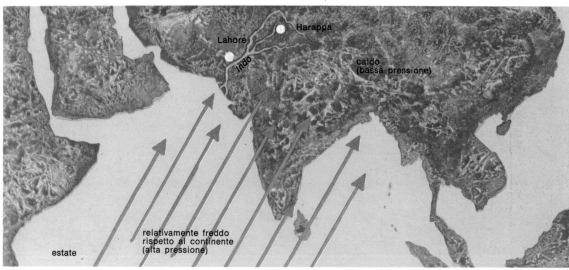

Harappa

Lahore

Indo

caldo
(bassa pressione)

relativamente freddo
rispetto al continente
(alta pressione)

estate

monsoni nella navigazione nell'Oceano Indiano. Già a partire dal 2500 a.C. si ha la documentazione che il popolo indiano degli Harappani conosceva il regime dei monsoni e utilizzava queste conoscenze per programmare meglio la navigazione. Di tali conoscenze fece uso in seguito il popolo egizio quando si accinse, nel 1495 a.C., spinto dalla regina Hashepsut, a compiere la prima esplorazione geografica di cui si ha conoscenza, verso le terre di Punt. Molto piú tardi, in epoca romana, la conoscenza del regime dei monsoni fu ulteriormente ampliata ad opera del navigatore greco Hippalo che studiò l'Oceano Indiano tra il 41 ed il 54 d.C. per le necessità della navigazione romana verso l'India. Piú tardi gli Arabi studiarono ulte-

riormente l'Oceano Indiano, che può perciò esser ritenuto la sede dove sorsero le prime forme di indagine oceanografica.

Speculazioni filosofiche sulle maree si svilupparono specialmente ad opera della civiltà greca, però furono influenzate dal mondo orientale dato che notoriamente le maree nel Mediterraneo sono poco percettibili. Studiosi piú antichi, quali Aristotele o Democrito, si occuparono dell'origine delle maree senza porre particolare attenzione alla loro ritmicità. Aristotele però pensava che le maree fossero provocate dal vento, mentre Democrito immaginava che derivassero da una specie di sudorazione della Terra. Piú tardi altri studiosi sia di origine greca, Strabone, che latina, Plinio, posero attenzione

A fronte: schema del meccanismo dei monsoni, sui quali si basò la piú antica navigazione nell'Oceano Indiano. In inverno la parte continentale asiatica è molto fredda (alta pressione nell'atmosfera); i venti spirano quindi verso l'oceano che è piú caldo (bassa pressione). Viceversa in estate dall'oceano, relativamente freddo rispetto al continente (alta pressione), si muovono i venti verso il continente stesso molto caldo.
Sotto: i Fenici iniziarono la coltivazione del mare, raccogliendo i murici da cui estraevano la porpora.
In questa ricostruzione sono raffigurate le varie fasi dell'estrazione dal prezioso mollusco.

alla ritmicità delle maree e rilevarono il legame delle maree con le fasi lunari, il ritardo tra l'alta marea ed il passaggio della Luna sul meridiano del luogo, la variabilità dell'ampiezza della marea nel corso del tempo e l'influenza del Sole sulle maree. Si riconobbero inoltre le ritmicità diurna e semidiurna. Tutte queste relazioni però non potevano portar ad altra conclusione che le correlazioni tra le maree e le posizioni degli astri non fossero che una coincidenza casuale. Come si poteva pensare che la Luna o il Sole attraessero l'acqua dell'oceano? Come si poteva parlare di attrazione se non era ancora apparso il fondamentale concetto della gravitazione universale? Questo concetto, la cui importanza per lo sviluppo della mente uma-

na è forse superiore alla teoria dei quanti ed alla stessa relatività, venne introdotto da Newton nel 1687. Fu dopo questa scoperta che si poté individuare la causa delle maree. Tuttavia un primo spiraglio per condurre verso il concetto di attrazione lo si ebbe con la scoperta del magnetismo – i magneti erano noti fin dall'antichità ma se ne ignorava l'essenza – ad opera di William Gilbert nel 1600. Gilbert avanzò l'ipotesi che la marea fosse dovuta ad una specie di attrazione magnetica operata dalla Luna sull'acqua degli oceani. Ma come?

Anche se mancava una spiegazione teorica delle maree, non per questo si trascurava di studiarle in quanto la loro conoscenza – sia pure empirica – era essenziale per la navigazione e l'accesso ai porti. A questo si applicarono fin dal Medioevo gli inglesi e gli olandesi, quando cominciarono a delinearsi, nei mari d'Inghilterra, interessi di traffici marittimi. In talune coste inglesi l'altezza di marea tocca i dieci metri; la marea risale velocemente gli estuari dei fiumi e se non si conoscono le ore di alta e di bassa marea e l'evoluzione temporale e locale di questi tempi la navigazione diventa impossibile. Attraverso minuziose osservazioni vennero prodotte carte di navigazione in cui, tenuto conto della posizione della Luna, si fornivano, per varie zone costiere e porti, i tempi dell'alta e della bassa marea. Si trattava di osservazioni protrattesi per secoli onde poter giungere a questa specie di previsione empirica della marea. Osservazioni di navigatori venivano valutate ed elaborate da monaci attraverso un lavoro lunghissimo.

E passiamo alle correnti. Gli Harappani, studiando il regime dei monsoni, compirono anche le prime ricerche di cui si ha documentazione storica sulle correnti. I filosofi greci inoltre tentarono di spiegare le cause delle correnti marine. Aristotele pensava che esse, come i fiumi, scorressero dall'alto verso il basso, ammetteva cioè l'esistenza di dislivelli, ossia di pendenze. Furono poi Eratostene e Strabone ad indicare piuttosto come causa delle correnti un semplice dislivello superficiale, il difficile era trovare la causa di questi presunti dislivelli che provocavano le correnti; Strabone pensava al peso dei continenti sugli oceani! Altri avanzavano l'ipotesi che fosse il vento a provocare variazioni di livello, come effettivamente si osserva presso le coste interessate dal vento. Le prime idee sulla causa delle correnti di gradiente e di deriva sorgevano cosí. Misure sperimentali sulla velocità delle correnti iniziarono però assai piú tardi, praticamente appena al tempo delle grandi scoperte geografiche, nel XVI secolo. Le soluzioni teoriche si ebbero dopo lo sviluppo della idrodinamica, nel secolo passato e in questo.

Altro problema attorno cui già gli antichi si cimentarono riguarda la forma e la profondità dell'oceano e dei mari. Talete di Mileto immaginava che un unico immenso oceano circondasse la Terra. Si osservi come questo pensiero, di circa 2500 anni fa, collimi con la reale situazione dei continenti riuniti nella Pangea, circondata da un unico oceano, che esisteva circa 200 milioni di anni fa; teoria che è stata accertata in questi ultimi decenni. Secondo Talete ancora, la Terra conquistava l'oceano con depositi alluvionali dati dai detriti portati dai fiumi: è un concetto che in pratica si può dire dia inizio alla sedimentologia. La misura della profondità veniva eseguita anche quando si navigava verso terra di notte, per sapere come ci si avvicinava alla costa. Erano però, queste misure di profondità, misure ridotte a profondità di pochi metri, quali si potevano avere immergendo un remo, o di poche decine di metri usando una fune appesantita. Per misure al largo, in mare profondo, bisogna addirittura attendere il 1521. Pare che sia stato Ferdinando Magellano, nella sua traversata del Pacifico, ad usare uno scandaglio a fune, sondando fino a profondità di circa 400 metri.

Un altro problema cui attese la speculazione filosofica degli antichi studiosi era la salinità dell'acqua oceanica e la sua origine. La chimica oceanografica nasce nell'antichità anche se ovviamente i veri canoni di questa disciplina sono stati stabiliti soltanto alla fine del secolo XVIII dopo le scoperte di Lavoisier, fondamentali per tutta la chimica.

Che il mare fosse salato era nozione comune: da esso si ricavava il sale che si usava per condire, per conservare alimenti, per conciare le pelli; era tanto prezioso da esser anche usato – come abbiamo detto in precedenza – come moneta. Le opinioni al riguardo erano diverse e delle piú strane. Si pensava che l'oceano fosse diventato salato per sali portativi dal dilavamento ad opera dei fiumi delle aree continentali; altri pensavano che il sale derivasse da una specie di evaporazione secca della Terra e che venisse portato all'oceano dalla pioggia. L'acqua dolce derivava da quella marina per una specie di filtrazione che avveniva, ad opera di cause misteriose, nel sottosuolo. Cosí si formavano le sorgenti e quindi i fiumi. Non dobbiamo dimenticare che secondo il pensiero antico esisteva tutto un mondo sotterraneo, abitato da divinità e dai morti; erano quindi ammissibili anche azioni di tipo miracolistico. Aristotele però propose di tener conto dell'evaporazione d'acqua dolce dall'oceano: era acqua evaporata dall'oceano quella che forma le nubi, dà la pioggia e alimenta sorgenti e fiumi. Tra le tante idee aristoteliche che dominarono per secoli, frenando, col classico *ipse dixit*, non

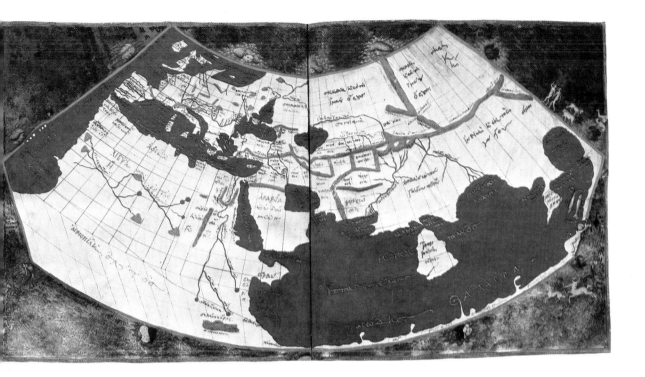

poco il progresso della cultura, questa ipotesi
è tuttora pienamente valida.

Oltre a questi primi contributi sperimentali o filosofici all'oceanografia, ricordiamo
anche contributi eminentemente scientifici,
nell'accezione moderna del termine.

Archimede (287-212 a.C.) con la scoperta
del celebre principio diede origine alla moderna idrodinamica, che sta alla base di ogni
studio quantitativo di oceanografia. Dall'epoca di Archimede fino al 1663, quando Pascal
enunciò il celebre principio secondo cui la
pressione in un liquido si trasmette egual-
mente in tutte le direzioni, non vi furono
in pratica contributi a questa disciplina, che
fiorì invece nel secolo XVIII e nei successivi.

Dall'antichità classica fino alla fine del
Medioevo l'oceanografia, come del resto tutte le scienze, restò negletta salvo qualche
attività condotta dagli Arabi, tra cui è da
ricordare al Mas udi, e da qualche monaco
inglese o irlandese, come ad esempio il Ve-
nerabile Beda, che studiò le maree e altri
fenomeni oceanografici. Nell'Europa distrutta dalle invasioni barbariche e nell'Oriente
mediterraneo, già sede di imponenti civiltà,
tutto cadeva nella distruzione, nella catarsi
da cui doveva, secoli dopo, emergere la nuova Europa, nella quale nacque la moderna
oceanografia.

Sopra: riproduzione della carta dei continenti
e degli oceani secondo Tolomeo (II secolo a.C.), tratta
dai *Geographicorum libri* pubblicati nel XV secolo
e conservati a Venezia nella Biblioteca Marciana,
che si basavano sulle descrizioni del grande geografo
e astronomo alessandrino.
Sotto: un astrolabio del 1571, antico strumento di
navigazione, conservato al Museo navale di Madrid.

L'oceanografia all'epoca delle grandi scoperte geografiche

Nell'Europa che si risvegliava dalle inerzie dell'alto Medioevo sorse un interesse sempre piú vivo per i traffici marittimi; con la progressiva demolizione degli assiomi aristotelici e tolemaici, si intravvedeva anche la possibilità che la Terra avesse forma diversa, che si potesse giungere ad un lontanissimo ed ormai dimenticato Oriente anche per via di mare oltre che per lunghissimi e pericolosi viaggi terrestri, che si potesse circumnavigare l'Africa... Si cominciò cosí a veleggiare in senso centrifugo dall'Europa; venne attraversato l'Atlantico, si scoprí l'America, si attraversò il Pacifico, si scoprirono nuove terre e continenti. Attraversare il mare volle dire sempre di piú conoscerlo. Conoscere le maree, le correnti, il moto ondoso; non interessavano piú, in questo periodo di attività, le speculazioni e le idealizzazioni di antichi saggi ormai non piú creduti; occorreva promuovere, col rigore scientifico che ormai si andava delineando in altre discipline, la ricerca scientifica del mare. La pesca poi abbandonava le aree costiere; nel Nord Europa, ancora semi selvaggio quando fioriva la civiltà mediterranea ed i ghiacciai si ritiravano sulla Scandinavia, era ormai sorta una fiorente civiltà industriale e commerciale e con queste la pesca, che non fu piú solamente costiera ma di altura. La conoscenza del mare interessava la pesca. Interessava conoscere gli organismi che vivevano nel mare ed i collegamenti tra i vari organismi di una catena alimentare che iniziava, allora ancora misteriosamente, nel mare, ma che terminava sulla mensa dell'uomo!

Le prime esplorazioni oceaniche furono essenzialmente commerciali e geografiche; esse cominciarono, si può stabilire, con la sfortunata crociera dei fratelli Ugolino e Vadino Vivaldi che, partiti da Genova nel 1291 per la ricerca di una via per le Indie, scomparvero in Atlantico. Man mano però queste crociere si trasformarono in ricerche scientifiche con l'esplorazione delle nuove terre scoperte, con la cartografia degli oceani e delle coste, con qualche prima misura di correnti, cui conseguí la scoperta delle grandi linee della circolazione oceanica. Tutte queste preliminari ricerche si conclusero, tanto per fissare una data, con l'opera *The Physical Geography of the Sea* che l'esploratore americano M. F.

Sopra: una carta dell'Atlantico occidentale, del 1535 circa, colorata a mano e formata da due pergamene unite insieme di 80 x 122 centimetri, conservata al Maritime Museum di Greenwich. Le antiche carte nautiche erano assai diverse dalle attuali, con

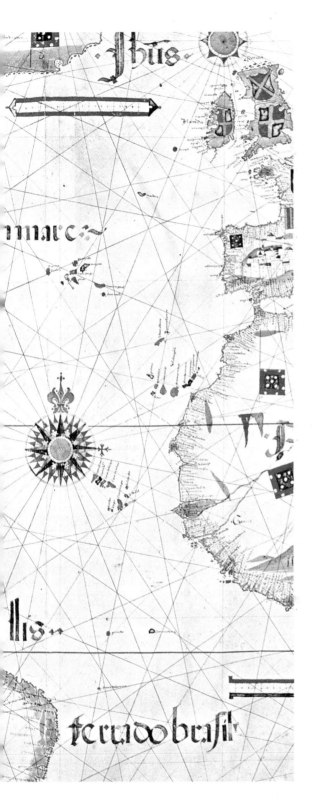

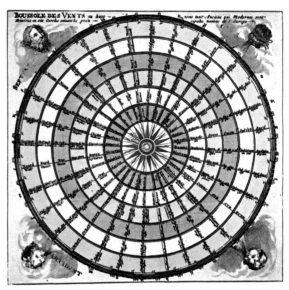

riferimenti e linee che servivano di orientamento agli antichi navigatori.
In alto a destra: una bussola con la Rosa dei Venti, riprodotta dall'*Harmonia Macrocosmica* di Andrea Cellario, Amsterdam 1660.

Maury pubblicò nel 1855. Comincia in quell'epoca anche la partecipazione americana all'esplorazione degli oceani e, con essa, la progressiva diminuzione del contributo europeo, che nei tempi precedenti era stato assolutamente dominante. Tuttavia, pur con la partecipazione degli americani, nell'esplorazione del mare l'Europa avrà ancora molto da dire.

Le crociere presero un intenso avvio nel secolo XVI dopo la scoperta dell'America. La crociera di Magellano consentì alcune osservazioni sulle correnti nell'Oceano Pacifico; già Colombo del resto aveva compiuto osservazioni sulle correnti nell'Atlantico e aveva anche perfezionato la navigazione mediante la bussola, già usata però in precedenza. In quei primi tempi tuttavia l'esplorazione era essenzialmente geografica, se non, addirittura, basata su principi commerciali o di conquista. Le poche misure di corrente che venivano fatte qua e là erano eseguite con strumenti del tutto rudimentali, quali le croci di Sant'Andrea (due telai incrociati su cui si tendevano teli di vela; il dispositivo veniva immerso e si seguiva il suo spostamento). Non esistevano altri strumenti, né ci si proponevano ancora misure di altro tipo, quali ad esempio le misure termometriche, fotometriche, di salinità. Il mare non interessava ancora per se stesso, era solo il supporto delle rotte o l'ambiente di autentiche rapine quali erano a quei tempi la pesca o la caccia ai cetacei: attività peraltro che ancora oggi sono spesso svolte in maniera indiscriminata e irrazionale.

Nel diciassettesimo secolo la ricerca geografica addirittura decadde, dato che tutte le nazioni marinare indirizzavano le loro flotte a far razzia di beni in America; a loro volta le navi razziatrici venivano attaccate dai pirati, spesso organizzati con vere e proprie flotte ed appoggiati da altre nazioni.

La situazione cambiò, almeno in parte, nel secolo successivo; alcune grandi crociere si distinsero per essere non solo oceanografiche, ma anche di esplorazione scientifica. Per iniziativa dello Zar Pietro il Grande il navigatore Vitus J. Bering a partire dal 1728 iniziò una serie di esplorazioni nel Mare Artico, per scoprire una via verso il Pacifico. Interessanti osservazioni sui ghiacci artici vennero compiute in quell'occasione, nonché varie scoperte geografiche fra cui l'esistenza della via di comunicazione tra il Mare Artico e l'Oceano Pacifico attraverso lo stretto chiamato poi di Bering in onore del suo scopritore.

Anche la celebre crociera dell'*Endeavour* inglese (1768-71) aveva carattere di esplorazione scientifica oltre che puramente geografica come le crociere del passato. La nave era comandata dal celebre capitano James Cook ma aveva anche a bordo, come scienziato, Sir Joseph Banks, che doveva divenire uno dei piú tenaci propugnatori, in Inghilterra, della ricerca oceanografica. In questa crociera vennero fatti interessanti studi sulle maree del Pacifico, rilevando la loro piccola ampiezza nelle isole; anche i banchi corallini, tanto abbondanti nella parte tropicale del grande oceano, vennero studiati scientificamente. In una successiva crociera dell'*Endeavour* furono imbarcati anche degli astronomi, per compiere misure geodetiche.

L'oceanografia moderna

Nel corso del diciottesimo secolo anche la strumentazione oceanografica cominciò a svilupparsi; verso la fine del secolo ad esempio apparirono i primi termometri a massima e minima, che consentirono le prime esatte misure di temperatura in profondità, anche se ridotte ai due valori estremi. In questo modo vennero definitivamente sfatate antiche leggende che volevano, per esempio, che gli abissi marini fossero riempiti di ghiaccio!

Nel diciottesimo secolo lo studio del ma-

Sopra: la *Antorcha de la Mar* di N.J. Voogt, stampata ad Amsterdam nel XVII secolo.
Sotto: una bussola a sospensione cardanica usata nel XVII secolo e conservata nel Museo di Storia della Scienza di Firenze.
A fronte: un ottante, usato per la misura di angoli in mare e utilizzato per la navigazione.

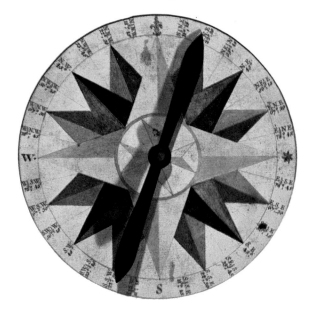

re – che ormai potremo già chiamare oceanografia – incomincia ad interessare il Mediterraneo oltre che l'oceano, sia ad opera degli inglesi che dei francesi; ed è in questo periodo che emerge l'italiano Luigi Ferdinando Marsigli, fondatore dell'oceanografia italiana. In questo secolo si assiste alla formazione di una coscienza oceanografica di esplorazione dei mari e vengono fissati i primi, fondamentali canoni teorici dell'idrodinamica, la scienza fisico-matematica indispensabile per l'interpretazione delle misure oceanografiche. Dalla compenetrazione tra la teoria fisico-matematica e le osservazioni sperimentali sorge la moderna oceanografia.

Fondamentali iniziatori dell'idrodinamica sono stati Daniel Bernoulli (il grandissimo matematico che, oltre occuparsi genericamente di idrodinamica, diede anche, nel 1740, la prima teoria delle maree, basata sui principi enunciati da Newton nel 1687), L. Euler, P. S. de Laplace, J. L. Lagrange.

Questi studiosi sono riusciti a scrivere in forma matematica le equazioni del moto per particelle di acqua, esprimendo cioè in termini quantitativi le varie forze. Si tratta di complessi sistemi di equazioni differenziali che, al momento della loro prima scoperta, non potevano nemmeno essere risolte per la

difficoltà dei calcoli. Solo attraverso un grande numero di approssimazioni si poté avere qualche semplicissima equazione risolvibile e tale da spiegare l'azione di qualche semplice corrente o oscillazione di livello. Solo in questi ultimi decenni è stato possibile risolvere completamente le equazioni idrodinamiche, grazie al calcolatore elettronico. Si possono così non solo interpretare nella maniera più completa le osservazioni, ma anche eseguire previsioni. Ciò che pare mirabile è che tali equazioni vennero formulate senza possibilità di controllo: esse erano come una scrittura musicale che non poteva essere suonata perché mancava lo strumento adatto.

Nel successivo secolo diciannovesimo la esplorazione oceanografica si estendeva, dopo la determinazione dei canoni della chimica ad opera di Lavoisier, anche allo studio della composizione chimica dell'acqua di mare. Inoltre si cominciò ad analizzare sistematicamente il fondo degli oceani anche a scopo pratico, per esempio per la sistemazione dei primi cavi telegrafici sottomarini. Un particolare impulso venne dato alle ricerche biologiche connesse con il potenziamento della pesca. Questo problema costituiva una particolare preoccupazione per gli inglesi e i norvegesi, che fondarono associazioni per la ricerca scientifica riguardo ai problemi della pesca tanto da promuovere importanti crociere per lo studio biologico degli oceani. Intanto nasceva anche la fisica moderna, venivano scoperti l'elettricità ed i fenomeni elettromagnetici. Nuove strumentazioni e nuovi sistemi di misura si rendevano possibili, anche per discipline collaterali quali l'oceanografia.

Venne misurata la velocità del suono nell'acqua dando origine all'acustica marina (la prima misurazione della velocità del suono venne effettuata nel lago di Ginevra). Oggi sappiamo l'enorme importanza che ha questa disciplina nella batimetria, nella pesca, nelle comunicazioni, nelle operazioni belliche. Le misure di temperatura erano rese estremamente più precise che nel passato, mediante i termometri a rovesciamento. Mediante il rovesciamento del termometro azionato dall'esterno, si interrompe la colonnina di mercurio alla profondità in cui si vuol misurare la temperatura; così aumenti di temperatura incontrati lungo la risalita non vanno ad aggiungere mercurio alla colonnina interrotta, che, in un certo qual senso, registra la temperatura del punto voluto. Salpato lo strumento, questo viene riposto nella posizione iniziale dopo aver letto la temperatura "registrata" sull'apposita scala. Anche primi tentativi di termometri elettrici comparvero nel secolo passato. Tali termometri sono basati sul fatto che la resistenza elettrica di un metallo varia al variare della temperatura. Il legame tra le due variazioni si può stabilire sperimentalmente per taratura sicché, attraverso la misura di resistenza elettrica, si misura la temperatura.

Nell'Ottocento si impongono poi all'attenzione degli oceanografi anche le correnti marine. Si era osservato, infatti, che spesso la direzione della corrente in superficie non coincideva con quella della corrente in profondità. Non bastavano piú, dunque, le croci di Sant'Andrea di cui si è già parlato, e con le quali si riusciva a determinare l'andamento delle correnti soltanto sul pelo dell'acqua. Per descrivere una corrente è necessario conoscerne non soltanto la direzione ma anche la velocità. I primi strumenti in grado di fornire indicazioni di questo tipo sufficientemente precise sono i correntometri a mulinello che, appunto, compaiono all'inizio dell'800, si perfezionano durante tutto il secolo per raggiungere la forma definitiva con il modello costruito da V. W. Ekman. In pratica si tratta di supporti sui quali sono montate un'elica e una bussola: il numero di giri compiuto durante il tempo di immersione dalla prima rivela la velocità della corrente; un apposito meccanismo collegato con la seconda rivela la direzione. Questo strumento ha permesso di ottenere una gran quantità di misure di corrente anche in profondità. Il suo difetto principale però consisteva nel fatto che poteva compiere una sola misura per volta: ogni volta che si voleva sapere come fluiva la corrente occorreva immergere lo strumento ed estrarlo. A questo problema, che limitava molto il numero di misure di cui si poteva disporre, si è ovviato negli ultimi decenni dotando questi strumenti di apparati di registrazione su nastro magnetico: è diventata cosí possibile la registrazione continua, anche per lunghi intervalli di tempo, delle correnti e delle loro variazioni. I calcolatori elettronici hanno poi reso possibile l'analisi e l'elaborazione dell'enorme quantità di dati che strumenti di

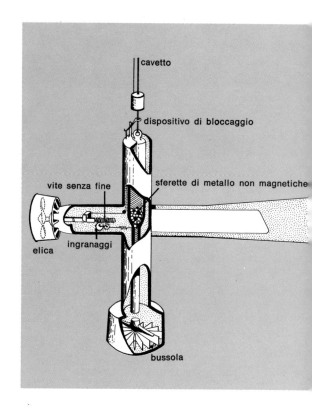

Sopra: i correntometri a mulinello, con i quali nel secolo scorso si misuravano le correnti in profondità, trovarono il loro perfezionamento nel correntometro di Ekman, in cui la velocità della corrente viene misurata con un'elica e registrata con un sistema di ingranaggi. Mediante una bussola, il cui involucro ruota con lo strumento (mentre l'ago resta orientato a Nord), si determina la direzione della corrente.

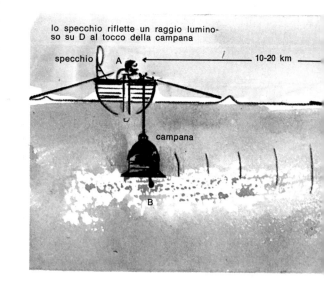

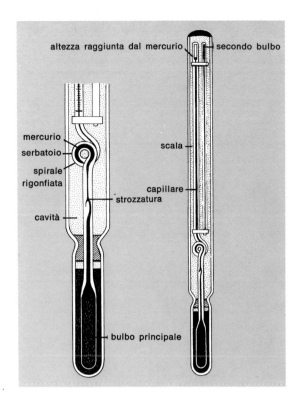

Sopra: il termometro a rovesciamento risolse il problema della misurazione della temperatura dell'acqua del mare in un punto voluto. Il doppio giro della colonnina di vetro impedisce infatti al mercurio di salire mentre il termometro viene tirato su dall'acqua e incontra temperature superiori. Rovesciando il termometro la colonnina di mercurio si rompe e la temperatura resta cosí "fotografata".
Sotto: schema che illustra il rudimentale ma efficace sistema con cui per la prima volta si misurò la velocità del suono nell'acqua.

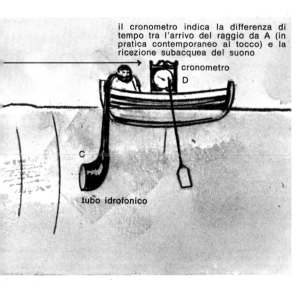

questo tipo sono oggi in grado di raccogliere.

Nel 1832 il fisico inglese Michael Faraday fece la seguente osservazione: poiché l'acqua di mare è un conduttore elettrico che si muove nel campo magnetico terrestre, è possibile, misurando con due elettrodi la differenza di potenziale elettrico (che si sviluppa ortogonalmente alla direzione di moto della corrente), determinare la velocità della corrente stessa. Faraday tentò anche la misura, nel Tamigi, alla rimonta della marea, ma non ci riuscí per la scarsa sensibilità degli strumenti. Tale principio venne ripreso in questo secolo, verso gli anni '50, ed ebbe successo. Si può misurare la corrente con una nave, trascinando i due elettrodi con cavi, oppure si possono disporre installazioni fisse attraverso uno stretto o un canale o anche dalla costa verso il largo. Misure di tale tipo, attraverso stretti, sono molto importanti perché permettono di stabilire il bilancio idrologico di interi mari. Usando campi magnetici artificiali, anche notevolmente intensi, si possono sfruttare questi principi con elettrodi assai ravvicinati (la sensibilità dello strumento dipende sia dall'intensità del campo magnetico che dalla distanza tra gli elettrodi) ottenendo cosí misure di corrente ben delimitate nello spazio e nel tempo.

Per le misure di profondità si incominciò ad usare, appena dopo il 1877 ad opera di Alexander Agassiz, lo scandaglio a filo di acciaio anziché a corda. La misura richiedeva meno ingombro ed era leggermente abbreviata, tuttavia era ancora molto laboriosa e imprecisa. Appena dopo il 1922, specialmente grazie alle scoperte di Langevin, fu possibile introdurre la batimetria ultrasonora accelerando enormemente le misure e consentendo grandi precisioni. Si pensi che tra il 1925 e il 1927 con apparecchiature ancora rudimentali, che non consentivano il rilievo continuo, dalla nave oceanografica tedesca *Meteor* – in una crociera importantissima che permise di conoscere in maniera dettagliata la circolazione dell'Oceano Atlantico – vennero eseguiti ben 70 000 sondaggi batimetrici, contro i 362 che solo poco piú di cinquant'anni prima erano stati realizzati dalla *Challenger*! Oggi poi in una crociera con il rilievo batimetrico continuo i sondaggi che si eseguono sono innumerabili.

Il principio dell'ecoscandaglio è semplice:

una sorgente sonora lancia un opportuno impulso sonoro che si propaga nell'acqua con una velocità nota (di circa 1500 metri al secondo); quando incontra un ostacolo, per esempio il fondo, si riflette e ritorna indietro; un ricevitore adatto segnala l'attimo in cui l'eco è ritornata alla nave. Se il suono per andare e tornare ha impiegato per esempio due secondi vuol dire che ha compiuto un percorso di circa 3000 metri (andata e ritor-

no) e che quindi l'ostacolo si trova alla distanza di 1500 metri. Questo strumento ha rapidamente soppiantato l'impreciso e laborioso scandaglio a corda. Poi si è perfezionato al punto da permettere di leggere addirittura la forma degli ostacoli o del fondo.

Nel 1865 Johan G. Forchhammer, compiendo analisi chimiche su campioni di acqua di diversa provenienza, si accorse che i rapporti di concentrazione dei costituenti prin

---

Il viaggio della Challenger: 1872-1876

Lunga 61 metri, larga 11,5, una stazza di 2306 tonnellate, era partita, vele al vento, il 21 dicembre 1872 dal porto inglese di Portsmouth. Era la ex goletta della marina inglese Challenger (significa "colei che sfida"), che, forte della velatura dei suoi tre alberi e di un motore ausiliario a vapore, avrebbe battuto ininterrottamente per tre anni e mezzo gli oceani di tutto il mondo. Al suo ritorno la Challenger aveva percorso circa 70 000 miglia ed era entrata nella storia della oceanografia: durante questa classica crociera vennero stabiliti i canoni della moderna oceanografia fisica, chimica, biologica e geologica. Prima della Challenger già altre navi avevano operato nella ricerca oceanografica e non solo geografica, però con programmi più limitati. Gli scopi della crociera della Challenger – in base ai dettami stabiliti da una apposita commissione istituita in quei tempi in Gran Bretagna, per l'esplorazione scientifica degli oceani – erano i seguenti:

1. Compiere ricerche di oceanografia fisica – eseguire misure di profondità, temperatura, densità, penetrazione luminosa, studi sulla circolazione – nei grandi bacini oceanici, con speciale riguardo agli abissi ed alle zone vicine all'Antartide. A tale scopo la nave era munita di vari strumenti, alcuni dei quali estremamente innovatori. Esistevano perfino sia pur rudimentali termometri a resistenza elettrica; inoltre termometri a massima e minima che, proprio durante la crociera, vennero sostituiti con i nuovissimi termometri a rovesciamento (ancora oggi in uso in qualche lavoro). I laboratori della nave possedevano inoltre aerometri per la misura della densità, fotometri per la misura

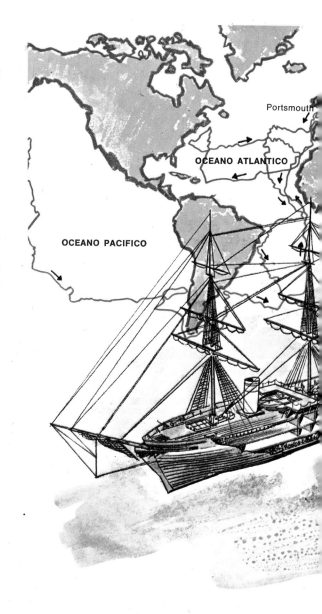

cipali della salinità restavano praticamente costanti qualunque fosse la salinità stessa. C. Dittmar, nel 1888, dall'analisi di 77 campioni rappresentativi di tutti gli oceani, raccolti nella spedizione *Challenger*, confermò definitivamente questo fatto. Ciò diede modo nel 1901 a Martin H. C. Knudsen di definire la salinità mediante la misura chimica della clorinità, ossia del contenuto in cloro.

Riguardo alle esplorazioni oceanografiche eseguite nel secolo passato occorre dire che queste furono numerosissime ed estese ormai a tutti i mari del mondo; erano patrocinate da singole nazioni, spesso addirittura in emulazione tra di loro. Delle moltissime crociere svolte, due ebbero importanza rilevantissima: la crociera della nave *Beagle* e quella della nave *Challenger*, entrambe inglesi. La crociera della *Beagle* iniziò nel 1831 e durò quasi cinque anni. Essa mirava a studi bio-

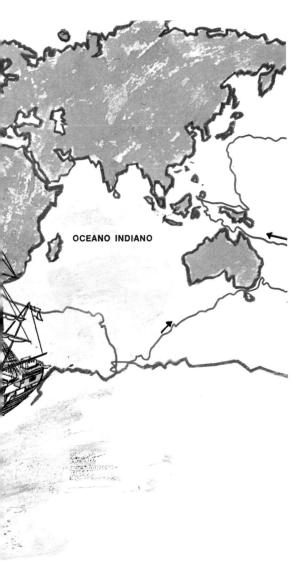

dell'assorbimento luminoso, vari tipi di scandagli a fune, alcuni anche con zavorra cava, atta al prelievo di campioni di fondo. Per lo studio delle correnti superficiali venivano usati dei correntometri di deriva.

2. Determinare la composizione chimica dell'acqua di mare non solo in superficie ma anche in profondità, esaminando i costituenti della salinità – proprio con la crociera della Challenger *si dimostrò definitivamente la costanza dei rapporti tra i costituenti principali –, i gas disciolti, la sostanza organica disciolta e la natura delle sospensioni. Per queste indagini la nave disponeva ovviamente di raccoglitori di campioni d'acqua, atti alla raccolta anche in profondità, mediante opportuni comandi dall'esterno; nonché di un laboratorio chimico molto attrezzato, che consentiva di eseguire le principali analisi chimiche già a bordo.*

3. Esaminare la natura chimica e fisica dei materiali del fondo individuandone possibilmente l'origine. A tale scopo la nave era munita, oltre che delle accennate zavorre prelevatrici, anche di draghe striscianti sul fondo.

4. Compiere studi di biologia marina raccogliendo e studiando organismi viventi alle varie profondità. A tale scopo la nave disponeva di un laboratorio biologico con microscopi, recipienti per la conservazione, strumenti per la dissezione. La raccolta in mare era eseguita con retini per la superficie e con speciali reti a strascico per la raccolta in profondità.

La nave, prima di diventare una nave di ricerca, venne opportunamente modificata all'interno; per esempio vennero tolti tutti i cannoni meno due. La nave era a tre alberi ma

La nave *Challenger* e la rotta percorsa attraverso tutti gli oceani, fino a lambire l'Antartide, nella crociera che portò contributi essenziali alla conoscenza del mare, sia dal punto fisico-chimico che biologico e sedimentologico.

logici nei mari del Sud e su di essa era imbarcato, come ricercatore, Charles Darwin. Con l'osservazione di forme differenziate di animali relegati in isole lontanissime dai continenti, si formò in Darwin il primo embrione delle teorie evoluzionistiche che tanta importanza ebbero successivamente non solo nelle scienze naturali ma anche filosofiche.

La crociera della *Challenger* iniziò invece nel 1872 e durò oltre tre anni. Anche questa crociera si estese ampiamente sugli oceani. Suo scopo erano studi fisici, chimici e biologici delle acque, nonché geologici del fondo. La crociera era il risultato della politica scientifica inglese dell'epoca, ormai avviata nella ricerca biologica marina in relazione a problemi di pesca e di sfruttamento delle risorse del mare. L'esito della crociera fu eccezionale: oltre ad importanti dati sulla chimica e sulla fisica dei mari, oltre all'eviden-

---

disponeva anche della propulsione a motore, con un impianto della potenza di 1234 CV che aveva un'autonomia basata sulla riserva di 240 tonnellate di carbone.

La nave aveva un equipaggio di 23 uomini e poteva ospitare 6 ricercatori. La crociera durò tre anni e mezzo e si svolse tra il 1872 ed il 1876; durante questo tempo vennero effettuate 362 stazioni oceanografiche distribuite, con più o meno grande densità, in tutti gli oceani.

La crociera era diretta da Sir Wyville Thomson ed aveva come scienziati von Willemoes-Suhm (che doveva morire nel Pacifico, durante la crociera), Buchanan, Murray, Moseley e Wild (segretario e disegnatore). Il punto più australe toccato nella crociera è situato a Sud-Est delle isole Kerguelen, alla latitudine di circa 65° Sud. La massima profondità raggiunta con gli scandagli è stata di circa 8200 m.

Oltre alla raccolta di numerosissime specie di organismi, molte delle quali ancora sconosciute, ad importantissimi studi sulla circolazione e sul bilancio idrologico, oltre a definitive scoperte di chimica del mare, con la crociera della Challenger si può ben dire che è iniziato lo studio sistematico dei sedimenti oceanici; vennero distinti i sedimenti a globigerine, individuate le argille rosse, scoperti ed analizzati i noduli di manganese. Tutti questi risultati vennero pubblicati in anni di lavoro dando luogo a decine di volumi. Vennero anche sfatate leggende: il Bathibius, misteriosa sostanza gelatinosa che si trovava nei vasi di raccolta e che in precedenza era stata giudicata vivente, non era altro che il risultato della reazione dell'acqua di mare con l'alcool usato come conservante!

Un secolo dopo, la Glomar Challenger
Varata quasi esattamente cent'anni dopo la partenza della Challenger da Portsmouth, la Glomar Challenger è una nave non meno eccezionale così come non meno rilevanti sono i contributi che essa ha fornito all'oceanografia. È la prima nave oceanografica al mondo in grado di rimanere praticamente ferma in mezzo all'oceano, di affondare una colonna di aste da perforazione fino alle più grandi profondità e di attraversare il fondo per migliaia di metri.

Per le trivellazioni la nave è munita di una torre di perforazione, situata al centro dello scafo, alta circa 43 metri. La nave stazza 10 000 tonnellate, è lunga 122 m e larga quasi 20 m. Il propulsore è Diesel-elettrico con una potenza di 10 000 CV. La nave è munita di stabilizzatori di posizione dinamici, come le piattaforme galleggianti usate nelle ricerche petrolifere. La navigazione viene regolata mediante posizionamento via satellite, con sistema Loran e col radar, a seconda delle zone di operazione. La nave può ospitare 23 ricercatori ed ha un equipaggio normalmente di 45 uomini. Lo strumento principale è appunto la sonda a rotazione, con scalpelli a corona per il carotaggio. La nave dispone inoltre di rilevatori ad ultrasuoni per la batimetria e anche di dispositivi per l'esplorazione in profondità (rilevamento morfologico del sottofondo oceanico).

La prima crociera si svolse tra il 1968 ed il 1972 su 108 000 miglia che interessarono le parti centrali e settentrionali degli oceani ed anche il Mediterraneo. Durante i quasi tre anni e mezzo della crociera vennero perforati 340 pozzi; il più profondo raggiunse quasi 1200 m sotto il fondo oceanico.

ziazione di vari depositi di fondo e alla scoperta di noduli di manganese, la crociera portò alla scoperta e determinazione di ben 4417 nuove specie di organismi, molte delle quali abissali. I risultati di questa prestigiosa crociera si compendiarono in ben 50 monumentali volumi ed in un numero grandissimo di note minori.

L'Ottocento incrementò gli studi teorici impostati nel secolo precedente. Già nel 1802

F. J. von Gerstner diede una prima teoria del moto ondoso; la teoria delle onde fu poi meglio precisata nel 1845 da Sir G. B. Airy e nel 1847 da G. B. Stokes. Gli olandesi Korteweg e de Vries nel 1895 proposero addirittura un nuovo complicato modello matematico di onda, che oggi non viene considerato solo dagli oceanografi, ma anche dai fisici teorici che, nelle teorie ondulatorie, stanno ormai abbandonando il semplice modello

A sinistra: un esempio di carota del fondo del Pacifico raccolta nel progetto Deep Sea Drilling. Sotto: ricalcando il nome glorioso della vecchia *Challenger*, anche la nuova *Glomar Challenger* ha portato fondamentali contributi all'oceanografia e soprattutto a quella moderna branca, tra le discipline delle scienze della Terra, costituita dalla geologia marina. Durante anni di ricerca su tutti gli oceani e nei mari marginali la *Glomar Challenger* si è occupata soprattutto di perforazioni del fondo oceanico, penetrate anche per centinaia di metri, che hanno reso possibile la raccolta di numerosissime colonne stratigrafiche, le cosiddette carote. Queste hanno permesso di eseguire studi sedimentologici, mineralogici e paleontologici della massima importanza per ricostruire la storia geologica degli oceani.

di onda sinusoidale che non è piú sufficiente a spiegare taluni fenomeni. Di problemi squisitamente matematici, in relazione a fenomeni ondulatori, si occupò nel 1822 J. B. J. Fourier, che diede principi non solo utilizzabili in studi su onde e maree, ma in moltissimi campi della tecnica ed in particolare nelle telecomunicazioni e nell'informatica, oggi di grande applicazione.

La teoria delle maree venne perfezionata via via da vari studiosi. Le stesse equazioni del moto di Eulero vennero modificate ed estese (Stokes, Navier, Saint Venant). Coriolis scopre l'esistenza dell'omonimo effetto, importantissimo nell'evoluzione delle correnti, dovuto alla rotazione terrestre. Viene individuata la vorticità (von Helmholtz), si scoprono fondamentali differenze nel movimento dell'acqua a seconda delle dimensioni dell'ambiente in cui l'acqua scorre e della ve-

Le boe oceanografiche

Le boe oceanografiche sono mezzi indispensabili nella moderna ricerca. Il loro impiego ha finalità scientifiche e pratiche insieme, dato che servono anche alla raccolta di dati che vengono utilizzati nella previsione delle tempeste. Nelle boe oceanografiche la raccolta dei dati di osservazione può avvenire in maniera continua o a scadenze piú o meno regolari, prestabilite o richieste di volta in volta via radio. Le boe possono infatti accumulare i dati che di tanto in tanto vengono prelevati. Piú utilmente però le boe teletrasmettono i dati a stazioni di raccolta costiere che li elaborano e li utilizzano.

A seconda delle applicazioni le boe possono essere di piccole o grandi dimensioni (boe mostro), veri laboratori galleggianti o sommersi, spesso attrezzati per ospitare ricercatori. Esse vengono ancorate al fondo con speciali dispositivi. La dimensione della boa è connessa anche con il suo periodo di oscillazione, e quindi è un parametro molto importante se la boa è usata anche per la misura del moto ondoso: in questo caso il suo periodo di oscillazione deve essere diverso da quello delle onde per non provocare distorsioni. Dalla boa partono i cavi che la collegano con i sensori (di temperatura, salinità, correnti, torbidità, e anche di altri parametri) posti a varie profondità. Altri sensori come quelli di moto ondoso o di livello sono superficiali. I sensori di livello sono anche posti sul fondo del mare. Si misurano inoltre, sopra la superficie del mare, anche ad altezze diverse, parametri meteorologici (temperatura, umidità, pressione, velocità del vento, radiazione eccetera), tanto che è piú appropriato parlare di boe meteooceanografi-

locità stessa di scorrimento; si precisa cosí il concetto di turbolenza.

Contributi di altri importantissimi studiosi non sono neanche elencabili in una narrazione elementare.

Nel nostro secolo ovviamente la ricerca è ancora piú progredita; tutto è reso estremamente piú rapido, specialmente grazie all'elettronica. La scoperta della radio, di importanza fondamentale in mare, non consente solo rapidissime comunicazioni ma anche la trasmissione dei dati pressoché simultanea.

Le due grandi guerre che hanno sconvolto il mondo in questo secolo hanno condizionato e profondamente influito sull'oceanografia. Fino alla prima guerra mondiale la ricerca è proseguita secondo i canoni dell'800 ed è consistita nell'ulteriore esplorazione dei mari (importantissime, sul finire dell'800, le esplorazioni e scoperte polari di Fridtjof

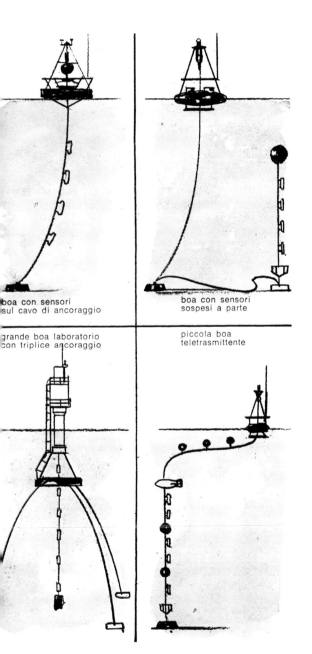

boa con sensori sul cavo di ancoraggio

boa con sensori sospesi a parte

grande boa laboratorio con triplice ancoraggio

piccola boa teletrasmittente

A sinistra: raffigurazione di una boa in fase di posizionamento; negli schemi, quattro diversi tipi di boe oceanografiche munite di vari sensori per la raccolta dei parametri marini ed atmosferici necessari per una corretta interpretazione delle condizioni del mare. Oggi le boe oceanografiche sono indispensabili per i servizi di previsione. Le boe raffigurate rappresentano solo alcune delle soluzioni ideate per questi galleggianti nei vari laboratori e centri oceanografici. Boe oceanografiche sono ormai sparse in tutti i mari del mondo, situate però per lo piú non molto distanti dalle coste.

che. I sensori meteorologici sono situati su antenne anche abbastanza alte.

Tutti i sensori si basano su principi elettrici o elettronici, anche se alla base ci sono strumentazioni meccaniche (alcuni correntometri ad esempio misurano la velocità della corrente ancora in base al numero di giri di un'elica). Per questo le boe devono avere una alimentazione elettrica di autonomia sufficiente. Si usano a tal fine batterie di accumulatori speciali la cui autonomia, e cioè la quantità di accumulatori, condiziona non poco la dimensione della boa. In Giappone però si usano già boe autoalimentate dal moto ondoso.

La boa è il ganglio che raccoglie l'informazione dei vari sensori e la accumula, o la trasmette ai centri costieri.

La boa oceanografica ha risolto un grandissimo problema dell'oceanografia, quello della sinotticità nella raccolta dei dati. Quando le misure oceanografiche erano eseguite mediante navi, necessariamente in movimento, i dati raccolti non erano contemporanei e non fornivano risultati attendibili a meno di non operare con molte navi o di ripetere indefinitamente le misure, analizzandole poi con metodi statistici.

Nansen) e nell'ulteriore perfezionamento di tecniche ed affinamento di teorie. Abbiamo già ricordato il contributo di Knudsen alla chimica; per la fisica segnaliamo i fondamentali contributi di Ekman, che elaborò la teoria delle correnti di deriva, riuscendo, con un abile artificio e con necessarie semplificazioni, a risolvere le equazioni del moto. Ulteriori contributi sono stati dati alla teoria delle maree.

La prima guerra mondiale mise fine quasi ovunque alle ricerche in mare. La necessità della nuova guerra navale che si va delineando con l'impiego massiccio dei sommergibili, fa da incentivo a numerose ricerche sull'impiego degli ultrasuoni per localizzare oggetti in mare; che potrebbero essere sia le parti sommerse degli icebergs – invisibili ad occhio nei giorni di nebbia – oppure i sommergibili in agguato. Con la fine della

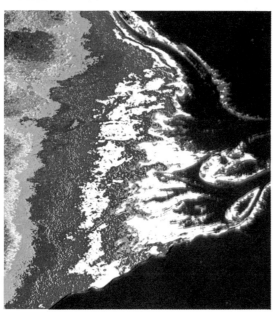

Aerei e satelliti per esplorare il mare
L'osservazione "dall'alto" della superficie oceanica consente rilevamenti impossibili con altre tecniche, sia per la simultaneità sia per l'estensione areale del rilievo. La superficie viene fotografata semplicemente in bianco e nero per studiare la propagazione del moto ondoso presso una costa e per seguire il fenomeno della rifrazione delle onde, che è molto importante per la difesa delle spiagge o di opere marittime. L'esame fotogrammetrico del moto ondoso, con riprese cioè da angolature diverse, consente di misurare ef-

guerra, come dicemmo, si riesce a produrre, trasmettere e ricevere gli ultrasuoni, una tappa fondamentale in particolare modo per la batimetria.

Nell'intervallo tra le due guerre mondiali, troppo breve, l'oceanografia continua a progredire; le ricerche non hanno una precisata finalità; si tratta di crociere che hanno l'obiettivo di un'esplorazione sempre piú dettagliata dei bacini oceanici, in particolare delle zone polari. Importanti contributi alla chimica dell'acqua oceanica sono portati specialmente da parte di studiosi tedeschi. Si sviluppa notevolmente l'ottica subacquea. Inizia l'esplorazione geofisica del fondo marino, con qualche primo tentativo, quasi timido, di esplorazione sismica in mare.

Anche l'Italia, prima quasi assente in campo oceanografico, si affaccia agli studi marini, specialmente ad opera di F. Vercelli,

A fronte: la foce di un fiume nel Golfo di California fotografata nel visibile (alto). All'infrarosso (basso) si rileva la distribuzione della temperatura.
Sopra: ecco come appare la laguna di Venezia in una foto della NASA presa dallo spazio. Le fotografie da satellite sono preziosissime nello studio delle radiazioni rimandate dalla superficie oceanica e da questa, preliminarmente, ricevute dal Sole.

to. Con l'osservazione mediante satellite, da quote esattamente note, si prevede addirittura, quando si sarà raggiunta la necessaria precisione nel rilievo, di avere informazioni sulle maree in aperto oceano. Già ora però, con i satelliti, si sono avute informazioni su un fatto praticamente ignorato fino a pochi anni fa. La superficie degli oceani, prescindendo da altre perturbazioni, presenta fra zone e zone dislivelli anche di decine di metri, dovuti alla distribuzione della forza di gravità, che non è uniforme. La superficie oceanica in media è distribuita in modo da essere in ogni punto perpendicolare alla forza di gravità e per questo si determinano tali dislivelli.

La fotografia a colori della superficie oceanica, dall'aereo o dal satellite, consente di valutare il moto delle correnti ed il mescolamento delle acque. Infatti acque diverse non sono differenziate solamente dalla temperatura, salinità eccetera, ma spesso anche dal colore; ne segue che un rilevamento di carattere areale consente interessanti informazioni sulla distinzione di corpi d'acqua diversi. Anche l'immissione di certi inquinanti o gli sbocchi fluviali consistono in variazioni del colore che possono essere rilevate dall'alto. Operando con rilievi ai raggi infrarossi si riesce addirittura a determinare la temperatura superficiale delle acque: per la simultaneità del rilievo sono consentite insostituibili informazioni sia di carattere ecologico che sul movimento delle acque.

Con l'aereo si può anche eseguire il rilievo magnetometrico sopra gli oceani, ottenendo informazioni assai piú rapide, ovviamente, anche se meno dettagliate, che col rilievo mediante nave.

fettivamente l'altezza delle onde ed è quindi della stessa efficacia di una misura diretta di livello, solo che è di gran lunga piú utile, abbracciando nell'insieme una vasta zona, anziché esser ridotto all'osservazione in un punche fonda la scuola oceanografica italiana e compie interessanti ricerche nel Mar Rosso e nello stretto di Messina.

Intanto (1936) viene inventato il radar che, dopo successivi perfezionamenti, diverrà altrettanto indispensabile alla navigazione quanto la radio.

La seconda guerra mondiale blocca quasi ovunque la ricerca oceanografica, all'infuori degli Stati Uniti d'America: nuove conoscenze del mare sono di essenziale importanza per la guerra nel Pacifico. Inoltre le operazioni navali a grande distanza dai porti non possono esser bloccate dalle condizioni meteorologiche. Occorre poter prevedere il mare e specialmente occorre conoscere il moto ondoso ed il suo sviluppo in relazione al vento sul piano non solo teorico ma soprattutto pratico: non solo attraverso modelli di onde, interessanti in teoria ma di scarsa

---

L'esplorazione delle profondità oceaniche

In questo secolo, e specialmente negli ultimi decenni, l'esplorazione degli abissi è esplosa in tutta una multiforme attività: l'uomo è in grado di affrontare con veicoli sottomarini le massime profondità oceaniche, oppure può inviare le più svariate apparecchiature a qualsivoglia profondità. È possibile raccogliere campioni di fondo superficiale ma anche perforare il fondo oceanico per centinaia o migliaia di metri sotto il fondo stesso. Il programma Mohole, *elaborato negli Stati Uniti agli inizi degli anni Sessanta, poi abbandonato e non ancora ripreso per mancanza di finanziamenti, mirava addirittura a perforare tutta la crosta oceanica per raggiungere, dopo circa 6000 metri, il mantello e verificare finalmente di che materiale è fatto questo componente del pianeta più difficilmente raggiungibile, dall'esplorazione diretta, che non la Luna.*

Il batiscafo Trieste *ha raggiunto le massime profondità oceaniche, toccando gli 11 000 metri nella Fossa delle Marianne. Analoghe profondità vengono raggiunte, oltre che con l'esplorazione indiretta (ecoscandagli, prospezione sismica), con le draghe, con le benne e con i carotatori. Le perforazioni si sono limitate per ora a partire da fondali di 3000-5000 metri al massimo. Vari altri veicoli sottomarini, come le batisfere, gli* Alvin, *gli* Aluminaut, *si limitano a profondità minori ma non sono meno utili per esaminare soprattutto le caratteristiche ecologiche delle zone abissali.*

La possibilità di esplorare direttamente il fondo oceanico è indispensabile sia per ricerche di carattere biologico ed industriale sia per recuperi marittimi. I veicoli che si usano sono già varie decine, ma quello atto alle massime profondità è, per ora, solo il batiscafo Trieste II. *La propulsione di questi veicoli è in generale fatta con motori elettrici alimentati da speciali batterie. I motori possono essere orientabili per piccoli spostamenti, mentre i maggiori spostamenti si ottengono operando con galleggianti o con zavorre. Gli equipaggi sono di solito di due persone (il pilota e l'osservatore). L'autonomia è da qualche ora a poco più di dieci ore.*

*Alcune caratteristiche di veicoli sottomarini come quelli della figura sono le seguenti. L'*Aluminaut *ha rotto la tradizione degli scafi in acciaio; esso è costruito in lega di alluminio, ciononostante può sopportare le pressioni che esistono a 5000 metri di profondità (circa 500 atmosfere). Esso può viaggiare con velocità di 3 nodi e pesa 80 tonnellate. L'*Alvin *è costruito invece con uno speciale acciaio (l'HY 100), pesa solo 13 tonnellate, ha una velocità di 2,5 nodi e può giungere a profondità di 2000 metri. È stato impiegato nelle ricerche con cui si è localizzato il relitto del* Titanic. *Il* Deep Star 4000 *può giungere a 1200 metri di profondità, alla velocità di 1 nodo e pesa 9 tonnellate.*

Nell'esplorazione sottomarina sono oggi impiegati sia mezzi autonomi sia mezzi telecomandati da navi-appoggio. Nel disegno a destra sono indicate le profondità in cui hanno operato i mezzi autonomi *Diving Saucer, Deep Star, Alvin, Aluminaut*. Alla massima profondità di 11 000 metri circa scese il batiscafo *Trieste*. Tra i sistemi telecomandati, storicamente particolare importanza hanno avuto le bastisfere. Oggi i carotatori, le draghe di sedimenti e di materiali rocciosi di fondo, gli avanzati sistemi fotografici subacquei, hanno consentito uno studio delle profondità marine che ha apportato essenziali contributi alle scienze della Terra.

applicabilità per la navigazione sicura in mare. Sorgono cosí i primi studi sulla composizione spettrale del moto ondoso, che viene studiato in maniera statistica, sfruttando quei principi che Fourier aveva avanzato 120 anni prima. Si ha cosí un nuovo metodo per lo studio del moto ondoso su cui si basano i moderni metodi di previsione che consentono sicurezza nella perforazione del fondo marino in mare aperto, nella posa di tubazioni, ed anche nel dimensionamento di opere marittime.

I progressi dell'elettronica hanno consentito applicazioni straordinarie nell'automazione delle misurazioni e nella raccolta ed elaborazione dei dati. L'avvento dei calcolatori elettronici consente la soluzione delle equazioni del moto non in astratti casi teorici, ma in condizioni reali con la loro vera forma geometrica. Per ogni bacino può essere prevista con il calcolo una data evolu-

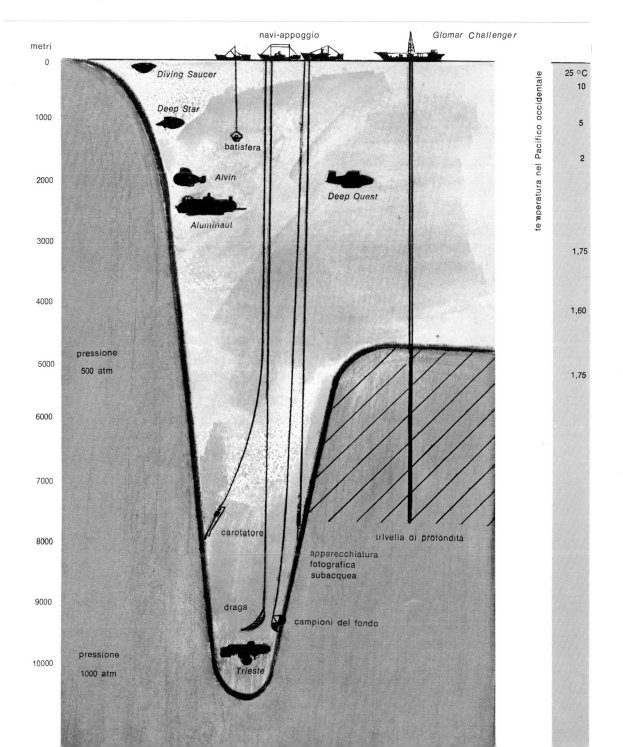

zione del livello, per azione del vento o della marea, oppure il verificarsi di una determinata corrente. Inoltre si possono fare previsioni sugli effetti di uragani o di inquinamenti. Grazie all'elettronica anche la raccolta dei dati si è evoluta: i dati oceanografici non si ottengono piú soltanto con le crociere, ma possono venire raccolti anche con boe fisse, che trasmettono i dati alle stazioni di elaborazione. Questo è evidentemente importante per le previsioni. Le crociere, inoltre, in questi ultimi anni, sono organizzate in collaborazione internazionale e non piú in competizione tra stati come in passato.

La chimica del mare si è orientata oltre che alla descrizione della costituzione dell'acqua, anche allo sfruttamento delle sostanze contenute in essa e si avvale di nuovi, sofisticati mezzi di analisi, alcuni derivati da tecniche nucleari, sorte appunto nel dopo-

---

Le case sottomarine

L'uomo lavora in mare per vari motivi. Una volta si trattava per lo piú di costruzioni di fondazioni, di opere marittime o di ricuperi; oggi si tratta anche di montaggi di teste di pozzo per esplorazioni petrolifere, della posa di tubazioni o di cavi sottomarini; fra non molto si tratterà di prelievo di minerali sottomarini o di coltivazioni sottomarine che l'uomo dovrà sorvegliare restando anche a lungo in immersione onde rendersi conto direttamente dei processi in atto. Il lavoro può avere diverse fasi di sviluppo: raccolta di materiali, tagli di manufatti, saldature (la saldatura con cannello ossiacetilenico può esser fatta anche sott'acqua), esplosioni di cariche per demolizioni, eccetera.

La respirazione non avviene piú mediante soffiaggio di aria dall'esterno ma con autorespiratori che forniscono miscele opportunamente dosate di ossigeno ed azoto o, meglio, di ossigeno ed elio. Nella respirazione e nella permanenza dell'uomo sott'acqua è importantissimo come viene affrontata la decompressione. Aumentando la profondità aumenta ovviamente la pressione; quindi il gas assorbito dal sangue e dai tessuti viene a trovarsi in quantità via via maggiore. Tornando in superficie questo gas, non piú in equilibrio con le condizioni ambientali, sviluppa bollicine che possono dar luogo a pericolosissime embolie. Il meccanismo per cui può verificarsi un'embolia è questo: l'azoto, respirato e sottoposto a una certa pressione, si discioglie nei tessuti, soprattutto nelle ossa e nel sistema nervoso. Se il sub, finito il suo lavoro in profondità, risale troppo in fretta, l'azoto torna rapidamente allo stato gassoso e anziché essere eliminato senza danno

Sopra: ricostruzione della casa sottomarina del progetto statunitense *Tektite* che ha avuto luogo nel 1968 al largo dell'isola di S. Juan nell'arcipelago delle

guerra, anche per lo studio di inquinamenti radioattivi artificiali.

Le continue scoperte in campo nucleare hanno dato anche modo di costruire navi e sommergibili a propulsione nucleare, consentendo imprese eccezionali come l'esplorazione sotto i ghiacci polari.

I mezzi di esplorazione geofisica e i risultati di questa hanno addirittura permesso di individuare nuove teorie sulla genesi e l'evoluzione degli oceani. Gli stessi, ormai evolutissimi, mezzi geofisici vengono impiegati per lo studio dei fondi oceanici.

Il radar e l'uso di satelliti consentono infine di navigare con estrema precisione, evitando ostacoli e avendo posizionamenti molto esatti, che sono indispensabili per i rilievi in aperto oceano. Negli ultimi decenni l'oceanografia insomma ha fatto piú progressi che in tutta la sua storia precedente.

isole Vergini. Consisteva di due camere cilindriche di 4 metri di diametro per 6 di altezza, collegate tra loro con un tunnel largo 120 centimetri.

per le vie respiratorie forma bollicine di grandezza variabile che possono bloccare la circolazione sanguigna o rompere i delicati tessuti nervosi. Ecco perché nella risalita l'uomo deve compiere soste a varie profondità, di durata diversa ad ogni punto di sosta, e comunque tanto maggiore quanto maggiore era la profondità massima inizialmente raggiunta. La durata della decompressione è inoltre tanto maggiore quanto piú lunga è stata la sosta in profondità. Per questo motivo, al fine di evitare tempi di decompressione troppo lunghi, incompatibili sia col recupero (cambiamenti dello stato del mare) sia con lo stesso sforzo fisico dell'uomo impegnato, la durata del lavoro in mare per una singola persona è breve, e quindi i costi sono assai pesanti. Si è pensato perciò di trattenere uomini in mare, alla profondità di lavoro, anche per molti giorni; finiti i turni lavorativi gli uomini vengono fatti riposare in confortevoli case subacquee, impermeabili e asciutte, ma con aria alla pressione ambientale. La depressurizzazione, alla fine dei lavori, avviene lentamente con la risalita di tutta la casa.

Queste operazioni sono ora possibili grazie agli esperimenti (indicati con nomi diventati ormai famosi come Precontinente III, Sealab, Tektite, Helgoland) *che hanno permesso di esaminare il comportamento fisiologico e psicologico dell'uomo tenuto in mare, appunto in case sommerse, anche per qualche settimana e a profondità anche superiori a 100 metri. Oggi, in taluni progetti che sanno di fantascientifico, ma sono invece realizzabili, si parla addirittura di agglomerati urbani (fattorie di coltivazione) che verranno situati sul fondo del mare.*

Moderne attività in mare:
dalla batisfera al batiscafo

Una sfera sommersa, di sufficiente resistenza, è lo strumento piú adatto a sopportare la pressione dell'acqua, che aumenta all'incirca di un'atmosfera ogni dieci metri di profondità e che agisce uniformemente in tutte le direzioni. Naturalmente occorre che il materiale (acciaio) sia fuso nella migliore maniera, per evitare che si verifichino anomalie causate dalla compressione, e inoltre che le aperture siano a perfetta tenuta. Infatti non avrebbe senso parlare di batisfera se questa non avesse aperture da cui introdurre apparecchiature telecomandate o persone. Se la batisfera deve servire alla esplorazione visuale (o fotografica, o televisiva) essa deve anche essere munita di opportune finestre. Batisfere che servono a portare sul fondo altri strumenti che non "vedono", come per esempio i gravimetri, sono munite soltanto di aperture.

La batisfera viene semplicemente calata in profondità mediante un cavo che serve anche per il ricupero e accanto al quale si trovano altri conduttori, per l'aria (ma spesso il rifornimento avviene autonomamente da bombole), per apparecchi elettrici, per comunicazioni. Essa non è dotata di propulsore.

Il batiscafo consta invece di una batisfera collegata con una specie di piccolo sommergibile, dotato di motore proprio. Il sommergibile, benché costruito con lamiere di poco spessore, non si schiaccia perché è riempito di benzina, piú leggera dell'acqua e tale da consentire la risalita dopo lo sganciamento di zavorre di ferro azionate da elettromagneti. Il batiscafo funziona insomma in maniera analoga ai dirigibili, che sono riempiti di gas piú leggero dell'aria per poter "galleggiare" nell'aria.

Batisfere e batiscafi servono per l'esplorazione degli abissi marini, per la verifica degli ecosistemi specie nelle zone piú profonde. Il loro impiego con persone imbarcate è oggi in parte sostituito dalla fotografia o dalla televisione subacquea.

La prima batisfera fu quella impiegata da William Beebe e Otis Barton; essa aveva un diametro di 134 cm e pesava due tonnellate. Nel 1930 raggiunse la profondità di 420 m e poi via via profondità maggiori fino a giungere a quasi 1000 metri nel 1934. Il bati-scafo, ideato dal famoso esploratore svizzero August Piccard, dopo un prototipo andato perduto, venne realizzato nel 1953; la batisfera è stata costruita dalle acciaierie Terni e lo scafo, provvisto di delicatissimi accorgimenti ideati dall'ingegner Loser, triestino, venne realizzato dai cantieri di Monfalcone. Per questa sua origine il batiscafo si chiamò *Trieste*: esso venne interamente costruito in Italia e nei mari italiani compí le prime immersioni. La prima immersione di prova portò il batiscafo a circa 1100 m, nel Tirreno, presso Ponza. Nella seconda immersione, avvenuta nello stesso 1953, si oltrepassarono i 2000 metri. Ogni record precedente era stato superato!

Nel 1958 il batiscafo *Trieste* venne venduto dai Piccard alla marina degli Stati Uniti. Il figlio di August Piccard, Jacques, con un ufficiale della marina statunitense, Don Walsh, nel gennaio 1960 scese e rimase per circa mezz'ora a quasi 11 mila metri (10 906 m) nella Fossa delle Marianne presso l'isola di Guam nell'Oceano Pacifico impiegando 4 ore e 48 minuti all'andata e 3 ore e 17 minuti al ritorno. Questo è stato il massimo primato di immersione: lo scafo del *Trieste* era cosí ben congegnato da resistere e muoversi nelle massime profondità oceaniche.

Questo batiscafo divenne poi il *Trieste I*, dato che la marina statunitense produsse una seconda versione che si chiama *Trieste II*.

Anche la Francia costruí un prototipo di batiscafo, l'*Archimède*. Altri batiscafi, pochi comunque, vennero costruiti per diversi programmi di ricerca.

Fra i batiscafi è opportuno ricordare anche il "mesoscafo" *Ben Franklin* progettato da Jacques Piccard: lunga 15 metri e pesante 130 tonnellate, questa unità ha la caratteristica di potersi mantenere per lunghi periodi a una profondità stazionaria lasciandosi trasportare dalle correnti. In questo modo Jacques Piccard nel 1969 è rimasto in immersione per circa un mese portato dalla Corrente del Golfo potendone cosí stabilire velocità e caratteristiche.

A fronte: alcuni veicoli utilizzati per l'esplorazione sottomarina della piú antica e classica batisfera di Beebe (in alto a sinistra), al batiscafo *Trieste* (in alto a destra), ad altri veicoli piú moderni, il *Soucoupe* (al centro) e il *Ben Franklin* (in basso).

Rilievi ecometrici

I rilievi ecometrici servono per le determinazioni batimetriche che sono essenziali sia in problemi di studi generali della morfologia degli oceani, sia in problemi pratici che riguardano l'erosione o il deposito di sedimenti, la posa di cavi o di oleodotti sottomarini e in genere il lavoro dell'uomo in mare. Quando per il rilievo batimetrico si usava lo scandaglio, costituito da una zavorra collegata ad una fune o ad un filo, il rilevamento era assai precario sia perché si svolgeva per punti piú o meno distanti, ciò che impediva una esatta percezione della morfologia, sia perché, a causa delle correnti, il filo svolto e quindi la profondità misurata potevano esser anche molto maggiori della reale profondità. In sondaggi batimetrici, eseguiti nel secolo passato in tal maniera, erano state "misurate" profondità anche maggiori di 20 km! Oggi si sa che tali profondità non si verificano neanche nelle più profonde fosse oceaniche. I moderni ecografi a ultrasuoni (spesso si usano semplicemente suoni, ma ad alta frequenza) consentono invece il rilievo continuo, il quale si svolge man mano che si evolve la rotta della nave. Si ottiene cosí, su una opportuna registrazione, un profilo che fornisce l'andamento del fondo lungo la rotta percorsa. Esplorando una certa area marina con tanti profili si può costruire una mappa che è perfettamente equivalente alle rappresentazioni topografiche delle aree emerse. Sovente lo strumento procede automaticamente alla moltiplicazione per una velocità standard ma allora il profilo, pur rappresentando profondità e non tempi, approssima soltanto, piú o meno bene, la situazione reale. Tuttavia un tale rilievo è generalmente accettato in indagini morfologiche. Se invece interessa conoscere con precisione la profondità, occorre determinare, "punto per punto", la distribuzione verticale della velocità del suono, che varia con la profondità, con la temperatura e con la salinità. Oggi ci sono apparecchiature che misurano, contemporaneamente all'emissione degli ultrasuoni, la distribuzione della velocità. Il dato, insieme col dato ecometrico, viene immesso in un calcolatore, a bordo della nave, e da questo vengono compiute le necessarie riduzioni. In certi casi occorre tener conto anche delle maree, il cui effetto viene pure ridotto per mezzo del calcolatore.

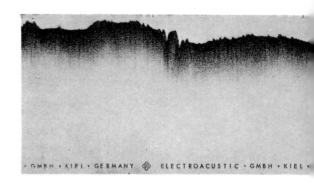

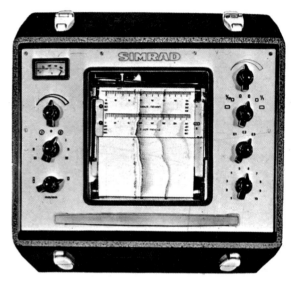

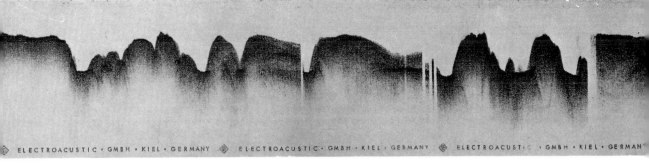

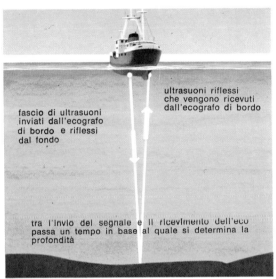

fascio di ultrasuoni
inviati dall'ecografo
di bordo e riflessi
dal fondo

ultrasuoni riflessi
che vengono ricevuti
dall'ecografo di bordo

tra l'invio del segnale e il ricevimento dell'eco
passa un tempo in base al quale si determina la
profondità

Sopra: il profilo del fondo marino ottenuto col rilevamento batimetrico ultrasonoro continuo. Tutte le particolarità morfologiche ed ogni irregolarità vengono cosí messe in evidenza in dettaglio.
Il profilo ecografico è stato eseguito alle Bocche di Bonifacio, nello stretto tra la Sardegna e la Corsica.
A fronte: un ecografo. Lo strumento, nella sua parte registratrice, è di dimensioni assai maneggevoli (come un apparecchio TV). Quello qui raffigurato è un modello Capo Nord della SIMRAD, in grado di eseguire non solo il profilo batimetrico ma anche di localizzare banchi di pesce a grande distanza.
A sinistra: il disegno schematizza il funzionamento di un ecografo. Il fascio di ultrasuoni inviati dalla nave colpisce il fondo e si riflette come l'eco.
Sotto: una fotografia di fondo marino eseguita con speciali apparecchiature. È il fondo sabbioso, con qualche accenno di *ripple marks* ed alcuni detriti, fotografato alla profondità di circa 250 metri nel canyon sottomarino di San Lucas, presso le coste della California.

Fotografia e teleripresa del fondo

Fotografia subacquea, teleriprese e televisione subacquea sono importanti mezzi di ricerca per l'esame diretto della struttura del fondo e per la localizzazione di oggetti come relitti, noduli di manganese eccetera. Tali mezzi sono molto interessanti perché riescono a dare informazione, anche nelle zone più profonde ed inaccessibili all'osservazione a meno dell'uso di batiscafi, della presenza di organismi, della loro abbondanza, dei tipi presenti e dei rapporti associativi. La televisione subacquea è inoltre di fondamentale importanza per il lavoro in mare, in particolare per la posa di cavi o di tubazioni; viene infatti permessa la visione diretta della morfologia del fondo. Ovviamente gli strumenti di osservazione (camere) devono esser protetti dalla pressione in opportune batisfere; per le riprese continue, tranne a minima profondità, dove è possibile usare la luce naturale, generalmente si devono impiegare sorgenti artificiali di luce, che devono essere anche alquanto potenti.

Esplorazione del sottofondo marino

Lo studio della natura e delle caratteristiche dei materiali situati sotto il fondo marino può esser fatto, oltre che con l'esplorazione diretta mediante perforazioni, con l'esplorazione indiretta mediante l'applicazione di metodi geofisici, che operano sia dalla superficie del mare che dalla superficie del fondo.

L'esplorazione indiretta può esser fine a se stessa oppure preludere all'esplorazione diretta, nel senso che compie una specie di lavoro di sgrezzamento il quale serve a concentrare l'esplorazione diretta verso zone più convenienti e indiziate. L'esplorazione geofisica del sottofondo oceanico si compie sia per tematiche generali di conoscenza strutturale degli oceani, sia a scopo pratico per ricerche di idrocarburi, per costruzioni e per altri scopi ancora.

Dei vari metodi della geofisica applicata sono più importanti, per lo studio del sottofondo oceanico, i metodi gravimetrici, magnetici e sismici e a questi soltanto limiteremo la nostra esposizione.

Col metodo gravimetrico si mettono in evidenza le anomalie della forza di gravità, determinate dalla ineguale distribuzione della densità all'interno della Terra e quindi anche sotto il fondo degli oceani. Gli strumenti impiegati a questo scopo, i gravimetri, hanno sensibilità enormi, essendo in grado di percepire variazioni inferiori alla centomilionesima parte della forza di gravità. Se la Terra fosse perfettamente uniforme la forza di gravità (derivata dalla somma dell'attrazione newtoniana della massa terrestre su punti posti alla superficie e della forza centrifuga della rotazione della Terra attorno al suo asse) varierebbe regolarmente, aumentando progressivamente e lievemente dall'equatore ai poli. Ciò in effetti avviene, ma in media: a questo andamento medio sono sovrapposte anomalie di gravità di forma ed intensità differenti. Già la disuniforme distribuzione alla superficie degli oceani e dei continenti è causa di anomalia; negli oceani inoltre le grandi strutture del fondo e del sottofondo sono pure causa di anomalie. La ricerca per conoscenze generali mira a rilevare i legami esistenti tra le dorsali, le fratture, le zone di subduzione tra le zolle e le anomalie di gravità. L'andamento e le caratteristiche di queste anomalie consentono, con altri dati geofisici, interpretazioni sulla struttura del sottofondo. Per esempio la generale anomalia positiva che – pur con la sovrapposizione di altre anomalie minori – accompagna tutti gli oceani viene spiegata con la presenza a piccola profondità sotto la crosta oceanica del mantello, notevolmente più denso. Sotto i continenti invece il mantello si trova a profondità notevolmente maggiori e da ciò deriva la generale anomalia negativa che accompagna i continenti. L'esplorazione delle anomalie di gravità negli oceani avviene con gravimetri di superficie, montati su navi. Sulla piattaforma invece si può operare anche con gravimetri poggiati sul fondo, protetti da opportune batisfere e telecomandati. Le ricerche di piattaforma possono anche aver carattere di conoscenza generale; esse sono però essenziali nella ricerca petrolifera, dato che con le anomalie di gravità si individuano talune strutture (a densità differente) su cui si indirizzeranno le più costose indagini sismiche e le eventuali perforazioni.

Coi metodi magnetici si studiano le anomalie del fondo oceanico, determinate dalla presenza di materiali ad elevata suscettività magnetica rispetto a quella dei sedimenti, lave ad esempio. Le lave che fuoriescono dalle dorsali sono smagnetizzate essendo ad elevata temperatura; raffreddandosi esse si magnetizzano progressivamente con magnetizzazione orientata secondo la direzione del campo magnetico terrestre che è causa della

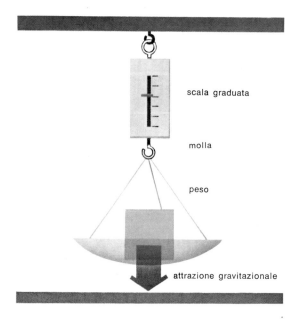

scala graduata

molla

peso

attrazione gravitazionale

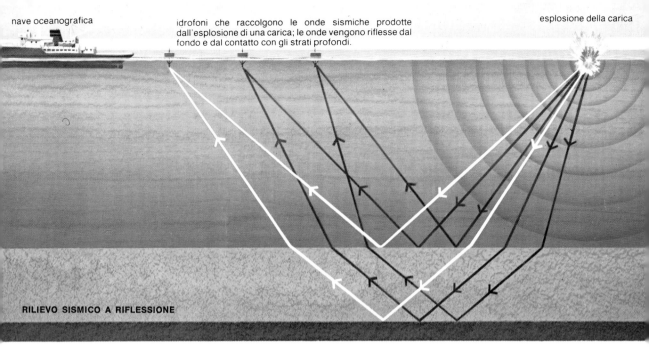

RILIEVO SISMICO A RIFLESSIONE

magnetizzazione stessa. Poiché il campo magnetico terrestre ha subíto inversioni durante la storia geologica del pianeta, le lave di fondo oceanico sono magnetizzate in senso alterno, provando con ciò la "espansione" del fondo oceanico avvenuta in senso centrifugo rispetto alle dorsali (v. pagine 22-23).

Nelle regioni costiere l'indagine magnetica consente di individuare sabbie ferrifere o materiali ferrosi sepolti sotto i sedimenti quali relitti, ordigni bellici eccetera.

I metodi sismici estendono il concetto dell'esplorazione batimetrica a strutture situate sotto il fondo marino. Mentre i suoni o gli ultrasuoni (onde elastiche ad alta frequenza) si riflettono sul fondo penetrandovi talora ma per poco, usando infrasuoni, onde elastiche cioè a bassa frequenza, si può penetrare sotto il fondo marino anche per chilometri, sempre che l'energia impiegata sia sufficiente. Gli infrasuoni sono emessi con lo scoppio di cariche esplosive immerse a piccola profondità o con altri sistemi; la quantità di esplosivo usato può andare da 50 grammi a molte tonnellate, a seconda dei casi. Le onde elastiche riflesse da discontinuità profonde ed anche quelle rifratte vengono percepite da idrofoni trascinati dalla nave ed i segnali relativi vengono infine, anche attraverso complicate elaborazioni elettroniche, registrati a bordo. Se si studiano le onde riflesse si applica quella tecnica di esplorazione nota come "sismica a riflessione". Ogni struttura sepolta, ogni strato, faglia eccetera si comporta come uno

A fronte: schema di dinamometro, sul cui principio funziona il gravimetro.
Sopra: esecuzione di un "profilo sismico a riflessione" per l'esplorazione del fondo marino.

specchio che riflette, più o meno completamente e regolarmente, le onde provocate dalle esplosioni. La registrazione di questi echi profondi (analoga a quella degli ultrasuoni) permette di ottenere delle specie di radiografie del fondo marino, evidenziandone la struttura in modo particolareggiato. Con questa tecnica si esplorano i fondi oceanici per studi strutturali, oppure la piattaforma per indagini petrolifere. Con la riflessione si individuano infatti culminazioni di strati arcuati (anticlinali), faglie, duomi di sale, che possono essere in relazione con mineralizzazioni ad idrocarburi.

Con la sismica a rifrazione si studia invece la propagazione dell'onda rifratta sotto angolo limite. Questa onda percorre il contatto tra strati differenti e può essere percepita in superficie se si captano le onde sismiche ad una distanza sufficientemente grande dal punto di scoppio. In base alla distribuzione dei tempi di arrivo di questa onda, su tutta una serie di idrofoni posti a varie distanze, si riesce a determinare con il calcolo lo spessore o la forma degli strati ed anche la velocità con cui in essi si propaga l'onda. Tale velocità è legata alla natura dello strato che cosí può venire individuata sia pure nelle grandi linee.

Recuperi marittimi

Il problema di una piú lunga permanenza dell'uomo nell'ambiente subacqueo interessò gli scienziati dell'età moderna e quelli dell'antichità, che già conoscevano il principio della campana subacquea: in un recipiente rovesciato e immerso nell'acqua rimane imprigionata l'aria, che contrasta la pressione dell'acqua stessa e le impedisce di salire all'interno del recipiente.

Alla fine del XVII secolo il francese Denis Papin (famoso per il suo triciclo a vapore) e l'inglese Halley perfezionarono la campana subacquea tentando di risolvere con metodi diversi il problema del ricambio dell'aria per gli uomini che vi avrebbero lavorato. Alla soluzione di tale problema si arrivò soltanto quando vennero costruite, al posto dei tradizionali mantici, efficaci pompe per l'aria compressa, capaci di controbilanciare la pressione dell'acqua, che altrimenti sarebbe salita di livello all'interno della campana. L'aria compressa rese possibili lavori e riparazioni alle navi sotto la superficie del mare, ma il primo strumento veramente pratico per le lunghe immersioni individuali si ebbe solo quando Augusto Siebe creò, intorno al 1840, il suo scafandro a tenuta d'acqua.

Già parecchi anni prima l'inventore aveva ideato una specie di casco di rame di forma sferica, munito di oblò di vetro per permettere la visione, che copriva la testa del palombaro e funzionava come una campana pneumatica; la respirazione era assicurata da un tubo collegato con la superficie attraverso il quale veniva inviata, mediante una pompa, aria atmosferica: quella respirata usciva dall'estremità inferiore del casco o del giubbotto di cuoio al quale il casco stesso era fissato. Se però il marinaio si chinava o perdeva l'equilibrio l'apparecchio poteva riempirsi d'acqua, come avviene se incliniamo un bicchiere rovesciato per farne sfuggire l'aria. Nell'edizione definitiva dello scafandro Siebe il casco metallico era completato da una tuta a tenuta d'acqua, munita di pesanti scarpe di piombo che garantivano un certo equilibrio e nello stesso tempo un peso sufficiente per restare ancorati al fondo. Il palombaro veniva calato sul fondo assicurato ad un cavo d'acciaio e poteva respirare l'aria che gli veniva inviata dalla superficie mediante un lungo tubo di gomma. L'aria respirata veniva espulsa mediante una valvola che ne permetteva l'uscita,

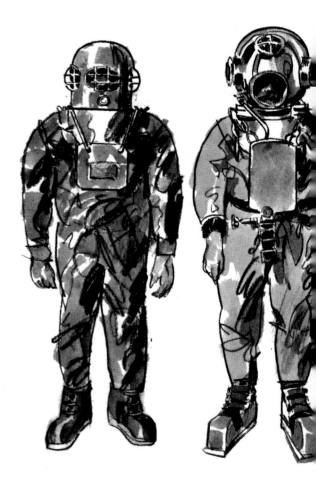

impedendo cosí contemporaneamente l'entrata dell'acqua. L'acqua stessa fungeva da intercapedine tra il palombaro e la tuta di gomma distribuendo su tutta la superficie del corpo una pressione eguale a quella dell'ambiente esterno; se la pressione dell'aria inviata dalla nave aumentava troppo il marinaio premeva con il capo una valvola posta sul casco che ristabiliva l'equilibrio.

Il palombaro munito dello scafandro Siebe può trattenersi abbastanza a lungo sott'acqua fino a trenta metri di profondità: ma se ritorna troppo rapidamente alla pressione atmosferica l'azoto accumulato nel sangue durante l'immersione ritorna allo stato di gas provocando, come si è già detto, la formazione di bollicine nel sangue con pericolo di disturbi gravissimi al sistema nervoso.

Quando si comprese la causa di tali disturbi, che di solito si manifestavano a qualche ora dall'emersione, si fecero risalire i

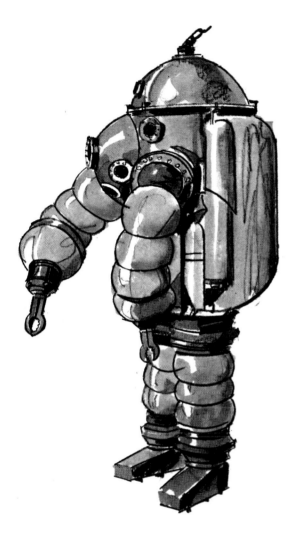

ficie e si chiudeva in un ambiente a tenuta stagna, nel quale l'aria veniva portata ad una pressione eguale a quella dell'ambiente sottomarino in cui il palombaro stesso aveva lavorato. La pressione diminuiva gradualmente in modo che l'azoto contenuto nel sangue venisse eliminato senza dar luogo a pericolose embolie.

Siccome la tuta di gomma trasmetteva al palombaro la pressione dell'acqua impedendogli di resistere a lungo oltre i trenta-quaranta metri di profondità, furono ideati numerosi scafandri rigidi con articolazioni per le braccia e per le gambe, l'interno dei quali rimaneva alla pressione del livello del mare. Il palombaro respirava a "circuito chiuso": un filtro contenente calce sodata in granuli assorbiva l'anidride carbonica, mentre una o due bombole mettevano in circolazione automaticamente o manualmente una quantità di ossigeno corrispondente a quella che era stata consumata.

I recuperi tra le due guerre mondiali: l'*Artiglio*

Dopo la prima guerra mondiale si erano formate in Europa varie società specializzate nel recupero delle navi da carico affondate dai sottomarini tedeschi nell'Atlantico e nel Mediterraneo. Tali navi trasportavano spesso materie prime di grande valore che si potevano riutilizzare ricavandone un discreto profitto. Nel 1927 una società genovese, la SO.RI.MA. (Società Ricuperi Marittimi) acquistò il nuovo scafandro rigido della ditta tedesca Neufeldt & Kuhne e riuscí a ottenere dal governo italiano l'esclusiva dei recuperi navali a profondità superiori ai quarantacinque metri. Venne assunto un gruppo di palombari di Viareggio che aveva già portato a termine numerosi recuperi sotto la direzione di Alberto Gianni. Questi, appassionato dei problemi tecnici relativi ai recuperi e alle immersioni subacquee, aveva già ideato e costruito una camera di decompressione; appena assunto dalla SO.RI.MA. perfezionò lo scafandro rigido dei tedeschi che aveva il proprio punto debole nelle giunture delle articolazioni, in cui poteva penetrare l'acqua, data l'enorme differenza di pressione tra l'esterno e l'interno. Gianni eliminò le giunture delle ginocchia e dei gomiti, riducendo la possibilità di infiltrazioni.

Lo scafandro rigido offriva in ogni caso

A fronte, a sinistra, lo scafandro Siebe; al centro lo scafandro Siebe Gorman, un'evoluzione del primo tipo prodotto su scala industriale; qui sopra lo scafandro Galeazzi per grandi profondità, progettato nel nostro secolo. Mentre in quest'ultimo tipo il palombaro opera per mezzo di pinze, nei primi due le mani sono libere; anelli di gomma stretti ai polsi assicurano la necessaria tenuta. Le scarpe hanno la suola di piombo; dello stesso materiale sono i contrappesi sul petto.

palombari molto piú lentamente, tenendoli sott'acqua a profondità decrescenti, in modo che si riabituassero gradatamente alla pressione ordinaria. Qualche volta però l'emersione graduale era impossibile; in caso di guasto allo scafandro o di cattivo tempo in superficie il palombaro doveva risalire in tutta fretta. Per ovviare a questo inconveniente vennero costruite le "camere di decompressione" che funzionavano nel modo seguente: il palombaro risaliva rapidamente in super-

Sotto: quando si individua il relitto di una nave antica, la zona del naufragio viene divisa, mediante apposite sagole, in riquadri che vengono poi fotografati; infine si cataloga il materiale recuperato dagli archeologi subacquei.
A destra: un subacqueo, esperto in ritrovamenti archeologici sottomarini, esegue un rilievo.
A destra, sotto: a Giannutri, un'isola al largo del Monte Argentario, è stata ritrovata nel 1963 una nave romana del II secolo a.C. La tavola riproduce i resti dello scafo ed il restante materiale recuperato dagli archeologi subacquei.

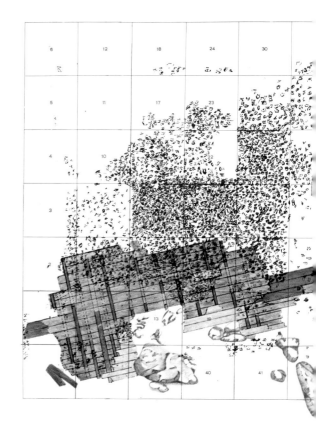

possibilità di movimento assai limitate; la parte attiva dell'intervento dell'operatore poteva, nei lavori di recupero, essere scarsa, o limitarsi alla segnalazione delle operazioni da eseguire con benne manovrate dalla nave. Maggiore era però la sicurezza per il palombaro che, in caso di rottura del cavo, poteva, dall'interno, liberare la zavorra e risalire in superficie.

La cronaca dei recuperi eseguiti dalla SO.RI.MA. con la collaborazione di Gianni è fitta di successi. Si ricorda tuttavia in particolare quello del carico d'oro della nave passeggeri *Egypt* affondata su circa 130 metri nell'Atlantico. La vicenda interessò a lungo l'opinione pubblica (le operazioni si svolsero tra il 1928 e il 1934) perché un episodio secondario diede origine a una tragedia. Gianni aveva messo a punto un nuovo sistema di dragaggio: un cavo collegato a due navi veniva mantenuto a una certa distanza dal fondale con un complesso di galleggianti e di contrappesi. Quando già il relitto dell'*Egypt* era stato localizzato e si stava elaborando una strategia per raggiungere, nella camera di sicurezza blindata, il carico d'oro,

l'*Artiglio* ricevette l'incarico di smantellare la carcassa del *Florence*, una nave affondata con un grosso carico di munizioni al largo di Saint-Nazaire (Bretagna). Ritenendo che le munizioni, dopo la permanenza nell'acqua, fossero ormai divenute inattive, i collaboratori di Gianni posero sul relitto varie cariche d'esplosivo che avrebbero dovuto smantellare la carcassa. Invece le munizioni erano ancora in grado d'esplodere e le cariche portarono al disastro perché i cavi recanti la scintilla elettrica d'innesco erano troppo brevi: saltarono in aria la carcassa del *Florence* e la stessa *Artiglio*, con gravi perdite umane. Anche Gianni morí.

La SO.RI.MA. allestí in breve tempo una nuova nave, l'*Artiglio II*, che l'estate del 1931 e la primavera del 1932 portò a termine la demolizione dei cinque ponti dell'*Egypt* e l'asportazione di tutto il materiale demolito dalle mine. Il ventidue giugno 1932 furono recuperate le prime sterline e i primi lingotti d'oro e negli anni successivi venne riportata alla superficie buona parte del tesoro sommerso: in tutto furono recuperate oltre 7 tonnellate d'oro e 40 d'argento.

Sotto: la finestra dell'appartamento V di prima classe, le cui finestre si aprivano sul ponte imbarcazioni a dritta. Le strutture a destra, col cavo che appare giallo, costituiscono l'alloggiamento del robot *Jason Junior* nel batiscafo *Alvin*.

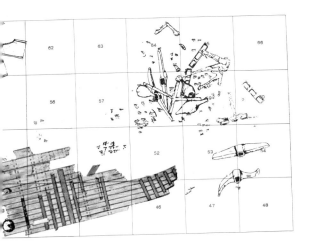

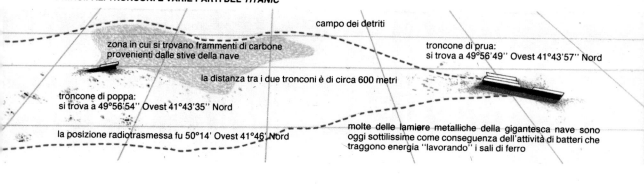

COSÍ SONO STATI OSSERVATI DA R.D. BALLARD I DUE
PRINCIPALI TRONCONI E VARIE PARTI DEL *TITANIC*

campo dei detriti

zona in cui si trovano frammenti di carbone
provenienti dalle stive della nave

troncone di prua:
si trova a 49°56'49'' Ovest 41°43'57'' Nord

la distanza tra i due tronconi è di circa 600 metri

troncone di poppa:
si trova a 49°56'54'' Ovest 41°43'35'' Nord

la posizione radiotrasmessa fu 50°14' Ovest 41°46' Nord

molte delle lamiere metalliche della gigantesca nave sono
oggi sottilissime come conseguenza dell'attività di batteri che
traggono energia "lavorando" i sali di ferro

CHE COSA ACCADDE QUELLA NOTTE

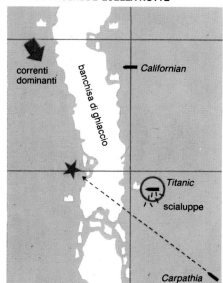

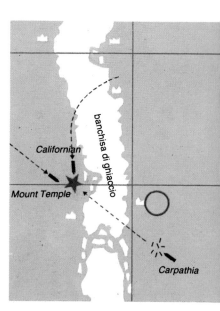

1) la stella indica la posizione radio-trasmessa.

2) il cerchio indica il punto dell'affondamento.

3) rotta seguita dal *Californian* verso il punto-nave radiotrasmesso; il capitano fu accusato di non essere prontamente accorso sul luogo del disastro.

4) un'altra nave che accorse verso il punto-nave sbagliato.

5) rotta che seguiva il *Carpathia* quando trovò le scialuppe.

Nuove tecniche e nuovi campi di ricerca

L'attività di ricerca, d'esplorazione e di recupero conobbe una battuta d'arresto durante la seconda guerra mondiale. Poi, negli Anni Cinquanta, incominciarono a delinearsi nuove strategie, soprattutto volte a impiegare apparecchiature automatiche (ecolocalizzatori, sonar), ma anche sofisticati apparecchi fotografici e cinematografici.

I campi d'indagine si ampliarono. I ricercatori si occuparono di etologia degli organismi marini e si ebbero foto e film su pesci, squali, balene, tartarughe, ma anche studi sulla microfauna e microflora del plancton. Da segnalare i lavori pionieristici del tedesco Hans Hass e del francese Jacques Yves Cousteau. Vennero realizzate eccezionali immagini, ma anche registrati suoni, segnali (spesso ultrasuoni) emessi dagli animali del

mare: gli abissi silenziosi rivelarono la loro "voce".

Un altro campo d'indagine è quello archeologico. Sui fondali bassi si sono condotte vere campagne di scavo con rigorosa suddivisione delle aree di ricerca, catalogazione dei reperti e, naturalmente, recuperi e restauri. Le navi romane, greche e fenicie recuperate nel Mediterraneo sono ormai parecchie. Si sono arricchite le nostre conoscenze sulle tecnologie dell'antichità classica, inoltre i "tesori" possono talvolta inserirsi come elementi essenziali della storia dell'arte. Basta pensare al recupero dei leggendari bronzi di Riace (avvenuto per opera di sommozzatori dilettanti su fondali bassi) o della statua marmorea di Mozia.

Di tutt'altro periodo è la nave *Vasa* (affondata nel 1628 poco dopo il varo), recuperata presso Stoccolma. Lo scafo era intatto

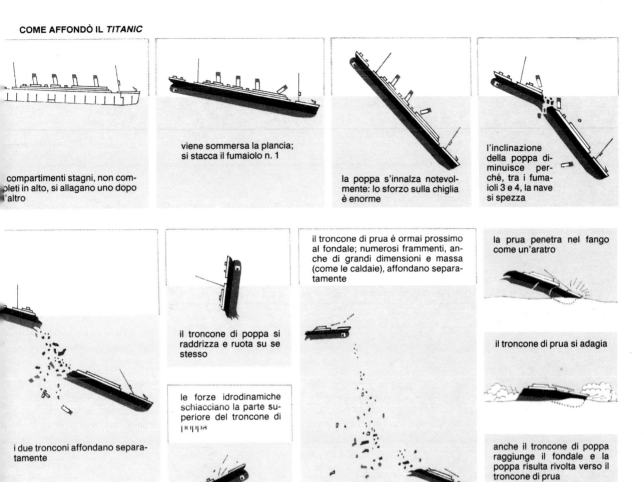

compartimenti stagni, non completi in alto, si allagano uno dopo l'altro

viene sommersa la plancia; si stacca il fumaiolo n. 1

la poppa s'innalza notevolmente: lo sforzo sulla chiglia è enorme

l'inclinazione della poppa diminuisce perché, tra i fumaioli 3 e 4, la nave si spezza

il troncone di poppa si raddrizza e ruota su se stesso

il troncone di prua è ormai prossimo al fondale; numerosi frammenti, anche di grandi dimensioni e massa (come le caldaie), affondano separatamente

la prua penetra nel fango come un'aratro

le forze idrodinamiche schiacciano la parte superiore del troncone di poppa

i due tronconi affondano separatamente

il troncone di prua si adagia

anche il troncone di poppa raggiunge il fondale e la poppa risulta rivolta verso il troncone di prua

Il ritrovamento del *Titanic* da parte della spedizione di Ballard ha permesso di chiarire molti punti oscuri in relazione a ciò che davvero accadde in quella notte memorabile e il mattino seguente.

In particolare, l'errore nella comunicazione del punto-nave impedí alla maggioranza dei soccorritori di giungere in tempo. Soltanto la nave *Carpathia*, recandosi verso il punto-nave sbagliato, percorse per caso una rotta che le fece incontrare le scialuppe.

perché il Baltico, poco salato, non è frequentato dalle teredini (i molluschi bivalvi, detti "vermi rodilegno").

A Cousteau e alla sua nave oceanografica *Calypso* si devono ricerche sulla possibilità di vita dell'uomo in ambienti sottomarini. In tali studi all'interesse scientifico, primario, si affiancarono, promossi da enti militari, anche interessi strategici. Una "faccenda di navi e spie" abbastanza curiosa si ebbe

quando gli USA tentarono di recuperare, nel 1968, un sottomarino sovietico affondato, su circa 5000 metri di profondità, nel Pacifico nordoccidentale.

Per interessamento della CIA, e con la collaborazione del miliardario Hughes (plutocrate noto in vari campi d'attività e anche in quello cinematografico), si utilizzò il *Glomar Explorer*, varato nel 1972. Ovviamente ciò che interessava era recuperare il battello sovietico per scoprirne i "segreti militari". Condotta con un pontone sommerso e benne guidate alle estremità di cavi lunghissimi, l'operazione consentí di portare in superficie soltanto una parte del sottomarino, d'importanza relativamente scarsa. In questo recupero vennero impiegate apparecchiature computerizzate per il controllo della posizione del *Glomar Explorer*: motori ed eliche operavano in relazione a dati forniti da sonar

e da telecamere. Lampade stroboscopiche a lampo permettevano di ottenere automaticamente serie di immagini.

Come nello spazio

Promotore d'un impiego sempre piú ampio di apparecchiature automatiche è Robert D. Ballard, che, nelle sue ricerche degli Anni Ottanta, si appoggiò all'istituto Oceanografico di Woods Hole, nel Massachusetts, alla nota rivista *National Geographic Magazine*, alla Marina degli USA e anche all'ente francese IFREMER.

Apparecchiature simili a slitte trainate al di sopra dei fondali, con telecamere, macchine fotografiche e lampeggiatori, permettevano di ottenere immagini di notevole qualità. Con tali strumenti, Ballard poté effettuare interessanti studi su insospettabili ecosistemi di mare profondo, soprattutto in relazione a fuoriuscite bollenti di sostanze ricche di sali metallici. Tali fuoriuscite, che rivelano un'eccezionale attività geologica degli abissi, sono paragonabili ai soffioni e alle fumarole, e vennero infatti dette "fumarole nere". In prossimità di tali punti, animali in grado di resistere ad altissime pressioni possono trovare un ambiente caldo, dunque "vivibile".

Stimato per tali risultati, Ballard, intorno al 1983, incominciò a interessarsi alle testimonianze di quella che probabilmente, a livello emotivo, è tuttora la piú grande tragedia del mare, l'affondamento del *Titanic*, inabissatosi nella notte del 15 aprile 1912 su un fondale di 4000 metri, a Sud-Est di Terranova, per lo scontro con un iceberg.

La ricerca di Ballard si è svolta in due fasi e, per molti aspetti, da lui stesso sottolineati, ricorda quelle condotte con veicoli spaziali automatici nell'esplorazione dei pianeti. Nel 1985 i resti della nave sono stati localizzati e fotografati, mentre nel 1986 si è proceduto a una vera a propria esplorazione. I piú sofisticati apparecchi di controllo della posizione sono stati utilizzati. La nave madre *Atlantis II* fece scendere a 4000 metri il batiscafo *Alvin*, con un equipaggio di tre uomini. L'*Alvin* si è posato su varie parti della carcassa e sul fondale, ma l'esplorazione diretta di anfratti e cavità è stata condotta con un piccolo robot (*Jason Junior*), dotato di eliche, stabilizzatori e di numerose appa-

Sopra: il *Deep Rover*, un batiscafo per grandi profondità. Apparecchi di questo tipo hanno permesso di osservare e descrivere forme di vita e strutture geologiche prima sconosciute.
Sotto: un gamberetto abissale.

recchiature fotografiche e televisive, che veniva teleguidato per mezzo d'un lungo cavo diminuendo il rischio per gli uomini.

La documentazione della scoperta, diffusa attraverso i *media*, ha interessato l'opinione pubblica. Dopo piú di 70 anni si è potuto far luce su ciò che avvenne in quella notte memorabile. La nave si era spezzata in due tronconi durante l'affondamento, ma soprattutto non si trovava nel punto che i segnali radio avevano indicato ai soccorritori, che infatti raggiunsero le poche scialuppe con molto ritardo. Orgogliosi della splendida e velocissima nave, gli ufficiali del *Titanic* avevano sovrastimato la velocità e dunque calcolato un punto-nave sbagliato. Raccolto il materiale fotografico e televisivo, Ballard non recuperò nessun oggetto o frammento e anzi propose di lasciare il grande relitto come "monumento" perenne alle vittime. Piú tardi però ricercatori francesi hanno raggiunto la carcassa estraendone alcuni oggetti e una cassaforte (il cui contenuto si rivelò poi di modesto interesse).

Ballard, lasciato il *Titanic* al suo destino, ha localizzato e osservato la famosa nave da battaglia tedesca *Bismark* affondata dagli inglesi il 27 maggio 1941 al largo di Brest. Anche questa famosa nave giace su un fondale di oltre 4000 metri.

A destra: disegno d'una fumarola nera tratto da una fotografia eseguita con lampi stroboscopici. Presso la dorsale delle Galapagos, Ballard ha individuato interessanti ecosistemi di mare profondo dove esistono sorgenti calde.
A destra, sotto: disegno, tratto da fotografia, di vermi anellidi emergenti da rigidi tubi calcarei.

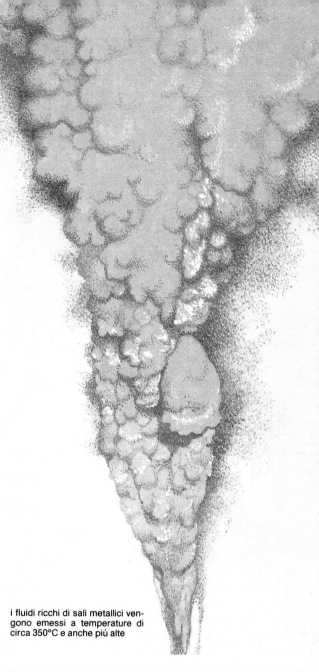

i fluidi ricchi di sali metallici vengono emessi a temperature di circa 350°C e anche piú alte

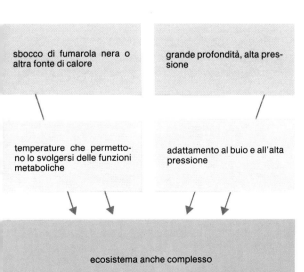

sbocco di fumarola nera o altra fonte di calore

grande profondità, alta pressione

temperature che permettono lo svolgersi delle funzioni metaboliche

adattamento al buio e all'alta pressione

ecosistema anche complesso

I MITI DEL MARE

« Allora Ho-demi, manovrando la perla del-l'alta marea, sommerse tutta la Terra fino alla piú alta montagna. Ho-deri, allora, chiese pietà e Ho-demi, manovrando la perla della bassa marea, fece ritirare tutte le acque. » Cosí si legge in uno dei piú noti miti orientali del mare, la storia dei due figli Ho-deri (Fuoco brillante) e Ho-demi (Fuoco declinante) dell'Alto-Sole-del-Cielo che è narrata nel *Kogiki*, il libro sacro dello scintoismo giapponese.

I miti del mare sono numerosissimi: ogni popolo ha i suoi. Non deve fare meraviglia che il mare, rischioso ma benefico, fonte di sostentamento ma anche di pericolo, abbia alimentato la mitologia di tanti popoli diversi e lontani. Piú stupefacente è invece il fatto che spesso, pure rivestiti in modo diverso, miti e leggende di popoli che certamente non hanno avuto alcun contatto culturale sembrano raccontare gli stessi episodi: sono inondazioni, tempeste, pesche miracolose. Evidentemente la fonte della mitologia è la realtà: e la realtà di qualunque popolo viva accanto al mare e ponga a base del proprio sostentamento i suoi prodotti è fatta appunto di tempeste, inondazioni e pesche miracolose.

Il mito di Ho-demi e Ho-deri, però, ha qualcosa di piú: quella che manovra Ho-demi non è un'inondazione qualunque. È un'alta marea spaventosa che ricopre ogni cosa; e da essa, come nel racconto biblico di Noè, nasce la nuova stirpe destinata a popolare il mondo. Come vedremo, questo non è un caso sporadico: centinaia di miti di popoli diversi raccontano episodi di questo tipo (il diluvio) pur adattandoli a realtà geografiche differenti. E allora? Allora, può darsi che tutto questo sia casuale e che ciascun popolo si sia costruito il suo mito in relazione a una sua propria inondazione.

È però piú probabile che le cose stiano in modo diverso. I dati raccolti dai geologi, infatti, raccontano quanto segue. Oggi una gran quantità dell'acqua che evapora dall'oceano precipita, sotto forma di neve, sulle cappe glaciali, in Groenlandia e in Antartide. D'estate però dai bordi delle cappe si distaccano gli icebergs che, sciogliendosi durante la loro deriva oceanica, restituiscono acqua all'oceano.

Provate a immaginare che cosa succederebbe se questo non accadesse: le calotte glaciali si estenderebbero a dismisura invadendo an-

Sotto: una stampa giapponese in cui appare il bonzo
Nichiren (1222-1282), che dimostra ai discepoli di
essere un'incarnazione del Budda eterno placando
una tempesta in mare col gesto delle mani.
Nichiren fu fondatore di una setta religiosa assai
severa che opera ancora oggi. Il bonzo fu
condannato a morte e poi, ricevuta la grazia,
fu esiliato nell'isola di Sado dove morí.

la anni fa: dodicimila anni fa Nord America, Nord Europa, le Alpi, fino al bordo della pianura padana, erano ricoperte di ghiaccio mentre il mare era oltre cento metri piú basso di oggi. Il mare piú basso di cento metri: ciò significa che le coste si trovavano in posizione molto diversa da quella in cui si trovano ora: l'Adriatico settentrionale, per esempio, era tutto emerso e da Ancona si poteva andare in Jugoslavia a piedi. Poi a partire da quella data i ghiacci hanno cominciato a sciogliersi, i fiumi si sono precipitati al mare gonfi d'acque, e il mare ha cominciato in tutto il mondo a risalire via via invadendo le coste. Dodicimila anni fa l'uomo aveva già imparato molte cose: a dipingere, ad allevare alcuni animali, e si accingeva a imparare a coltivare la terra. Non sapeva però ancora scrivere: i ricordi erano tramandati di padre in figlio sotto forma di leggende e miti. Ecco forse perché tutti i popoli hanno un loro mito del diluvio. È questo forse il primo e piú lontano ricordo di un evento geologico gigantesco che ha portato il mare ad essere quello che noi vediamo oggi.

Da Ovest a Est

Nel *Popol-Vuh*, il libro sacro nazionale dei Maya-Quiché, si legge che prima della comparsa della vita c'erano solo « il placido mare e la grande distesa del cielo; non c'era nulla in piedi; solo la calma acqua, il placido mare, solitario e tranquillo ». Tutta questa tranquillità diventa furore terrificante quando gli dei per punire gli uomini scatenano il diluvio: gli uomini « che essi avevano creato, non pensavano e non parlavano con la loro Creatrice, col loro Creatore. E per questa ragione furono uccisi, furono sommersi dal diluvio ».

Il racconto del diluvio è dunque pressoché identico per i Giapponesi, per gli Hawaiiani, per i Maya le cui civiltà sono sepa-

che terre oggi libere dal ghiaccio; nel frattempo il mare perderebbe acqua sotto forma di evaporazione senza riceverne dell'altra in cambio e si abbasserebbe di livello sempre di piú. È esattamente ciò che è accaduto nell'ultimo milione d'anni: per quattro o cinque volte in tal tempo le cappe glaciali si sono estese fino a ricoprire vastissime aree delle terre emerse mentre il mare si abbassava; per altrettante volte le cappe si sono disciolte e il mare è tornato ai livelli attuali. L'ultima glaciazione (che i geologi chiamano würmiana) si è conclusa soltanto 8-10 mirate dall'immensità dell'Oceano Pacifico. Lo stesso racconto si ritrova nella Bibbia, nel Libro di Gilgamesh sumero-babilonese, negli annali cinesi, nei classici greci (Platone), in quelli latini (Ovidio) e nelle piú antiche leggende americane, australiane e indonesiane.

Non è dunque azzardato, forse, pensare che esse nascano tutte da un'unica esperienza, da un avvenimento che, come lo scioglimento dei ghiacci e il sollevarsi del livello del mare,

abbia investito tutto il nostro pianeta. Ma il legame con le glaciazioni sembra ancora piú evidente se si considera il racconto che ne fanno gli Yamana della Terra del Fuoco, l'estrema appendice meridionale dell'America del Sud: cominciò a scendere molta neve « finché la terra fu tutta coperta da un'immensa massa di ghiaccio. Quando cominciò a sciogliersi, l'acqua era tanta che la Terra ne fu tutta inondata. La massa delle acque

---

I miti del Pacifico: le Hawaii

Nelle isole Hawaii regnava il re Konikonia e con i suoi sudditi viveva di pesca. Un giorno presso una scogliera i pescatori ebbero la sorpresa, tirando su i fili, che tutti gli ami mancavano e che i fili erano stati tagliati, non strappati. La spiegazione venne data al re da un giovane che da tempo viveva presso di lui, Kuula. Questi disse che nel mare, presso quella scogliera, c'era un villaggio abitato da esseri umani; egli stesso era venuto di lí. Quando il re seppe che egli aveva lasciato laggiú una sorella, fu preso dal desiderio di conoscerla e di sposarla. Kuula gli suggerí come fare. Siccome la fanciulla amava suo marito che era una statua di legno intagliato, e che al momento era lontano, si trattava di fabbricare tante statue di legno, ciascuna « ben levigata, dipinta di scuro, con occhi di madreperla », con capelli e vesti. Esse dovevano essere disposte dal letto del re fino alla scogliera e poi sotto le acque. Konikonia seguí il consiglio: la "donna del mare" quando vide la prima statua presso la porta di casa credette fosse il marito, cosí per la seconda, per la terza, cosí via finché emerse dal mare; qui altre statue l'attendevano su canoe e poi sulla spiaggia fino alla casa del re. Entro la casa una statua, l'ultima, giaceva nel letto; la donna la baciò, le si stese accanto e poi si addormentò; durante il suo sonno Konikonia si sostituí alla statua. Cominciò cosí il loro grande amore. Ma la donna al quarto giorno disse allo sposo che i suoi parenti del mare certamente sarebbero venuti a riprenderla, gonfiando l'oceano fino a coprire tutta la Terra: « L'oceano che ora fluttua placido là dirimpetto alla nostra casa, si muoverà in cerca di me. L'oceano si gonfierà. Inon-

derà completamente la Terra. Ed allora dove mi potrò rifugiare? Dove potrai salvarti tu? » Konikonia decise di fuggire con lei; giunti sulla cima del monte piú alto costruí la loro capanna sulla vetta degli alberi. Dopo dieci giorni « il mare si gonfiò. Sommerse la Terra in tutta la sua estensione, da una riva all'altra. La gente corse a ripararsi sui monti. Ma i monti furono sommersi dal mare...il mare crebbe e sommerse ogni creatura ».

saliva continuamente e rapidamente. Quando le acque si ritirarono quasi tutti gli Yamana erano annegati ».

Non solo i miti del diluvio ma anche altre leggende del mare sono con ogni probabilità la registrazione fantastica di avvenimenti realmente verificatisi. In molte leggende, per esempio, si parla di enormi ondate accompagnate da piogge di fuoco. Molto probabilmente esse sono la testimonianza di antiche eruzioni vulcaniche accompagnate da ondate di maremoto. In molte leggende si parla di terre che emergono dall'acqua e di altre che vi scompaiono: probabilmente si tratta di episodi come quello dell'isola di Surtsey emersa dal mare presso l'Islanda nel 1963 (v. pagina 25), o come quello dell'isola Ferdinandea sorta nel Canale di Sicilia nel 1831 e scomparsa qualche anno dopo, oppure come quello dell'esplosione del Krakatoa (26-

Sopra: le isole Samoa, scoperte nel 1722, i cui abitanti hanno conservato intatti usi e costumi.
A destra: una pala di pagaia, decorata da una figura antropomorfa, proveniente dalle isole Salomone.

Tahiti

« *Venne un forte vento di settentrione, con piogge e piene, e con una tempesta esiziale e turbini. Grandi alberi sradicati, con massi di ogni genere e trasportati in aria da quella tempesta e dai turbini. Soltanto una coppia fu risparmiata... tutta la terra di Tahiti e Tai-arapu fu allagata dal mare e dalle acque dolci. Sopra Tahiti piccola pareva mare aperto; nessuna montagna emergeva dalle onde. Dopo dieci notti il mare calò e l'uomo e sua moglie guardarono e videro le cime delle montagne che cominciavano a spuntare... La montagna franava e le valli erano piene di pietre... »*

28 agosto 1883) che ha praticamente cancellato un'isola dalla faccia della Terra. A episodi come questi, probabilmente, risalgono i racconti della mitica Atlantide di Platone (che qualcuno pensa fosse l'isola di Thera-Santorino nel Mare Egeo – v. pagina 10 – esplosa e inghiottita dal mare circa 1450 anni prima di Cristo), di Iperborea e Thule, ricordate da altri autori greci, dell'Aztlan degli Aztechi, del Mu dei Maya, di altre terre descritte da miti polinesiani, boscimani, arabi e indú.

Uno dei piú affascinanti tra questi miti è senza dubbio quello degli Yamana, una popolazione della Terra del Fuoco, all'estremità meridionale del continente americano.

Gli Yamana, che dell'acqua dovevano avere una gran paura tanto da indicare gli spiriti acquatici detti Lakuma come « spiriti che sogliono far male a chiunque cada loro a tiro », attribuiscono a un loro dio legislatore,

I miti del continente americano: i Quechua del Perú

Il dio creatore del mondo, Pachayachachic, si irritò con gli uomini che non lo onoravano: perciò « molto adirato, fece sí che un terribile diluvio si abbattesse sulla Terra, con un'enorme quantità di acqua e fece morire annegati quasi tutti gli uomini ad eccezione di pochi che non erano colpevoli... ». Anche questa punizione non bastò, cosí il dio trasformò in pietre i nuovi uomini sorti dopo il diluvio.

I Quechua credevano che il dio creatore si fosse recato presso il lago Titicaca, a Tiahuanaco, per creare sole, luna e stelle. Su questo lago vive ancora oggi molta gente su zattere di canne.

I Chocò della Colombia

« *Si racconta che il mondo cambiò una volta. C'era un gran fiume la cui sorgente era nel mare e la foce in terraferma. Per cambiare il suo corso, Dio fece cadere una pioggia torrenziale, e il mondo cominciò ad affondare nella piena del fiume...* » Dio scelse però

Lem, il Sole, la responsabilità dei « poderosi frangenti che vengono a battere contro le alte rupi al largo ». Si racconta che tra gli Yamana le donne esercitavano un tempo ogni potere, tenendo gli uomini soggetti col terrore: esse fingevano di essere in contatto con i Lakuma e in particolare col piú maligno di essi, Tànuwa. Per farlo credere si riunivano in una grande capanna donde poi uscivano dipinte e mascherate; gli uomini terro-

rizzati si nascondevano. Ma un giorno Lem, gran cacciatore, ascoltando di nascosto due fanciulle che si lavavano nella laguna, scoprí l'inganno e lo comunicò agli uomini. Questi assalirono furenti la grande capanna: tutte le donne, tranne due, furono colpite e si trasformarono in animali. « Durante la battaglia Lem rovesciò una grande quantità d'acqua sulla capanna per spegnere il fuoco che vi si era appiccato. Moltissima acqua vi gettò.

un uomo giusto e lo avvisò perché si salvasse; egli informò della cosa anche gli altri; ma questi « dissero che era una sciocchezza affermare che il mondo affondasse; ma mentre bevevano chicha, le acque cominciarono a salire. Dopo tre giorni il mondo sparí sotto di esse. La casa dell'uomo era portata dalla piena e galleggiava sull'acqua come sughero. Tutte le altre furono inghiottite, ad eccezione della cima di un colle che emergeva appena... Gli uomini si raccolsero tutti su di esso... ».

I Maya

La divinità che « regna sulla parte orientale del mondo sotterraneo » volle punire il popolo; « ed una pioggia torrenziale cadde e ceneri caddero, e rocce ed alberi caddero. Alberi e rocce urtarono gli uni contro gli altri. Ed i tredici dei (i protettori del popolo maya, vinti dallo spirito rosso sotterraneo) furono presi e le loro teste tagliate... il loro Grande Serpente fu strappato dai cieli, con la sua coda di scaglie rombanti e con le sue piume di Quetzal... Gli uomini furono sepolti sotto le sabbie del fiume e sotto le onde del mare. E le acque si scontrarono e le acque arrivarono. E quando il Grande Serpente fu rapito, il cielo cadde e la Terra secca fu inghiottita. Allora i quattro dei, i quattro Bacad, distrussero tutto. Quando l'annientamento fu completo essi misero al loro posto gli uomini gialli (i Maya)... e un arcobaleno apparve, significando che tutto al di sotto era stato distrutto ». Sulla Terra apparvero tre alberi di tre colori e poi tre uccelli anch'essi di diverso colore e la Gran Madre Seiba (la dea dell'umanità) si alzò in mezzo alle tracce della distruzione della Terra ed invocò pietà per gli uomini.

Di particolare importanza era il mare per i popoli viventi lungo la costa del Pacifico. Accuratissima quindi la costruzione dei loro battelli di giunco, qui sopra riprodotti in ceramica (VI sec. d.C.).
Significativa anche la forma di pesce data dall'arte precolombiana al vaso qui sotto.

Questa diventò un'ondata poderosa, che si spinse fluttuando verso il mare. La grande ondata si forma ancora oggi: sono i poderosi frangenti che vengono a battere contro le alte rupi al largo. Lem aveva gettato sul fuoco anche un secchio pieno d'acqua fino all'orlo; da questo si sprigionarono aspri sibili. Anche l'ondata si portò verso il mare e ancora oggi la si può percepire tra il rombo pauroso dei frangenti. »

Presso gli Yamana si racconta anche che « Un ibis molto sensibile, sentendosi offeso dagli uomini, fece per vendetta cadere molta neve, finché la Terra fu tutta coperta da una immensa massa di ghiaccio. Quando cominciò a sciogliersi, l'acqua era tanta che la terra ne fu tutta inondata. La massa delle acque saliva continuamente e rapidamente. Tutta la gente si precipitò alle canoe per salvarsi. L'acqua saliva sempre: raggiunse perfino le

---

I miti del "Vecchio Mondo": la Bibbia

Come nel continente americano e nel Pacifico anche nell'area mediterranea è presente il mito del diluvio. La Bibbia comprende i libri sacri dell'ebraismo e del cristianesimo. È probabile che nei suoi primi libri e precisamente nella Genesi, *dove si trova il racconto del diluvio, siano sintetizzati documenti di diversa origine ed epoca (dal IX sec. a.C. in poi).*

« Jahvè vide che la malignità dell'uomo era grande sulla Terra e che ogni pensiero concepito dal loro cuore non era rivolto ad altro che al male, sempre »; decise perciò di sterminare tutto ciò che aveva creato. Solo Noè era uomo giusto e integro e Jahvè volle salvarlo; gli ordinò di costruire un'arca e gli disse anche come, e quindi gliene indicò lo scopo: « Ecco io sto per far venire il diluvio dell'acqua sulla Terra... tutto ciò che è sulla Terra perirà. Ma con te io stabilisco la mia alleanza; entrerai nell'arca tu e i tuoi figli, tua moglie e le mogli dei tuoi figli con te ». Gli ordinò anche di far entrare nell'arca tutti gli esemplari di animali, in coppia. Noè obbedí. Quando iniziò il diluvio tutti erano al riparo. « Il diluvio durò sopra la Terra 40 giorni: le acque ingrossarono, e sollevarono l'arca, che venne levata in alto sopra la Terra »; le acque ricoprirono i monti e « fu sterminato ogni essere esistente sulla faccia della Terra ». Dopo 150 giorni il diluvio cessò, l'arca si posò sui monti e la colomba fatta uscire per la terza volta non tornò.

Noè rappresenta nella Bibbia l'uomo che per la sua fede salva l'umanità e tutti gli esseri viventi in un'arca da lui costruita. Qui è rappresentata l'arca come è stata immaginata e ricostruita per il film *La Bibbia* prodotto da De Laurentiis.

232

cime dei monti, le sommerse una dopo l'altra, sicché al di sopra dei flutti non emergevano piú che cinque cime... Quando l'inondazione ebbe raggiunto il livello piú alto, da cui spuntavano ormai solo i cinque picchi, le acque si mantennero a questo livello per ben due giorni. Quindi decrebbero rapidamente e si dispersero... quasi tutti gli Yamana erano annegati. »

La grande ondata degli Yamana assomiglia

a quella della *Bibbia*. Il Mar Rosso si apre a lasciar passare gli Ebrei in fuga verso la loro terra, e si richiude sopra gli Egiziani inseguitori: « Le acque rifluirono e coprirono i carri e i cavalieri di tutto l'esercito del Faraone che erano entrati nel mare dietro di loro: non rimase di essi neppure uno. Quanto ai figli d'Israele, camminavano all'asciutto in mezzo al mare, mentre le acque erano per loro come un muro alla loro destra e alla loro sinistra ».

I Babilonesi

Nel libro di Gilgamesh, la piú antica epopea nazionale babilonese, la cui stesura pare risalga al XXI sec. a.C., Ut-Napistir racconta a Gilgamesh che un giorno il dio delle acque, Ea, lo aveva avvisato che Dio voleva punire l'umanità che Egli aveva posto in un magnifico giardino e che aveva peccato; essa cioè sarebbe stata distrutta da un diluvio. Ut, così preavvisato, si costruí un'arca, con la quale si salvò; dopo sei giorni e sei notti di tenebra, provò a lanciare fuori dall'arca un corvo che non ritornò, per cui si rese conto che il diluvio era finito. Anch'egli uscí e vide tutta la Terra sommersa dal fango.

Berosso (Bel-Usur), babilonese, storico del proprio popolo vissuto nel III sec. a.C., racconta il diluvio in questo modo: « Gran numero di secoli sono passati dal famoso diluvio che distrusse l'impero dei giganti borei che dominavano la Terra da oriente all'occidente. I Caldei ne hanno conservato la storia. Essi scrivono che in quel tempo molti uomini incisero su pietre il futuro destino di questo potere universale, ma che i giganti non presero in nessuna considerazione questi segni e le predizioni sinistre, che i segni indicavano. Uno solo di loro ebbe paura e prudenza. Si chiamava Noah. Prevedendo dunque la rovina che gli astri annunciavano, egli cominciò dall'anno 78 precedente l'inondazione a costruirsi un'arca, basandosi sulle indicazioni fornite da coloro che profetizzavano che l'oceano avrebbe superato improvvisamente i propri limiti e che le fontane e i fiumi avrebbero coperto con le loro acque le piú alte montagne e dal cielo sarebbe caduta con estrema impetuosità per un gran numero di giorni una pioggia abbondantissima... ».

È la descrizione del riflusso e poi delle grandi ondate che tipicamente si accompagnano ai maremoti.

Nei *Purana*, la fonte religiosa induista, si racconta pure di una grande ondata distruttrice. Manu (la mente), il primo legislatore dell'umanità, si trovò un giorno tra le mani un pesce, che gli chiese di essere aiutato a sopravvivere; gli spiegò che finché era piccolo correva il rischio di essere mangiato dai pesci piú grossi; gli chiedeva quindi di essere custodito in una vasca finché fosse divenuto tanto grande da poter essere messo in mare in condizioni di difendersi; in compenso gli avrebbe fatto una profezia importante. Manu accettò ed il pesce gli profetizzò « una grande ondata che travolgerà tutti gli esseri », non solo, ma gli consigliò di costruire una grande nave e di aspettarlo; quando l'ondata fosse giunta avrebbe dovuto sa-

---

I miti del diluvio in Grecia e a Roma

Il racconto del diluvio si ritrova anche nella letteratura greca ed in quella latina che ne deriva. Qui si presentano due esempi di diluvio, appartenenti ambedue alla leggenda greca, ma narrati da un greco, Platone, e da un latino, Ovidio.

Platone nel Timeo *racconta di un diluvio che distrusse il misterioso continente Atlantide: « Terremoti spaventosi e cataclismi si succedettero; unica notte e unico giorno terribili in giro ricorrenti, quella stirpe guerriera, tutta senza eccezione, sprofondava sotto terra. E l'isola Atlantide parimenti. Il mare la sommerse e tutto scomparve ». E nel* Crizia *Platone ancora narra del diluvio che colpí Atene preistorica: « Una unica notte, con sue immense acque, ha reso la zona totalmente ignuda di terra... ».*

Ma il piú famoso dei diluvi greci è quello di Deucalione e Pirra raccontato da Ovidio. Zeus, indignato per la malvagità degli uomini, decide di sterminarli, ma Prometeo avvisa il figlio Deucalione, che fabbrica una nave su cui si rifugia con la sposa Pirra; il diluvio si scatena per 9 giorni e 9 notti. « S'abbattono le messi, cadono i voti dei piangenti coloni, vanno perdute le inutili fatiche di un anno... i fiumi aprirono gli sbocchi alle sorgenti e si precipitarono con impeto sfrenato all'Oceano. Nettuno percosse la Terra col tridente; essa traballò e dischiuse tutte le vie delle acque. Già la terra non si poteva piú distinguere dal mare; tutto era mare ed il mare non aveva neppure piú lidi. » Terminato il diluvio Deucalione e Pirra si ritrovarono con la loro nave sul monte Parnaso, ove lanciando pietre dietro le loro spalle diedero origine alla nuova umanità.

lire sulla nave e sarebbe intervenuto il pesce stesso, ormai divenuto grande, ad aiutarlo ed a portarlo alla salvezza. Manu eseguí le istruzioni ricevute; al momento opportuno arrivò il pesce che guidò la nave fino a legarla alla cima di una montagna; là Manu attese che le acque calassero e quando uscí dalla nave vide che « l'ondata aveva spazzato via ogni essere, l'unico superstite era lui ».

Anche questa sembra la descrizione di un paroso maremoto che deve avere sconvolto le coste migliaia di anni fa.

I miti del mare, dunque, sono qualcosa di piú che semplici racconti: in essi è chiusa tutta la lunga esperienza che l'uomo ha vissuto accanto a questo mondo benefico ma infido, a cominciare, forse, dalla piú remota di cui si abbia memoria, quella dello scioglimento delle cappe di ghiaccio che hanno condizionato, anche a distanza, la vita dell'uomo.

A sinistra: particolare di cratere greco raffigurante Teseo che incontra Posidone. Il mitico re di Atene, figlio di Posidone dio del mare, scende in fondo al mare per recuperarvi l'anello scagliatovi da Minosse. Sopra: l'eroe greco Peleo che rapisce la ninfa marina Teti per farla sua sposa. Frammento di *kylix* a figure nere del VI secolo a.C. conservato nel Museo di Villa Giulia a Roma.

I GRANDI NAVIGATORI

L'inizio della navigazione sprofonda nel mito, cosí come mitici restano i viaggi di molti navigatori che hanno affrontato il mare anche in epoca storica, non molto tempo fa. Alcuni di questi navigatori sono personaggi storici; altri, forse, non sono mai esistiti. Ma il racconto dei loro viaggi serviva a concentrare, in forma avventurosa e facile da ricordare, tutta una massa di informazioni geografiche che tanti navigatori sconosciuti avevano fino a quel momento permesso di acquisire.

Come era grande il "mondo" per gli antichi? Dove erano i suoi confini? Per i Greci dell'VIII-VII secolo avanti Cristo esso era definito dal viaggio di Ulisse raccontato da Omero. Per i Greci del VI secolo a.C. era quello tracciato nella prima carta geografica della storia, quella di Anassimandro che appunto sintetizzava in forma grafica tutte le esplorazioni compiute fino ad allora. Per i Romani del IV secolo a.C. e seguenti era quello descritto nei viaggi di Pitea e di Eutimene di Marsiglia raccontati da Strabone nel I secolo a.C. Per la cultura tardo-romana e medioevale il mondo è rimasto, fino al periodo delle grandi scoperte, quello delineato nelle mappe di Tolomeo Alessandrino nel II secolo dopo Cristo. Questo mondo di Tolomeo è andato però arricchendosi di particolari attraverso i contatti con gli Arabi, attraverso la leggenda di San Brandano che recava notizie dell'Islanda e forse attraverso elementi delle saghe dei Vichinghi che nel frattempo avevano colonizzato l'Islanda, la Groenlandia e forse visitato l'America.

Fra mito e storia, dunque, i grandi navigatori sono andati ampliando i confini del mondo sconosciuto dalla piú remota antichità fino alle soglie del nostro secolo quando, con la conquista del polo Nord e del polo Sud, l'era delle esplorazioni può finalmente considerarsi conclusa.

I navigatori nel mondo greco-romano

La città di Marsiglia, fondata probabilmente nel VII secolo a.C. da coloni greci, ferveva nel IV secolo di una grande attività commerciale; essa aveva dovuto superare notevoli difficoltà per l'ostilità prima degli indigeni (Liguri) e poi degli Etruschi e dei Cartaginesi. Nel IV secolo invece, con l'appoggio dei Romani, aveva potuto dedicarsi completamente ai propri traffici ed era riuscita a dominare quasi completamente il Tirreno. Tra i ricchi cittadini di Marsiglia si diffuse la cultura, che stimolò la fantasia di qualcuno piú ardito e coraggioso. Strabone, storico e geografo vissuto nel I secolo a.C., ci racconta, anche se con tono incredulo ma citando brani di una relazione originale, la storia di uno di questi personaggi, Pitea. Questi discendeva da un tebano e apparteneva a una famiglia di notabili della città; si era appassionato agli studi, perciò certamente conosceva i miti greci che nei viaggi di Teseo, di Giasone e di Ulisse sintetizzavano le conoscenze geografiche del Mediterraneo, del Mar Nero e dell'Europa, ma anche la filosofia greca, che organizzava scientificamente le informazioni

Sotto: una delle civiltà piú antiche del Mediterraneo ebbe carattere marinaro: infatti le scarse documentazioni della civiltà minoica, che ebbe il suo centro nell'isola di Creta fino al sec. XV a.C., testimoniano che il popolo cretese fu un popolo marinaro; esso non si limitò a navigare intorno alle isole vicine, ma si spinse fino in Egitto ed in Libia. Questa pittura murale, databile nel sec. XVI a.C., testimonia un viaggio nella terra di Libia, che è rappresentata dal leone e dalle antilopi.

In basso: nel II secolo d.C. lo scienziato greco Claudio Tolomeo, vissuto ad Alessandria, compendiò nell'opera *Almagesto* tutte le informazioni astronomiche del tempo, e in un'altra opera, *Geografia*, cercò di descrivere il mondo conosciuto e di determinare la latitudine e la longitudine di circa 8000 località, costituendo cosí un tipo di atlante che fu alla base di tutte le carte geografiche successive fino agli inizi dell'età moderna.

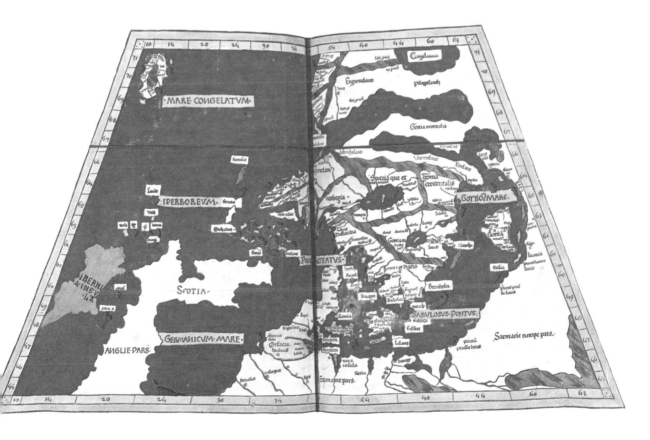

ricevute dai mercanti viaggiatori. Egli doveva essere quindi arrivato alla convinzione, allora non comune, che la Terra era rotonda, già proposta da filosofi-scienziati greci dei secoli VI e V a.C. e ribadita nello stesso secolo IV da Eudosso (appartenente alla generazione precedente quella di Pitea). Egli probabilmente era al corrente delle carte e delle descrizioni del mondo fatte da Anassimandro nel secolo VI, poi da Ecateo nella seconda metà del secolo VI; conosceva l'uso dello gnomone, introdotto da Anassimandro; forse gli erano anche note le storie di Erodoto le quali narravano di una spedizione egizia che nel secolo VI avrebbe circumnavigato l'Africa (dal Mar Rosso all'Egitto attraverso le Colonne d'Ercole). Egli dunque possedeva una serie di informazioni che la sua curiosità scientifica aspirava a confermare con l'esperienza. Per poter compiere una spedizione aveva però bisogno del consenso e del finanziamento della sua città di mercanti. Allora propose di tentare l'impresa di procurarsi

direttamente alla fonte, rompendo il monopolio cartaginese sulle Colonne d'Ercole, quell'ambra e quello stagno che rappresentavano le merci preziose, sul commercio delle quali si fondava la ricchezza della città. Sembrava un'impresa pazzesca, ma egli seppe essere convincente: i guadagni che ne sarebbero venuti sarebbero stati tali da sopravanzare di gran lunga il costo dell'impresa. E i marsigliesi, o meglio gli Arconti, cioè la magistratura che governava la città, si lasciarono convincere tanto bene che non si limitarono a preparare una sola nave, ma ne armarono due: *Artemide* ed *Heracles*. Esse furono affidate a Pitea e a Eutimene, perché passassero insieme le Colonne d'Ercole. Poi uno sarebbe andato verso Nord e l'altro verso Sud; la stessa operazione cioè che era già stata compiuta nel V secolo da due fratelli cartaginesi, Annone ed Imilcone, il primo dei quali aveva costeggiato l'Africa fino a Capo Verde, il secondo era arrivato fino alle coste dell'Inghilterra. Le condizioni poste dai

Marsigliesi ai due navigatori erano che essi tornassero con le navi cariche di merci. Nel 330 finalmente le due navi si mossero dal porto di Marsiglia; quando furono nella sfera d'influenza cartaginese navigarono in modo da evitare qualsiasi incontro sgradito e riuscirono cosí ad attraversare lo stretto e ad entrare nell'Atlantico. Qui le due navi si divisero: Eutimene si diresse verso Sud, ma incappò presto nei Cartaginesi che avevano fondato sulla costa atlantica dell'Africa le loro colonie dal tempo, forse, di Annone, e dovette tornare in patria senza aver concluso niente. Pitea invece fu piú abile e fortunato: diretto verso Nord, navigò lungo la costa, ma senza neppur tentare di prendere terra; osservò le coste della penisola iberica, della Gallia e dell'Inghilterra fino ad un golfo (forse Southampton) dove finalmente sbarcò. Qui trovò stagno in abbondanza e, dopo averlo caricato, riprese il viaggio, passando attraverso lo Stretto della Manica, risalí lungo le coste orientali dell'Inghilterra fino alla Scozia. Di qui si spinse « nello sconosciuto mare aperto, verso l'estrema Thule ». Questa era una terra, dice la relazione, ricca di ghiacciai e di vulcani: forse era l'Islanda. Spingendosi ancora a Nord venne bloccato da un "polmone marino", cioè da un ammasso di ghiacci galleggianti i cui lastroni "respiravano" alzandosi ed abbassandosi col ritmo delle onde; egli è convinto che si tratti del motore da cui deriva il ritmico moto delle onde; erano forse le estreme propaggini del pack. Obbligato quindi a tornare indietro, Pitea naviga verso Est e trova le coste della Norvegia e successivamente entra nel Mar Baltico; sembra che egli stia cercando la "strada di Medea", descritta dal mito di Giasone; cerca cioè le foci di un grande fiume risalendo il quale egli possa ritornare in patria senza ripassare per l'Atlantico. Non la trova, ma trova l'ambra, facendo scalo in Curlandia (Lettonia). Dopo aver caricato la nave anche di questo prezioso materiale, inizia il viaggio di ritorno: costeggiando tutta l'Europa settentrionale compie il periplo della Danimarca, fa una tappa nelle vicinanze delle foci della Senna e di qui riprende la strada compiuta nell'andata. Ritornò quindi a Marsiglia col suo carico, che ripagava abbondantemente le spese sostenute dalla città; ma nessuno ebbe poi il coraggio, la voglia e lo spirito avventuroso per ripetere la sua impresa: le Colonne d'Ercole rimasero perciò ancora per secoli un limite invalicabile per Greci e Latini, il margine estremo del mondo conosciuto.

I navigatori nel mondo medioevale

Dopo questo straordinario viaggio passarono secoli, perché si ripetesse qualcosa di simile; ma le informazioni sulla Terra si arricchirono e precisarono: Eratostene di Cirene nel III secolo a.C. tracciò una nuova carta rappresentando la superficie terrestre in un reticolo di meridiani e paralleli; egli inoltre enunciò una teoria delle maree, interessante soprattutto perché presupponeva il collegamento fra tutti gli oceani. Altri studiosi della Terra e del mare furono nel I secolo a.C. Strabone, e nel II secolo d.C. Tolomeo. La concezione del cosmo e la descrizione della Terra che questi fece furono fondamentali per tutta l'epoca successiva e fino alla fine del Medioevo. Ancora agli inizi dell'età moderna le mappe erano tracciate sulla base di quella tolemaica; ma le informazioni erano molto aumentate grazie alle esperienze dei marinai: il manoscritto irlandese *Navigatio sancti Brandani* è del secolo IX (San Brandano è invece del V-VI secolo), e probabilmente non è altro che un riassunto delle notizie fornite, nei secoli precedenti, dai marinai irlandesi. Tra le altre località gli irlandesi, alla fine del secolo VIII, avevano scoperto l'Islanda che veniva così ad aggiungersi al mondo conosciuto. Una vera colonizzazione di questa ter-

ra si ha però soltanto nel secolo successivo da parte dei Vichinghi provenienti dalla Norvegia (Norreni). La storia delle esplorazioni dei Vichinghi è particolarmente interessante perché essa anticipa di qualche secolo le conoscenze geografiche dei popoli europei: sicuramente i Vichinghi sono arrivati in Groenlandia e forse hanno toccato le coste dell'America settentrionale cinque secoli prima di Colombo. È interessante anche per un'altra ragione. Quando, infatti, si è visto quanto a Nord erano arrivati i Vichinghi ci si è subito chiesto come avessero potuto: la Groenlandia per gran parte dell'anno è bloccata da una gran massa di ghiacci marini che impediscono la navigazione. Come avevano potuto i Vichinghi con le loro fragili barche giungere fin là e forse fino in America? La risposta è venuta qualche tempo fa dalle analisi dei ghiacci groenlandesi e antartici. Gli scienziati, infatti, hanno trovato un metodo per stabilire quando si è deposto uno strato di ghiaccio e per capire quali erano in quel periodo le condizioni climatiche prevalenti sul nostro pianeta. L'analisi dei ghiacci groenlandesi e antartici ha dimostrato che il periodo in cui i Vichinghi compivano le loro esplorazioni è stato uno dei piú miti di tutta la storia: le rotte del Nord erano quasi completamente

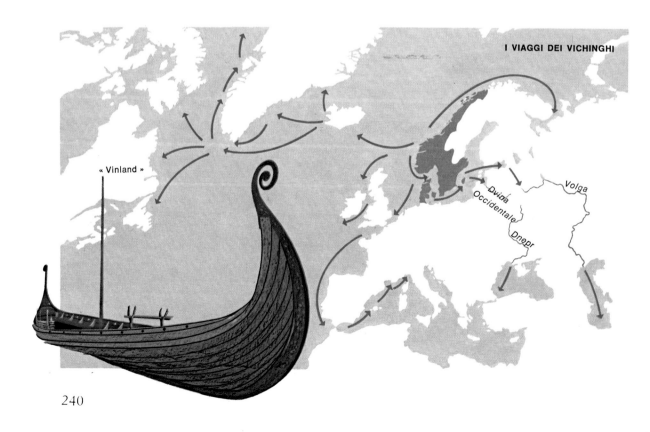

« Vinland »

I VIAGGI DEI VICHINGHI

Dvina Occidentale

Volga

Dnepr

A fronte: le principali rotte seguite dai Vichinghi.
Tra i territori dell'America settentrionale ve ne fu
uno ricco di viti che venne chiamato Vinland, che
probabilmente coincide con Terranova, dove furono
ritrovate tracce di uno stanziamento vichingo.
Sopra: ricostruzione di uno sbarco vichingo. *La saga
dei Groenlandesi* racconta molti viaggi per mare
dei Vichinghi: provenienti dalla Norvegia, alcuni
di loro si erano stabiliti in Islanda, e di questi alcuni
erano poi passati in Groenlandia (X secolo).
Nel secolo XI essi raggiunsero ripetutamente le coste
dell'America settentrionale, ma non colonizzarono
i territori scoperti.

libere dai ghiacci che le bloccano considere-
volmente al giorno d'oggi.

L'esplorazione dei Vichinghi è raccontata
dal *Landnamabok* (Libro degli insediamenti)
e dall'*Islendingabok* (Libro degli Islandesi),
scritti prima del 1130, e da alcune saghe del
XIII secolo. Nella seconda metà del secolo X
l'Islanda era divenuta rifugio o luogo d'esi-
lio dei Norvegesi irrequieti; intorno al 960
vi sbarcò appunto Thorvald, che si era fatto

giustizia da solo uccidendo un potente. Nel
trasferimento, a cui fu costretto, aveva con-
dotto con sé il figlio decenne, Eirik. Sbarcati
nell'isola i due avevano dovuto acconten-
tarsi di una delle poche zone non ancora co-
lonizzate perché difficili da sfruttare: « co-
struirono la loro casa a Drangar sulle Alte
Rocce ». Evidentemente lavoravano con ac-
canimento tanto da potersi mettere al livello
di coloro che li avevano preceduti. Dopo la
morte di Thorvald, Eirik il Rosso aumentò
ulteriormente il proprio patrimonio sposando
la ricca Thjodhild. Ma il suo carattere violento lo portò ad uccidere, per litigi di proprietà, ben tre persone, per cui « fu bandito
durante il Thing di Thorsnes ». Eirik non si
perse d'animo: già dalla sua infanzia aveva
sentito parlare, nella cerchia della sua famiglia, di Gunnbjorn Ulf-Krakason, che, agli
inizi del secolo X, aveva visto e descritto isole
e scogli sconosciuti. Egli si propose perciò di
ritrovare quelle terre, per fissarvi la sua nuova residenza; promise però che se le avesse

ritrovate sarebbe tornato ad informare gli amici. Partí dunque nel 982 con una nave e si diresse verso Occidente; dopo qualche giorno di navigazione incontrò le coste sud-occidentali della nuova terra, che egli chiamò Groenlandia ("terra verde"); qui stabilí la propria dimora, esplorò la zona convincendosi che si prestava ad una colonizzazione; quindi tornò in Islanda. La *Saga dei Groenlandesi* (databile entro il XIV secolo, ma forse anche nel XII) racconta che egli descrisse in modo efficacissimo la nuova "terra verde": egli non poteva sapere che la Groenlandia appariva cosí soltanto grazie alla momentanea mitezza del clima. Cosí nel 986 una spedizione di 25 navi partí dall'Islanda attrezzata per fissarsi definitivamente in Groenlandia; non tutte le navi giunsero alla meta; alcune naufragarono, altre tornarono indietro; ma quattordici di esse sbarcarono in Groenlandia i nuovi coloni. Tra questi c'era Heriulf, il cui figlio Bjarni in quel periodo si trovava in Norvegia per l'annuale viaggio di rifornimenti e di commercio che era nelle loro consuetudini. Quando Bjarni tornò in patria e non trovò piú il padre, decise di seguirlo; ma poteva contare solo su alcune elementari descrizioni fattegli della nuova terra. Comunque partí; dopo alcuni giorni incappò in una fitta nebbia; quando ne uscí, vide una costa, ma « il paese non era montagnoso ed era coperto di foreste, con basse colline » ciò che non corrispondeva alle descrizioni; proseguí fino a che si trovò di fronte un'altra terra, ma era « un territorio piatto e coperto di boschi » senza « i grandissimi ghiacciai » di cui gli avevano parlato; poi ancora un'altra « alta, montuosa e con ghiacciai ». Nessuna insomma corrispondeva a quanto gli era stato detto: forse queste terre corrispondono al Labrador, all'isola Resolution ed alla Terra di Baffin. Comunque egli si rifiutò di sbarcarvi, malgrado le insistenze dei suoi marinai. Continuando il viaggio, spostandosi verso Est, finalmente vide una quarta terra: « Questa assomiglia molto a quello che mi è stato descritto della Groenlandia: e qui voglio approdare »; e infatti trovò qui il padre, col quale visse fino a che questi morí. Successivamente, dopo l'anno Mille si recò in Norvegia e poi tornò in Groenlandia, dove raccontò delle terre che aveva visto a Occidente nel suo primo viaggio. Si faceva allora un gran parlare di viaggi di scoperta. Un figlio di Eirik il Rosso, Leif, dunque, acquistò la nave di Bjarni e partí con l'intenzione di esplorare le terre indicate ad Occidente della Groenlandia. Dopo giorni e giorni di navigazione Leif sbarcò in una terra dove « c'erano grandi ghiacciai e dal mare fino ai ghiacciai era come se ci fosse un'unica lastra di roccia »; essa appariva « sterile e improduttiva » e perciò Leif dopo averla chiamata Helluland la lasciò; trovò successivamente un'altra terra che chiamò Markland e che aveva una grande costa sabbiosa; incontrò quindi un'isola dall'« erba rugiadosa » e infine, inoltrandosi in uno stretto limitato da un promontorio proteso a Nord, si trovò alla foce di un fiume, risalendo il quale giunse ad un lago. Forse si trattava dello stretto tra Terranova e il Canada, o tra la Nuova Scozia e il Maine: Leif aveva scoperto l'America. Comunque la terra in cui sbarcò apparve a Leif assai ricca; decise che qui si sarebbero fermati e che sarebbe stata esplorata tutta la zona. Un giorno uno degli uomini inviati ad esplorare, e precisamente il tedesco Tyrkir, assai caro a Leif, tornò pieno di entusiasmo: aveva trovato un terreno ricoperto di viti ricche di grappoli d'uva. Leif allora chiamò quel paese Vinlandia. Dopo avere abbondantemente caricato legname ed uva la nave ripartí e tornò in patria. I fratelli e il cognato di Leif vollero ritentare l'impresa. Infatti tra il 1002 e il 1003 Thorvald figlio di Eirik (che intanto era morto, non si sa bene se convertito alla religione cristiana, che Leif aveva portato in Groenlandia dopo una sua visita in Norvegia) giunse in Vinlandia; poi, costeggiando verso Nord, scoprí una nuova terra, dove sbarcò; ma si scontrò con gli indigeni e fu ucciso e seppellito sul promontorio sul quale si era proposto di costruire la propria casa. Senza alcun risultato fu il tentativo dell'altro fratello, Thorstein. Molto piú interessante fu invece l'impresa di Thorfinn Karlsefni. Questi arrivò in Vinlandia, dove entrò in contatto con gli indigeni, gli Skraeling, che gli offrirono, in cambio di armi, « pellicce grigie, e zibellini e pelli di tutti i generi ». Karlsefni proibí la vendita di armi, e fece il cambio con il latte prodotto dal bestiame che era stato portato con la spedizione. Successivamente, avendo gli Skraeling insistito per le armi, scoppiò un conflitto che indusse i Groenlandesi a tornarsene in patria. La *Saga*

Ricostruzione di un insediamento vichingo in America. Lo scopritore di Vinland fu Leif, figlio di Eirik il Rosso (colui che aveva colonizzato la Groenlandia). Egli andava in cerca di un territorio fertile ed accogliente dove stabilirsi. Dopo lunghi giorni di navigazione e dopo avere escluso per la loro aridità alcune altre terre, scoprí Vinland ricca di viti e legname. Ritornò in patria a portarne notizia. Altri seguirono il suo esempio, ma finirono con lo scontrarsi con gli indigeni, per cui furono costretti a rinunciare al possesso di quella fertile terra.

dei Groenlandesi continua con la storia di un'altra spedizione compiuta da una perfida figlia naturale di Eirik, Freydis. La storia è ricca di episodi romanzeschi, ma priva di interesse geografico; può, se mai, servire, essendo anch'essa praticamente fallita, a comprendere perché i Groenlandesi rinunciarono a colonizzare le nuove e promettenti terre scoperte.

La storia dei coloni vichinghi in Groenlandia volge cosí inesorabilmente al termine. Un termine posto piú che dagli uomini dal mare stesso. Come risulta dalle analisi dei ghiacci a cui si è accennato sopra, il periodo di clima mite che aveva reso la Groenlandia attraente e il mare attorno libero dai ghiacci, volgeva infatti al termine. I rapporti tra Groenlandia e Norvegia si affievolirono, i viaggi divennero dapprima difficili e poi impossibili: l'ultima nave dalla Groenlandia giunse in Norvegia nel 1410. I coloni che erano rimasti nella "terra verde" erano ormai definitivamente prigionieri dei ghiacci e senza nessun mezzo per poter fuggire di fronte all'avanzare dell'inverno e della fame.

Cosí anche Vinlandia dovette essere riscoperta. E ciò accadde alla fine di quel XV secolo, che aveva visto la fine della Groenlandia, ad opera di un navigatore ligure finanziato dagli spagnoli, Cristoforo Colombo.

I navigatori nell'età moderna

Le genti del Mediterraneo in questi secoli non avevano cessato di percorrere i mari, preferendo però, quando si azzardavano al di là delle Colonne d'Ercole, le rotte verso Sud. Alla fine del secolo XIII a Genova, malgrado le mappe di Tolomeo dicessero il contrario, si accettava l'idea che l'Africa fosse circondata dal mare; questo suggerí a un intraprendente genovese, Tedisio Doria (figlio di Lamba Doria), il progetto di andare a prendere in India le spezie via mare; a questo scopo costituí, intorno al 1290, una società commerciale. Di questa facevano parte i due fratelli Ugolino e Vadino Vivaldi, che nel 1291 partirono con due navi; essi arrivarono certamente all'altezza delle foci del Senegal, dove incontrarono una tempesta; poi non se ne seppe piú niente. Il fatto che poco dopo il figlio di Ugolino, Sorleone, sia andato a cercare il padre, via terra, sulle coste del Mar Rosso, fa pensare che fossero giunte a Genova notizie della circumnavigazione dell'Africa; ma sono solo ipotesi.

Il secolo XV fu fortemente caratterizzato dalle imprese marinare portoghesi promosse da Enrico il Navigatore (1394-1460), figlio del re Giovanni I, e che continuarono anche dopo la sua morte; esse erano tutte rivolte all'Africa e con particolare insistenza cercavano la via per passare dall'Oceano Atlantico a quello Indiano; il primo a riuscirvi fu nel 1487 Bartolomeo Diaz che superò quello che poi fu chiamato il Capo di Buona Speranza; il viaggio fu ripetuto dieci anni dopo da Vasco da Gama, che riuscí a raggiungere le Indie, ritornando in Portogallo con le navi, impoverite di equipaggio, ma ricche di merci. Alla "faccia del mondo" si aggiungeva dun-

Sopra: Enrico il Navigatore, quarto figlio del re Giovanni I del Portogallo, fondò una scuola di navigazione e favorí in tutti i modi i viaggi per mare diretti verso sud (costa dell'Africa); fu cosí che i portoghesi giunsero alle coste del Senegal (1445) e posero le basi per la loro espansione coloniale.

que il profilo ormai definito dell'Africa e di alcune terre dell'Oceano Indiano. Testimonianze delle sempre piú ampie conoscenze geografiche messe insieme dai navigatori e riguardanti ormai le coste africane ed europee sull'Atlantico sono le carte tracciate nel 1455 da Bartolomeo Pareto, nel 1463 da Grazioso Benincasa, e quella veneziana del 1490. Nel 1492 Cristoforo Colombo arriva in America; alle sue spedizioni (1492, 1493, 1498-1499, 1502-1504) ne seguirono altre promosse da Spagna, Portogallo ed Inghilterra, per tutto il secolo successivo. Entro il secolo XVI quindi si può dire che quasi tutta la Terra fosse ormai stata esplorata ed erano state poste le premesse per la colonizzazione delle nuove terre da parte degli europei. Le carte si erano fatte sempre piú precise: in quella del 1513 dovuta a Francesco Rodriguez nell'Oceano Indiano erano rappresentate anche le isole Molucche; fu forse nel 1500 che Giovanni de la Costa tracciò la prima carta mondiale. Alla seconda metà del secolo si devono le carte di Gerardo Kremer detto Mercatore, che nel 1599 furono perfezionate da Edoardo Wright. Le carte di Mercatore e di Wright rappresentano ormai il nuovo mondo che si era venuto

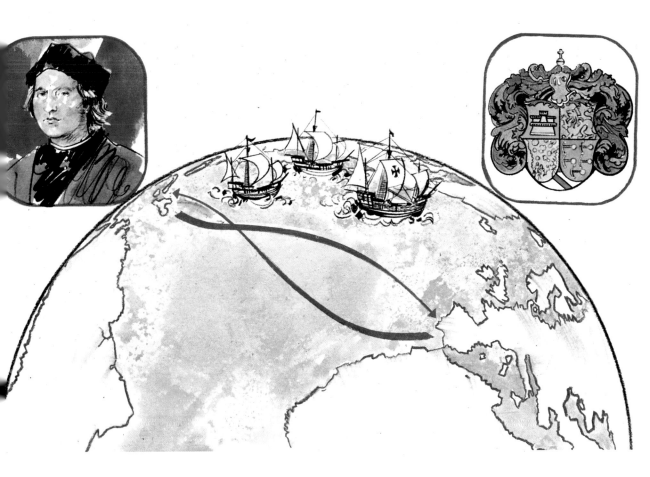

Sopra: Cristoforo Colombo e il percorso da lui
compiuto. Genovese, al servizio del regno
di Castiglia, compí quattro viaggi per mare diretto
verso Occidente, con lo scopo di trovare una
via piú breve per le Indie e scoprendo invece un
nuovo continente. A destra è lo stemma che la
corona spagnola conferí a Colombo.
A destra: Ferdinando Magellano. Portoghese, al
servizio prima del re del Portogallo e poi di quello di
Spagna, compí molti viaggi di mare. Una delle navi
che lo accompagnavano nel suo ultimo viaggio
(durante il quale fu ucciso, 1521) portò a termine per
la prima volta la circumnavigazione del globo.

delineando in seguito alle scoperte dei grandi
navigatori. Nel 1497, mentre Vasco da Gama ripeteva la circumnavigazione dell'Africa,
Giovanni Caboto, per l'Inghilterra, aveva
esplorato Terranova, il Labrador, e nel 1498
col figlio Sebastiano aveva completato l'esplorazione. Nel 1499 Alonso de Ojeda appro-
dava sulle coste del Venezuela, e nel 1500
Alvise Cabral su quelle del Brasile, esplorato
nel 1501 da Amerigo Vespucci con una spedizione portoghese. Nel 1513 Nuñez de Bal-
boa attraversò a piedi l'istmo di Darien (Pa-
nama) e raggiunse le coste del Pacifico, che

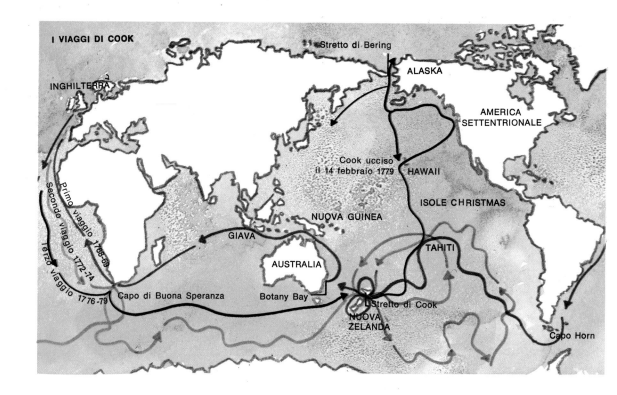

I VIAGGI DI COOK

chiamò Mare del Sud; nel 1519-1520 una spedizione spagnola guidata da un portoghese, Magellano, arrivò invece al Pacifico via mare, passando attraverso uno stretto tortuoso (che prese il suo nome) al quale fu poi preferita la circumnavigazione di Capo Horn, via scoperta probabilmente dall'inglese Francis Drake intorno al 1577-1580. Le navi di Magellano si inoltrarono nel Pacifico fino alle isole Filippine, ma qui in uno scontro con gli indigeni Magellano e molti suoi uomini furono uccisi. I superstiti arrivarono alle Molucche, già conosciute dai portoghesi, e caricarono spezie. Delle due navi superstiti una fu catturata dai portoghesi, l'altra riuscí, attraversando il Capo di Buona Speranza, a ritornare in Spagna, portando cosí a termine la prima circumnavigazione del globo della storia. Il mondo cosí assume finalmente forme e dimensioni prossime alla realtà. Ma due continenti mancano ancora all'appello: Australia e Antartide. Esplorazioni e viaggi per mare si moltiplicarono successivamente ad opera anche di inglesi ed olandesi. Gli inglesi nel 1576 con Martin Frobisher tentarono di passare dall'Atlantico nel Pacifico a Nord-Ovest, cioè superando a Nord il continente americano (il famoso "passaggio a Nord-Ovest"); il tentativo fu ripetuto da John Davis, ma fu portato a termine soltanto nel 1851, via terra, da R. McClure, e nel 1903-1906, via mare, da Roald Amundsen. Nel 1606 l'olandese G. Janszoon toccò per la prima volta l'Australia e la Nuova Guinea; nel 1642 Abel Tasman scoprí la Nuova Zelanda, le isole Figi, esplorò la costa settentrionale della Nuova Guinea e, costeggiando l'Australia, scoprí a Sud l'isola che da lui prese il nome di Tasmania. L'Australia però doveva assumere le sue vere forme soltanto con James Cook. Questi fece, per conto dell'Inghilterra, tre viaggi intorno al mondo, nei quali fu accompagnato da scienziati che resero piú proficue le sue scoperte e le sue esplorazioni. Nel suo primo viaggio, compiuto tra il 1768 e il 1771 con la nave *Endeavour*, passò nel Pacifico superando Capo Horn, scoprí varie isole minori, ripercorse lo stretto di Torres (tra la Nuova Guinea e l'Australia), e nel 1770 esplorò le coste orientali dell'Australia, toccò anche la Nuova Zelanda. Nel secondo, dal

1772 al 1775 con due navi, la *Resolution* e l'*Adventure*, esplorò le coste della Nuova Zelanda, scoprí la Nuova Caledonia, ad Oriente dell'Australia. Nel terzo, dal 1776 al 1779 con le navi *Resolution* e *Discovery*, scoprí le isole Hawaii, e tentò di tornare dal Pacifico nell'Atlantico attraverso lo stretto di Bering. Non ci riuscí e ritornò quindi alle Hawaii dove nel 1779 fu ucciso.

I navigatori nell'età contemporanea

Dopo Cook, dei continenti manca ormai soltanto l'Antartide. A supporre che all'estremo Sud esistesse una grande terra emersa erano in molti. Anche il grande cartografo Mercatore (1512-1594) parla di una « Terra australis incognita », di una terra meridionale sconosciuta, ma della sua esistenza si avrà la certezza soltanto nel secolo XIX: il primo a giungervi sarà il navigatore russo Fabian Gottlieb von Bellingshausen nel 1819-21; da quel momento le scoperte di nuove terre in Antartide si moltiplicano fino a che si acquisisce la certezza di trovarsi proprio di fronte a un nuovo continente. È ormai la fine del secolo (1898) quando per questa terra viene proposto il nome di Antartide, poi adottato definitivamente.

Nel frattempo Nils Nordenskjöld era riuscito a passare dall'Atlantico al Pacifico lungo il passaggio di Nord-Est, a Nord dell'Europa e dell'Asia (1878-79) e Amundsen nel 1903-1906, come si è detto, riesce a passare dall'Atlantico nel Pacifico attraverso il passaggio a Nord-Ovest, a Nord dell'America. Ormai il mondo ha assunto il suo aspetto definitivo.

A suggellare la conclusione del periodo delle grandi scoperte geografiche, vengono nel 1909 la conquista del polo Nord da parte di Robert Edwin Peary e nel dicembre 1911 e gennaio 1912 la conquista del polo Sud da parte di Roald Amundsen e di Robert Falcon Scott. La conquista del polo Sud, la gara tra Amundsen e Scott e la fine tragica di quest'ultimo sulla via del ritorno sono storia recente ma anche leggenda. Nel 1903 vola l'aereo dei fratelli Wright e nel 1911 si compie il primo volo aereo senza scalo da Londra a Parigi.

Alle soglie dell'era dello spazio si chiude cosí un periodo della storia dell'umanità che, nella leggenda e sul mare, era nato migliaia di anni prima.

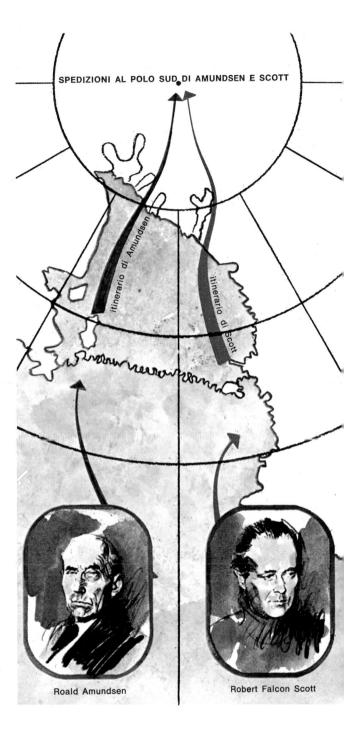

SPEDIZIONI AL POLO SUD DI AMUNDSEN E SCOTT

itinerario di Amundsen

itinerario di Scott

Roald Amundsen

Robert Falcon Scott

Le spedizioni al polo Sud di Amundsen e Scott. Amundsen, norvegese, riuscí a trovare il passaggio di Nord-Ovest tra l'Atlantico e il Pacifico; il 14 dicembre 1911 giunse fino al polo Sud. Nel 1926 sorvolò il polo Nord insieme all'italiano Nobile sul dirigibile *Norge*. Nel 1928 morí nel tentativo di portare soccorso alla spedizione italiana del dirigibile *Italia* diretta al polo Nord e precipitata sui ghiacci. Scott, inglese, giunse al polo Sud, partendo dal Capo Ross, il 12 gennaio 1912: un mese dopo Amundsen. Tutta la spedizione perí durante il viaggio di ritorno.

INDICE ANALITICO

FONTI DELLE ILLUSTRAZIONI

F. Arborio Mella, Milano (Costa) 197, 237. Archivio Mondadori, Milano 30, 31, 33, 41, 56a, 93, 94, 95a, 95c, 214c; (Curiel) 56b. G. Arvati, Verona 97s. O. Berni, Milano 181. G. Bertelli, Brescia 132, 133, 135b. Carrese, Milano (Moretti) 229, 231b. M.B. Cita, Milano 167a. W.A. Cole, McKinley Park, Alaska 25d. Bruce Coleman Ltd., Londra (J. Burton) 134a. C. Colombi, Brescia 191. L. Corbella, Milano 11, 12-13, 13, 15, 20-21, 28-29, 36, 38, 39, 40, 46b, 49, 50-51, 53, 54, 55, 61, 62, 63, 64, 65a, 71b, 73, 78-79, 103a, 108-109, 111a, 112a, 113, 122d, 124, 128b, 148, 148-149, 155b, 168, 170, 172, 178-179a, 215, 216, 217. P. Cozzaglio, Brescia 138-139, 142-143, 198, 199. M. De Biasi, Milano 187b. C. Di Ciancio, Milano 23, 24, 27b, 34-35, 45a, 60, 65b, 70, 74-75, 77, 114a, 150-151, 156-157, 158, 164-165, 190. Ekdotike Athenon S. A. Atene 236, 237. B. Faganello, Milano 188-189. A. Fedini, Milano 95c, 97d, 99, 100-101. F. Frezzato, Bergamo 104b. L. Fronrini - G. Marmorelli, Milano 14, 17, 22d, 26, 81a. M. Garstang, University of Virginia 79. F. Ghiringhelli, Milano 222-223, 225, 240. Keith Gillett 114-115. Keystone Press, Londra (Tony Morrison) 230. Kodansha Ltd., Tokyo 231a. N. Lamboglia, Istituto Internazionale Studi Liguri, Bordighera 220, 220-221b. L.Lubiano, Parigi 96. Lunar and Planetary Laboratory, Arizona University 8a. Hans Malmberg/TIO, Stoccolma 135a. Marka, Milano (Curto) 109, 114b, 125a, 183a; (McCutcheon) 140-141; (Globe Photos) 145a. G.Mazza, Montecarlo 103b, 112b, 116, 117, 118, 119b, 121a, 125, 126a, 129a, 130a, 136, 145b. Loren A. McIntyre, Arlington, Virginia 72. T. Míček, Innsbruck 25s. E. J. Morris, Tucson, Arizona 138. T. Nagata 22s. NASA 8b, 51, 52, 52-53, 206-207. National Maritime Museum, Greenwich 194-195. Grazia Neri, Milano (Moore/Black Star) 228-229; (Paris Match) 18-19, 206; © Sea Studios, Inc./Peter Arnold, Inc. 224. L. Pellegrini, Milano 67, 71a, 90-91, 107, 126b, 127, 128a, 130b, 140, 141, 152, 159as, 159b, 163bs, 169, 171b, 175, 182. Pictor, Milano 9, 27a, 56-57, 82-83, 87s, 89a, 184. M. Pucciarelli, Roma 81b, 195, 226-227. F. Quilici, Roma 37, 45b, 46a, 47, 58, 59, 69b, 89b, 102-103, 110, 111b, 121bd, 129b, 131, 137, 168-169, 176, 177, 178-179b, 220-221a. da *Meraviglie e misteri della natura intorno a noi* Reader's Digest, © 1972 The Reader's Digest Associations, Inc. Per gentile concessione di The Reader's Digest Association, Inc. New York 76-77, 84-85. G.Renna, Milano 42-43, 66, 68, 69a, 88, 92-93, 153, 160, 161, 174, 198-199, 200-201, 204-205, 209, 210-211, 213, 218-219, 238, 241, 243, 244, 245, 246, 247. L.Ricciarini, Milano 58-59, 203; (Archivio B) 193, 196, 234-235, 235; (Barletta) 214-215a; (Bellucco) 123b; (Cirani) 48, 68-69, 155a, 180a; (Curto) 122s; (Giovenzana) 104a, 105, 119a, 120, 121bs, 123a; (Leigheb) 171a; (Patellani) 10; (2/P) 115; (Tomsich) 84, 85, 86, 90, 106, 146-147, 180b. S. E. F, Torino 173, 183b. Sergio, Milano 87d, 134b, 239. F. P. Shepard, Scripps Institute University of California, La Jolla, California 214-215b. SIRAP, Pellestrina 185. SIVALCO, Comacchio 187a. Werner Stoy/Camera Hawaii, risguardi. Sub Sea Oil Services, S.p.A., Milano 163bd. TECNOMARE S.p.A., Venezia 159ad, 162, 163a, 166. University of Hawaii, Honolulu, Hawaii 167b. Woods Hole Oceanographic Institution, Woods Hole Ma 221.
Copertina: Sergio, Milano.